멜랑콜리의 해부

멜랑콜리의 해부

인쇄 · 2024년 4월 20일
발행 · 2024년 4월 25일

지은이 · 로버트 버턴
옮긴이 · 이창국
펴낸이 · 한봉숙
펴낸곳 · 푸른사상사

주간 · 맹문재 | 편집 · 지순이 | 교정 · 김수란, 노현정 | 마케팅 · 한정규
등록 · 1999년 7월 8일 제2-2876호
주소 · 경기도 파주시 회동길 337-16 푸른사상사
대표전화 · 031) 955-9111(2) | 팩시밀리 · 031) 955-9114
이메일 · prun21c@hanmail.net
홈페이지 · http://www.prun21c.com

ⓒ 이창국, 2024

ISBN 979-11-308-2140-5 03180
값 27,000원

멜랑콜리의 해부

로버트 버턴 지음　이창국 옮김

The Anatomy of Melancholy

 푸른사상
PRUNSASANG

내가 오래전에 재미있고 유익한 내용에 끌려 그 일부분을 발췌, 우리나라에서는 최초로 번역 출간한 로버트 버턴의 *The Anatomy of Melancholy*를 개정 출간하게 되어 무척이나 기쁘다. 처음 초판이 나온 것이 2004년이니 정확하게 그간 20년이란 긴 세월이 흘렀다. 내가 공들여 번역한 이 책이 그간 생명이 끊어지지 않고 지금까지 살아 있다는 사실이 번역자로서는 신기할 뿐이다. 은근히 기쁘고 자랑스럽기도 하다. 역시 좋은 책은 세월이 흘러도 쉽게 죽지 않는가 보다.

개정판에서는 내용 면에서는 크게 달라진 건 없지만, 초판에서 발견된 오자와 탈자를 바로잡았고, 시대의 흐름에 맞춰 책의 제목과 표지 디자인을 새롭게 바꾸었다.

원제의 "Melancholy"를 구판에서는 "우울증"이라고 번역하였는데 이번에 "멜랑콜리"로 바꾸게 되었다. 제목을 변경하기까지에는 다소 망설임이 있었으나, 독자들이 작품을 이해하는 데에는 오히려 도움이 되리라 생각한다. 버턴이 이 책에서 보여주는 "멜랑콜리"는 단순히 우리가 현재 상식적으로 알고 있는 정신질환의 일종인 "우울증"보다는 인간의 모든 정신적, 심리적, 심지어 사회적 문제점을 광범위하게 포괄적으로 포함하고 있기 때문이다.

바라옵건대 이제 세상에 새 이름표 달고 나가 새로운 독자들을 한 사람이라도 더 만나고, 사랑도 더 많이 받고, 가늘더라도 길게, 죽지 말고, 오래 오래 살아남기를!

2024년 4월
옮긴이 이창국

『우울증의 해부(*The Anatomy of Melancholy*)』는 지금부터 약 400여 년 전 영국의 한 괴짜 학자 로버트 버턴이 쓴 괴상한 글이다. 그 내용 가운데는 21세기를 살고 있는 우리로서는 수긍하기 어려운 부분, 가볍게 웃어넘길 부분, 말도 안 되는 부분도 없지는 않지만, 그러나 전체적으로 대단히 흥미롭고, 진실되며, 유익하다. 모든 가치 있는 고전 작품이 그러하듯 이 책도 시간과 장소를 초월하여 새롭고 현대적이며, 또한 우리의 공감을 얻는 데 성공하고 있다.

이 책은 그 제목이 시사하는 대로라면 '우울증'이라는 일종의 정신적 질환의 원인과 증상, 종류, 그리고 그 치료법을 설명하고 있는 일종의 의학서다. 그러나 역자가 이 책에서 '우울증'으로 번역한 '멜랑콜리'는 그 범위가 훨씬 확대되어, 우리가 상식적으로 알고 있는 우울증을 포함하여 우리 인간의 모든 비정상적인 심리상태—초월함, 두려움, 시기심, 사랑, 신앙심, 의심—등 모든 정신적 질환을 포함한다. 이 '멜랑콜리'라는 이름의 병은 가난에 시달리면서도 지적 또는 정신적인 일에 종사하는 당시의 지식인들(시인, 목사, 학자 등)에게는 으레 따라다니는 아주 흔한, 친근한, 사치스러운, 그리고 사랑받는(?) 일종의 고질병인 동시에 하나의 사치스러운 유행병과도 같은 것으로서, 이 멜랑콜리에 대한 언급은 셰익스피어의 작품을 비롯하여 당대의 많은 문인들의 작품에서 자주 발견된다.

그러나 버턴처럼 일생 동안 이것에만 매달려 이것을 하나의 서사시적인 스케일로 다룬 사람은 없다. 그가 44세가 되던 1621년에 초판이 나온 이 책은 그가 죽기까지 20여 년에 걸쳐 계속 증보판이 나왔으며, 그때마다 분량이 늘어났다. 그가 죽은 후에도 마치 버턴의 영혼이 살아 있기라도 하듯이 그가 생전에 남겨놓은 원고를 토대로 더 두터운 책이 계속 출판되었다. 그러나 새로 나온 그의 책들은 더 많은 자세한 인용과 부연 설명으로 부피만 늘었을 뿐 새로운 흥미나 가치를 첨부하지는 못하였다.

『우울증의 해부』는 좀 생소한 책이지만 대단히 흥미 있는 책이기도 하다. 우선 운문, 즉 시가 주류를 이루고 있었던 시대에 본격적으로 쓰여진 산문이라는 데서 문학사적 의미가 크다. 시도 아니고, 희곡(드라마)도 아니며, 소설도 물론 아니다. 그렇다고 역사도 아니고 철학도 아닌 이 책은 그 장르를 분류하기가 애매하다. 구태여 지금의 잣대로 분류를 시도한다면 일종의 윤리적 또는 도덕적 내용의 장편 수필(에세이)이라고 할 수 있을 것이다. 그렇기 때문에 이 책은 순서대로 읽지 않고 아무 곳이나 마음 내키는 대로 펼쳐 읽어도 크게 문제가 되지 않는다.

이 책에서 저자의 태도는 때로는 아주 과학적이고 때로는 아주 미신적이며, 때로는 의학적인가 하면 때로는 지극히 상식적이고, 때로 진지하고 때로는 코믹하며, 때로는 회의적이고 때로는 천진난만하며, 종교를 비난하는 말도 서슴없이 사용하기도 하지만 근본은 아주 종교적이다. 책의 구성은 자주 주제를 벗어나 지엽적으로 흐르지만 그래도 짜임새가 있으며, 내용은 객관적인 사물에 대한 관찰과 버턴 개인의 주관적인 생각이 잘 혼합되어 있다. 책의 제목과는 달리 실제에서 이 책은 문학적인 상상력과 표현으로 가득 찬 하나의 문학작품이다. '우울증'은 그가 세상만사를 내다보는 창이다.

이 책에서 버턴은 당대 학자들을 비롯한 지식인들에게서 흔히 발견되는 증상의 하나인 우울증을 우리 몸속에 있는 네 가지 체액 가운데 하나인 담즙이 어떤 이유로 검게 변하여 생성되는 '검은 담즙', 즉 '멜랑콜리'의 과다 생성에서 발생하는 일종의 질병으로 간주하고 있다. 이것은 그 사람의 타고난 기질과 생활 습관에 깊이 뿌리박고 있으며 초기에는 오히려 심신에 좋은 영향을 주기도 하지만 궁극적으로는 그 사람을 대단히 충동적이며 파괴적으로 만들 위험이 있기 때문에 경계의 대상이다.

버턴은 이 글에서 우울증의 원인과 증상, 그리고 그 치료법에 대하여 대단히 진지한 태도를 견지하고 있기는 하지만, 그의 이 치료 방법들은 그가 쏟아놓는 너무나 많은 박학다식한 그리고 현학적인 말의 홍수 속에 묻혀 사라지고, 독자들은 그저 그의 현란한 말의 잔치에 빠져들어 정신을 차릴 수 없게 된다. 이 글을 쓸 때 버턴은 꼭 어휘의 술에 취한 사람처럼 보인다. 그는 한 마디면 족할 것을 열 마디, 스무 마디 하는 데 주저하지 않고 있으며, 똑같은 내용의 인용을 이미 세 번이나 하고서도 네 번을 하는 데 부끄러워하지 않는다. 그는 이런 면에서 보면 독자들을 웃기는 익살꾼이요, 어릿광대다. 이 책 속에 나타나는 저자 버턴은 자신의 너무 많은 학식에 숨이 막혀 질식 일보 직전에 있는, 그래서 언제나 폭발할지 예측할 수 없는 위험한 처지에 있는, 약간 정신이 이상해진 전형적인 영국 르네상스 시대의 학자다.

버턴은 이 책에서 자기는 선천적으로 이 우울증에 걸릴 위험을 다분히 타고난 사람이라고 고백하고 있으며, 그는 이 책에서 진지하게 그 병의 치료 방법을 제시하겠다고 나서고 있다. 그러나 그의 이 병에 대한 치료 방법에 대한 의학적인 논의는 어느덧 세상만사에 대한 필자 자신의 사적인 분노, 풍자, 개탄, 조롱으로 변하고 만다. 그는 자신의 말대로 "가려운 곳은 긁지 않고는 살 수가 없다." 가려운 곳을 긁다 보니 그의『우울증의 해부』는 병의 진단에서 시작되어 병의 여러 가지 종류와 증상, 그리고 그 치료법으로만 그치는 것이 아니라, 인간의 허영심, 게으름, 환상과 환청 현상, 유령, 불면증, 그리고 사랑 등 인간을 괴롭히는 모든 병적 현상을 논하게 되며, 여기서 한 걸음 더 나아가 자기가 그리는 이상향을 제시하기도 한다. 결과적으로 이 책은 당시 알려진 심리학, 생리학, 천문학, 지리학, 기상학, 도덕, 관습, 예절 등에 관하여 알려진 유익하고도 흥미진진한 지식의 백과사전인 셈이다.

이 책의 저자 로버트 버턴(Robert Burton, 1577~1640)은 셰익스피어보다 13년 늦게 태어났지만 그보다 24년이나 더 오래 살았다. 그는 1593년 옥스퍼드대학을 졸업하였고, 죽을 때까지 소위 '스칼라'(학비와 기타 비용을 면제받은 일종의 특별우대 장학생)의 신분으로 그곳에 남아 공부만 하다가 죽었다. 그는 어느 곳으로 여행을 한 적도 없었고, 결혼도 하지 않았으며, 어떤 성공을 바라지도 않았고, 이 한 권의 책을 세상에 내어놓은 일 외에는 어떤 세속적인 성공을 이루지도 못하였다. 그는 일생 동안 오직 책만 읽다가 죽었다고 해도 과언이 아닌 사람이다. 그는 또 남들이 잘 읽지도 않고 읽을 수도 없는 난삽하고 난해한 고서적들만을 골라 읽었다. 그의 이와 같은 생활 태도와 기질은 아마도 그 자신이 이『우울증의 해부』에서 누누이 강조하고 있듯이 그의 신체상의 균형과 조화를 깨뜨렸으며, 그의 몸속에 우울증의 원인이 되는 '검은 담즙', 즉 '멜랑콜리'의 과다 생산을 촉발하였는지도 모를 일이다. 그는 분명 자신이 이 글에서 이 병에 걸려 시달리고 있으며, 이 병을 치료하는 하나의 방법으로서 글을 썼다고 밝히고 있지만, 어디까지나 이것은 하나의 문학적인 장치 내지 제스처일 뿐, 실제에서는 그 누구보다도 일찌감치 학문의 허와 실을 터득한 현실적인 사람이었고, 무엇보다도 인간의 사악함, 어리석음, 탐욕, 광증 등을 환하게 꿰뚫어 본 현명하고 건강한 사람이었다. 버턴은 셰익스피어나 밀턴과 같은 영국 르네상스 시대를 대표하는 인본주의적 기독교인 가운데 하나이다.

이 작품을 번역하게 된 것은 새로운 고전작품 하나를 한국의 독자들에게 소개하고자 하는 이념에서다. 방대한 원작을 힘과 시간이 너무 들어 책 전체를 번역하지 못하고 중요하다고 판단되는 부분만을 골라 번역한 것이 유감이지만, 그래도 핵심이 되는 내용이 모두 들어 있어 이 번역만 가지고도 현명한 독자들은 충분히 이 책을 이해하고 즐길 수 있으리라 믿는다. 내가 내 나이를 잊고 욕심이 앞서 우직하게 이 방대한 책의 전부를 한 줄도 빼놓지 않고 번역하려 들었다면, 죽지 않았으면 지금쯤 분명 심한 우울증에 걸려 크게 고생하고 있을 것은 물론, 주위의 죄 없는 사람들은 크게 고생하고 있을 것이다. 이 정도로 일을 끝내게 된 것도 순전히 이 책을 번역하는 과정에서 얻은 지혜와 가르침의 덕이다. 언젠가 힘세고 끈질긴 사람이 나와 이 책의 완역을 해낼 것을 기대해본다.

차례

제2부 우울증의 치료법

제3부 사랑의 우울증과 종교적 우울증

데모크리토스의 아들이 독자에게

데모크리토스는 누구인가?

독자들이여, 내가 이처럼 위대한 철학자의 이름을 무단으로 사용하면서 무례하고 뻔뻔스럽게도 세상의 이름난 철학자들의 틈을 비집고 들어서는 사실에 대하여 이자가 도대체 어떤 사람인가 하고 크게 놀라고 의아해할 것으로 생각한다. 이 사람이 도대체 어디서 왔으며, 어째서 하필이면 이 세상의 수많은 이름난 철학자들 가운데 데모크리토스[1]의 아들임을 자칭하며, 과연 이 사람이 이 책에서 무슨 말을 하려고 하는가에 대하여 궁금해할 것이다.

그러나 크게 궁금해할 것 없다. 나는 자유롭게 태어난 사람이며, 내가 하고 싶은 말은 마음 내키는 대로 하는 사람이다. 누가 나의 자유를 막을 것인가? 누군가가 나의 의중에 무엇이 들어 있느냐고 밝히기를 강요한다면, 나는 다음과 같은 이집트의 옛날 이야기로 내 대답을 대신하겠다. 어느 사람이 뚜껑 덮인 상자를 하나 가지고 있었다. 그 사람의 친구는 그 속

---

1   데모크리토스(Democritos, BC 5세기 말~BC 4세기 초) : 그리스 철학자. 세상만사를 하나의 웃음거리로 보았기 때문에 '웃는 철학자(Laughing Philosopher)' 라는 별명을 얻음.

에 무엇이 들어 있는지 궁금해 죽을 지경이었다. 그 사람에게 귀찮을 정도로 상자 속에 무엇이 들어 있느냐고 물었다. 그는 대답하였다. "이 상자가 덮여 있는 이유는 다른 사람이 그 속에 무엇이 들어 있는지 알지 못하게 하기 위함이 아니겠는가? 감추어놓은 것을 구태여 알려고 하지 말게. 좋을 대로 생각하게나. 달나라에서 온 사람이 들어 있을 것이라고 생각해도 좋고, 이 상자를 만든 사람이 들어 있다고 생각해도 무방하네. 나중에 뚜껑이 열리면 자연히 알게 될 터이니까."

이처럼 나도 스스로 나의 속을 털어놓지는 않으련다. 이 글을 읽으면 저절로 알게 될 터이니까. 그러나 나의 목적은 독자들을 즐겁게 하고자 함이니 나는 어째서 내가 무엄하게도 위대한 그리스의 철학자 데모크리토스의 아들임을 자처하게 되었으며, 어째서 이런 주제를 택하여 이런 제목의 책을 쓰게 되었는가 하는 이유를 먼저 밝히기로 하겠다.

우선 오해가 없도록 데모크리토스부터 시작해보자. 데모크리토스 하니까 독자들은 우선 내 글에 대한 인생 철학이나 풍자, 이해하기 어려운 논문, 아니면 어떤 심원한 내용의 교리, 또는 지구와 무한한 우주의 운동에 관한 신기한 이론이 아닐까 하고 생각할 것이다. 아닌 게 아니라 자고로 많은 문필가들이 인기를 얻기 위하여, 또는 사람들의 존경을 받기 위한 한 방편으로, 데모크리토스와 같은 유명한 사람들의 이름을 들먹이는 경우는 유감스러운 일이나 우리가 주위에서 자주 보는 일이다. 그러나 나는 그런 사람이 아니다. 내 글에는 반은 사람이요 반은 말인 괴수 켄타우로스도, 뱀의 머리카락을 가진 세 자매 고르곤도 없다. 내 글의 주제는 인간에 관한 것이다. 다시 말해서 당신들, 즉 내 글의 독자들이 바로 이 글의 주제다. 인간이 불같이 성났을 때 또는 뛸 듯이 기뻐할 때 하는 짓, 맹세, 두려움, 즐거움, 방황, 회의 등, 이런 것들에 대한 간단한 내 언급이 이 글의 내용이다.

그렇다면 어째서 나는 이 세상의 하고 많은 유명하고 존경받는 역사상의 사람들 가운데서 하필이면 데모크리토스의 이름을 사용하게 되었는가에 대하여 설명해야만 할 것이다. 이 설명을 하려면 우선 이 데모크리토스라는 사람이 어떤 사람이었는가, 즉 이 사람의 일생을 간단하게 요약하여 제시할 필요가 있다고 생각한다.

데모크리토스는, 히포크라테스[2]의 기술에 의하면, 체격은 작고 병약한 사람이었으며, 태어날 때부터 성격이 우울하였고, 성장하여서도 친구들과 어울리기를 좋아하지 않았고, 항상 혼자 있기를 좋아하였다고 한다. 그러나 당대에는 소크라테스에 버금가는 유명한 철학자였으며, 죽을 때까지 학문에 몰두하였다. 여러 권의 우수한 책을 썼으며, 당대 알아주는 예언가였으며, 그가 남긴 여러 권의 저서들이 증명해주듯이 훌륭한 의사요, 정치가요, 우수한 수학자였다. 그는 농업 연구에 아주 흥미가 있었으며, 이 방면의 전문가로 알려져 있었다. 그는 각종 짐승, 식물, 물고기, 새 등의 성질과 차이점에 대하여 잘 알고 있었으며, 사람들의 증언에 의하면, 이런 모든 동식물들이 내는 소리와 목소리를 듣고 그의 의미를 이해할 수 있었다고 한다. 한마디로 그는 만물박사였다. 위대한 학자요 동시에 부지런한 학생이기도 하였다. 만년에 와서 그는 놀랍게도 스스로 두 눈을 멀게 하여 장님이 되었는데, 이런 사실에도 불구하고 그는 모든 위대한 그리스 철학자들이 발견한 것보다 더 많은 것을 볼 수 있었으며, 더 많은 분야에 대한 자신의 의견을 글로 남겼다. 한마디로 이 세상에서 그가 손대지 않은 분야나 주제는 없었다고 말해도 과언이 아니다.

동시에 그는 대단한 재치와 심원한 상상력의 소유자였다. 젊어서 그는

---

2 히포크라테스(Hippocrates, BC 460?~BC 377) : 그리스 의사. '의술의 아버지(Father of Medicine)'로 알려짐.

지식은 많을수록 더 좋다는 신념에서 아테네는 물론 이집트까지 여행하여 당대의 대학자들과 의견을 교환하였다. 그가 만나본 이름난 학자들 가운데는 그에게 큰 인상과 감화를 주어 그의 칭찬과 존경의 대상이 된 사람도 많았으나, 동시에 그를 실망시키고 경멸을 느끼게 만든 사람들도 적지 않았다. 많은 방랑 생활 끝에 그는 트라키아 왕국에 있었던 아브데라라는 조그만 마을에 시장으로 취임해달라는 마을 사람들의 요청에 의하여 그곳에 정착하였다고 전해진다. 그러나 다른 기록에 의하면 그런 일은 없었고, 본래 그는 그곳에서 태어나 그곳에서 성장하였다고 한다. 어느 것이 맞는 말인지는 확실하지는 않지만 분명한 사실은 그가 아브데라의 교외에 위치한 한 정원에서 살다가 죽었으며, 그곳에서 죽는 날까지 학문 연구에 몰두하였으며, 가끔씩 바닷가 항구에 나가 산책을 하면서 그곳에서 눈에 들어오는 모든 재미있고 신기한 세상만사와 물정을 바라보면서 마음껏 큰 소리로 웃는 것이 그의 일과였다는 것이다. 태양 아래 벌어지는 세상만사가 그에게는 웃음거리일 뿐이었다. 데모크리토스는 바로 그런 사람이었다.

사실은 그렇다 치고 문제는 이런 사실들이 나와 어떤 관계가 있으며, 어째서 내가 하필이면 이 사람의 이름을 가지고 이 세상에 얼굴을 내밀게 되었느냐는 것이다. 먼저 고백할 일은 이 사람과 나 사이에 어떤 유사성이 존재하는 것처럼 비춰지게 만든 것은 사실인데, 이것은 참으로 나의 뻔뻔스럽고 오만한 행동에서 나온 것이다. 나는 감히 이 사람과 겨룰 수가 없다. 이 사람은 나의 앞에서 서 있다 하더라도 따라잡을 수 없이 멀리 앞서 있는 사람이다. 나는 이 사람에 비하면 정말로 보잘것없는 미미한 존재이며, 그 욕망에서나 세상을 보는 안목에서 그 스케일이나 깊이가 그와는 비교할 수 없을 정도로 작고 협소한 사람이다.

나는 누구인가?

그러나 솔직히 말해서 나와 위대한 데모크리토스 사이에 유사점이 전혀 없는 것도 아니다. 아테네의 철학자 크세노크라테스[3]가 늙어 죽는 날까지 지혜를 얻기 위하여 그리고 얻은 지식을 가지고 책을 쓰면서 살았듯이, 나도 지금까지 대학의 한구석에 틀어박혀 조용히 한자리에 앉아 순전히 나 자신과 나의 학문만을 위하여 아주 외롭게 살아왔다. 37년 동안 세계에서 가장 우수한 바티칸 도서관에서 마음껏 읽고 싶은 책을 읽고 하고 싶은 공부를 하였다고 자랑한 요비우스[4]처럼, 나도 지금까지 유럽에서 가장 유명한 대학의 하나인 옥스퍼드대학 크라이스트칼리지에서 지금까지 공부만 하는 학생의 신분으로 도서관에서 멀어져본 적이 없는 사람이다. 지난 30년간 나도 요비우스가 그랬듯이 도서관에서 책을 읽는 일에만 시간을 보낸 게으른 사람이다. 그러니까 나는 대학이라는 고귀한 학문의 사회에서 아무런 소용도 없고 가치도 없는 일원으로 살아왔다. 무엇인가 글로 써 남기고 싶은 욕망이 있어도 재주가 모자라고, 의지가 굳지 못하고, 마음이 항상 불안하고, 정서가 안정되지 못하였기 때문에 아무것도 이루지 못하고 지금까지 시간만 흘려보냈다.

나는 어떤 한 가지 실용적인 기술을 습득하는 능력이 아주 부족하다. 그렇기 때문에 내가 하고 싶은 일은 모든 분야에 얇게나마 널리 손을 대어보는 것이다. 다시 말해서 한 가지 분야에 대해서는 아무것도 모르면서도 여러 분야에 대해서는 모르는 것이 없는 사람이 되고 싶은 것이다.

---

3 크세노크라테스(Xenocrates, BC 396~BC 314) : 그리스 플라톤학파의 철학자. 한때 플라톤이 아테네에 세운 아카데미의 교장을 역임하였음.
4 요비우스(Paulus Jovius, 1483~1552) : 이탈리아 출신의 의사, 역사학자.

이것은 플라톤, 아리스토텔레스, 몽테뉴[5], 그리고 후세의 많은 학식 있는 사람들이 칭찬하고 추천한 일이기도 하다. 즉 사람들은 한 가지 학문의 노예가 될 필요는 없으며, 한 가지 주제를 가지고 미주알고주알 따질 필요가 없다는 것이다. 훌륭한 사람은 이 세상의 모든 신기하고 흥미를 끄는 사물에 알맞게 반응할 수 있는 정서적 능력을 구비할 필요가 있으며, 한 가지 사물이나 사실에 집착하지 말고 널리 돌아다니면서 신기한 것은 손을 대어 만져보고, 어떤 배에 타더라도 그 배의 노를 저을 수 있는 능력이 있어야만 하고, 식탁에 놓은 음식은 어떤 음식이라도 맛을 볼 용기와 호기심이 있어야만 하고, 술잔에 담긴 술은 어떤 술이건 마셔볼 준비가 되어 있어야만 한다는 것이다.

이런 대가들처럼 나는 유능하지도 못하여 이름도 얻지 못하면서도 나는 그런대로 이들과 같은 생각을 하게 되었으며, 이들처럼 행동하여왔다. 하나의 사냥감을 쫓아가다가 눈에 띄는 새들을 볼 때마다 짖어대는 사냥개와도 같이, 나는 정작 해야만 할 일은 제쳐놓고 나의 흥미를 끄는 것이 있으면 어느 것이나 가리지 않고 따라나섰다. 결과는 하나같이 불만스럽고 실망스러운 것이었다. "모든 곳에 있는 사람은 아무 데도 없는 사람이다"라는 속담은 나를 두고 한 말인 것 같다.

나는 수많은 책을 읽었지만 목적도 없이 읽었고, 또 읽는 방법도 좋은 것이 아니었기에 아무런 소득을 얻지 못하였다. 나는 도서관에서 내 눈에 띄는 책이란 책은 정신 없이 무진장 읽었지만 독서에 대한 기본적인 기술도, 순서도, 기억력도, 판단력도 없었고 부족하였기에 얻은 것이라고는 별로 없다. 나는 어려서부터 우리가 살고 있는 이 지구는 물론 모든 다른

---

5   몽테뉴(Michel Equem de Montaigne, 1533~1592) : 프랑스 고전학자, 철학자, 수필가.
『수상록(*Les Essais*)』을 저술하여 '수필(Essay)'이란 문학 장르의 시조로 일컬어짐.

천체, 즉 우수의 형상을 공부하는 데 남다른 흥미와 즐거움을 느끼고 있는 사람이기에 불가능한 일이었다. 대신 나는 도서관 한구석에 앉아 지도책을 가지고 지도 위에 마음껏 나의 자유분방한 생각을 펼쳤다.

나는 부자도 아니지만 그렇다고 가난하지도 않다. 나는 가진 것이 별로 없지만 부족한 것도 별로 없다. 나의 전 재산은 모두가 지혜의 신 미네르바의 탑 속에 들어 있다. 높은 자리가 나에게 주어질 가능성이 없는 것만큼 내가 그것 때문에 전전긍긍한다거나, 연연한다거나, 남에게 빚을 질 리도 없다. 데모크리토스가 세상의 소란과 싸움질로부터 멀리 떨어져 높은 곳에 올라서서, 우리가 아등바등 살고 있는 이 세상은 물론 인류의 역사를 처음부터 현재까지 한눈으로 내려다보면서 스토아 철학자들[6]처럼 자기의 정원에서 일종의 수도사 생활을 영위하면서도 행복하였던 것처럼, 나 비록 대학의 만년 학생의 신분으로 남아 있지만 볼 것은 다 보고, 들을 것은 모두 듣고, 즐길 것은 다 즐기고 있다. 과거에는 물론 현재 일어나고 있는 일, 국내에서는 물론 외국에서 벌어지는 일, 사람들이 어떻게 뛰어다니고, 말을 타고 다니고, 힘들게 일하고, 고생하고, 고통받고 있는지도 모두 잘 알고 있다.

나는 권력의 음모와 무상함을 바라보면서 마음껏 웃을 따름이다. 나에게는 돈을 벌어 먹여살리고 호강을 시켜주어야만 할 좋은 아내도 없지만, 그렇다고 나에게 바가지를 긁는 나쁜 아내도 없다. 자랑할 만한 좋은 자식도, 속 썩이는 나쁜 자식도 없다. 남들처럼 소송에 질 염려도 없고, 걱정과 근심이 없으니 불만도 있을 수 없다. 다행스럽게도 나를 후원하여주는 손

6　스토아 철학자 : BC 3세기 초에 제논(Zenon)이 창시한 고대 그리스 로마 철학 유파의 학자들. 클레안테스, 크리시포스, 파나이티오스, 포세이도니오스, 세네카, 에픽테토스, 마르쿠스 아우렐리우스 등이 그에 속함. 윤리학을 중요하게 다루었고 금욕과 극기를 통하여 자연에 순종하는 생활을 이상으로 내세웠음.

이 큰 고귀한 분들이 몇 분 있기에 밥을 굶을 정도도 아니다. 나는 세상사의 관찰자요, 동시에 방관자일 뿐이다. 나는 인생이라는 극장의 무대에 올려지는 각양각색의 행운, 불운, 모험 등을 그저 바라다보고 즐기는 관객이요 동시에 방관자다.

나는 매일 새로운 뉴스를 접한다. 전쟁이 났다는 소식, 전염병이 번지고 있다는 소식, 불이 났다는 소식, 홍수가 났다는 소식, 절도, 살인, 학살, 새로운 별의 출현, 천재가 나타났다는 소식, 기적이 일어났고 유령이 출몰했다는 소식, 프랑스, 터키, 독일, 페르시아, 폴란드에서 어느 도시가 함락되었고, 어느 마을이 불탔고, 어느 도시가 포위되어 있다는 소식, 어느 나라가 전쟁 준비에 들어갔으며, 어떤 전투가 있었고, 얼마만 한 숫자의 사상자가 발생하였으며, 바다에서 일어난 배의 침몰 소식, 해적과 해전에 관한 소식, 휴전과 평화협상, 그리고 새로운 조약과 기구의 창설에 관한 소식, 새로 개발된 전술과 전략, 그리고 신무기에 관한 소식, 새로운 법령의 제정과 공포에 관한 소식, 청원, 간청, 불만과 불평에 관한 소식—이런 것들이 매일 나의 눈과 귀에 들어온다.

어디 이것뿐인가. 새로 나오는 책에 관한 소식도 듣는다. 새로운 책, 팸플릿, 카탈로그 등. 철학, 종교에 관한 각종 주장과 논쟁을 담은 책, 신기한 이야기를 담은 이야기책, 여행기 등. 유명한 가문의 결혼식 소식, 가면무도회 개최 소식, 무언극, 축제 행렬, 운동경기, 무술시합, 축제, 연극에 관한 소식, 반역 음모가 있었다는 소식, 간통, 사기, 절도, 장례식에 관한 소식, 왕자의 죽음에 관한 소식, 새로운 땅의 발견과 탐험에 관한 소식, 비극적인 소식, 희극적인 소식. 오늘은 새로 임명된 높은 관리들의 이름을 알게 되고, 내일은 이들 가운데 목이 달아난 사람의 이름도 듣는다. 다음 날은 그 자리를 메우게 된 사람의 이름. 감옥에 들어간 사람의 이름과 감옥에서 풀려난 사람의 이름. 재산을 크게 모은 사람과 파산한 사람. 걷는 사람, 뛰는 사람, 차를 타고 가는 사람, 웃는 사람, 우는 사람. 이처럼 나는 매일 나라에서 일어나는 일들과 사사로운 개인들에게 일어나는 각종 소식을 듣는다. 이 가운데는 기쁜 일도 있고, 슬프고 가슴 아픈 일도 있다. 기쁨, 오만, 근심, 걱정, 소박함, 악행, 폭력, 미묘함, 솔직함, 청렴결백 등 없는 것이 없다. 이런 속에서 나는 그저 말없이 하루하루 그럭저럭 살아가고 있다. 지금까지 그랬던 것처럼 앞으로도 나는 혼자서 외롭게 가정적인 위안이나 안락과는 상관없이 이렇게 계속 살아갈 것이다.

그러나 최근에 일어나는 세상사를 더 잘 보기 위하여 디오게네스[7]가 가끔 대도시로 나갔고, 나의 스승 데모크리토스가 자주 바닷가 항구로 나갔듯이, 나도 때때로 나의 기분 전환을 위하여 집을 나서기도 하며, 이런 기회에 이런저런 세상사를 더 많이 듣고, 보고, 또 관찰할 수 있는 기회를 가지기도 한다. 그러나 디오게네스나 데모크리토스의 눈에 비친 세상만사가 철저하게 그들이 웃음과 조소 내지 조롱의 대상이었다면, 나에게는 그렇지 않다. 나도 때로는 이들처럼 웃기도 하고 조롱도 하고 비웃기도 하지만, 때로는 헤라클레이토스[8]처럼 울기도 하고, 탄식도 하고, 한숨도 쉬며, 원망도 한다. 나는 내가 어찌할 수 없는 불의나 불행, 그리고 비극을 접할 때마다 가슴이 아프다.

---

7 디오게네스(Diogenes, BC 412?~BC 323) : 그리스의 냉소주의 철학자. 사회관습과 통념을 완전히 배격하였음. 정직한 사람을 찾는다고 대낮에 등불을 들고 다녔다고 하며 통 속에서 살기도 했음. 알렉산드로스 대왕이 소원을 묻자, "제발 햇빛이나 좀 가리지 말고 비켜나 주시오"라고 말한 것으로 유명함.

8 헤라클레이토스(Heraclitos, BC 6세기~BC 5세기) : 그리스 철학자. 데모크리토스와는 대조적으로 세상만사를 울음의 대상으로 보았다 하여 '우는 철학자'라는 별명을 얻음.

내가 데모크리토스의 아들임을 자청하고 나선 이유

친구인 히포크라테스가 어느 날 아브데라의 교외에 살고 있던 데모크리토스를 방문하였을 때 그는 정원의 나무 그늘 아래에 앉아 한 권의 책을 무릎에 펼쳐놓은 채로 무슨 생각에 골몰하고 있었다. 그는 틈틈이 무엇인가를 종이에 적기도 하였고, 자리에서 일어나 주위를 걷기도 하였다. 그는 책을 쓰고 있었다. 책의 내용은 인간의 우울증과 광증에 관한 것이었다. 그의 주변에는 그가 최근에 손수 칼을 가지고 자르기도 하고 가르기도 한 동물의 시체가 놓여 있었다. 그가 신의 창조물인 동물을 가지고 이런 짓을 한 것은 결코 이들을 경멸하거나 미워해서가 아니고 순전히 이 인간을 괴롭히는 우울증의 정체를 발견하기 위함이라고 그는 방문한 히포크라테스에게 말하였다. 도대체 이 우울증이란 것이 어디서 발행하며, 우리의 몸의 어느 곳에서 생겨나며, 이것의 치료법은 무엇인가를 찾아내어 이것을 책으로 기술하여 사람들에게 그 예방하는 방법과 치료법을 가르치기 위함이라고 설명하였다. 이런 고상한 데모크리토스의 의도에 대하여 히포크라테스는 크게 칭찬하고 격려하였다고 한다.

내가 감히 데모크리토스의 아들이라고까지 자처하면서 나서게 된 이유도 바로 여기에 있다. 왜냐하면 나도 바로 데모크리토스가 지대한 관심을 가지고 연구에 몰두하였지만 불행하게도 완성시키지 못하고 중도에 그만둔 이 우울증에 대하여 지금부터 말하고 싶기 때문이다. 그리고 나의 존경하는 스승 데모크리토스가 남겨놓은 책은 이제는 완전히 없어져버려 이 세상에서 찾을 길이 없다. 좀 뻔뻔스러운 일이기는 하지만 이 데모크리토스 선생이 하던 연구를 모방하여 계승하고 새로 살려내어 그의 하던 일을 완성하는 것이 나의 목표다. 내 책의 이름이 다른 것이 아니고 바로 『멜랑콜리의 해부』가 된 것도 바로 이런 이유에서다.

내 책의 이 제목이 너무 투박하다거나 딱딱하다고 불만을 가지는 사람들도 있을 것이다. 나도 요즈음 나오는 책들의 제목이 순전히 상업적인 목적을 고려하여 상당히 나긋나긋하고 요사스럽다는 사실을 잘 알고 있기에 이런 시대 요구에 부응하여 좀 더 유행에 따른 제목을 생각해보기도 하였다. 사실 요즈음 독자들은 꼭 좋은 먹이로 위장된 새그물에 내려앉는 종달새들과도 같이 겉만 번드르르한 책 옆에 모여든다. 그림을 전시한 전람회에 가서 진정한 예술적 가치가 높은 작품을 볼 생각을 하지 않고 경박한 취향의 그림 옆을 떠나지 못하는 사람들이나 다름없다. 그러나 나는 남들이 하지 못한 생각, 지금까지 어디에서도 접해보지 못한 이론과 지식, 그리고 거기에 새로운 맛을 가진 책이 음란하거나 경박한 내용의 책보다 종국에 가서는 더 많은 독자들을 더 오래 가질 것이라는 스칼리거[9]의 의견을 믿고 존중한다.

우울증의 치료와 글쓰기

내가 우울증에 관하여 이 글을 쓰는 태도나 주제에 대하여 이의가 있는 사람이 있어 그 이유를 대라고 요구한다면, 나는 우선 그 이유는 하나가 아니고 여럿이라고 대답하겠다. 나는 글을 씀으로써 나의 심신을 바쁘게 만들어 우울증을 퇴치하고자 이 글을 썼다. 우울증을 가져오는 이유에는 여러 가지가 있겠지만 가장 큰 원인은 할 일 없이 빈둥거리는 것이며, 그 치료 방법에는 심신을 바쁘게 만드는 것보다 더 좋은 약이 없다. 그렇다고 어른이 어린애처럼 장난감을 가지고 노는 데 골몰해야 무슨 소용이 있겠느냐

---

9 스칼리거(Julius Caesar Scaliger, 1484~1558) : 이탈리아 출신의 의사, 학자, 시인.

고 하겠지만, 그래도 세네카[10]의 말처럼, "아무 목적이 없는 일이라도 하는 것이 아무 일도 하지 않는 것보다 낫다." 이런 목적에서 나는 이 글을 썼으며, 이 쓸데없는 노역에 종사함으로써 나 자신을 바쁘게 만들어 게으름이 가져오는 무기력함에서 빠져나오고자 노력하였으며, 그 결과 나는 나도 모르게 남는 시간을 유용하게 쓰게 되었다. 자기의 시를 읽어줄 독자가 없어서 자작시를 나무에다 읊어주거나 기둥에다 낭독하였다는 루킬리우스[11]처럼 나도 순전히 나를 어떤 일에 얽어매어 바쁘게 만들기 위하여 이 글을 썼다. 나의 이와 같은 행동을 다른 사람들도 본받는다면 그것은 그들의 육체에는 물론 그들의 정신에 더욱 큰 도움이 될 것이라고 나는 확신한다.

그리고 또 다른 글 쓰는 사람들도 그렇겠지만, 명성을 얻기 위하여 나는 이 글을 썼으며, 또 나를 남에게 드러내기 위하여 글을 썼다는 사실을 고백한다. 당신이 어떤 지식이 있다고 하더라도 그것을 다른 사람들에게 알리지 않는다면 그 지식은 아무 소용이 없는 것이다. 이런 의미에서 "어떤 한 가지를 알고 그것을 표현하지 못한다면 그것은 모르는 것이나 다름없다"라고 말한 투키디데스[12]의 의견에 나는 동감한다.

내가 처음 이 글을 쓰고자 마음먹고 이 일에 착수하였을 때 내가 달성하고자 한 목표는 단 한 가지, 그것은 글을 써서 나의 마음을 편안하게 만드는 것이었다. 왜냐하면 나는 요사이 가슴과 머리가 무겁고 답답한 것이 꼭 머릿속에 어떤 종양이 생긴 듯하며, 이것을 한시바삐 제거하거나 완화시키는 데 이 방법보다 더 좋은 치료법은 생각해낼 수 없었다. 더군다나 나는

---

10 세네카(Lucius Annaeus Seneca, BC 4~AD 65) : 로마의 철학자, 정치가, 웅변가, 문장가, 비극작가. 네로 황제의 개인교사를 역임. 네로의 의심을 받아 자살함.

11 루킬리우스(Gaius Lucilius, BC 2세기경) : 그리스 출신의 문장가, 시인, 풍자가. 로마 제국 내에서 그리스 문학을 크게 부흥시킴.

12 투키디데스(Thucydides, BC 471?~BC 400?) : 그리스의 역사가. 『펠로폰네소스전쟁사』의 저자. 고대 역사가 중 가장 위대한 역사가로 인정받고 있음.

더 이상 참고 견딜 수가 없었다. 가려운 곳은 긁어야만 시원하지 않겠는가.

나는 이 우울증에 적지 않게 시달림을 받고 있는 사람이다. 나에게 이 우울증은 고질병인 동시에 나의 애인이기도 하다. 전갈에 물린 사람이 아픔을 이겨내기 위하여 자기 손톱으로 자기 손톱을 파낸다는 사실과도 같이, 이 우울증을 이겨내기 위하여 노력하고 고민하다가 보면 나는 또 우울해지고, 슬픔을 슬픔으로 달래고, 게으름을 게으름으로 대체하고 있다. 뱀에 물린 독을 해독하는 약을 다시 뱀의 독에서 얻듯이, 나는 나를 괴롭히는 최대의 적인 우울증을 치료하기 위한 해독제를 바로 이 우울증에서 찾기로 하였다. 자기 배 속에 개구리가 들어 있는 것처럼 무엇인가 들어 있어, 어디를 가나 '개골개골' 개구리 울음소리가 난다고 생각하고는 순전히 이 병을 치료하기 위하여 7년간이나 의학을 공부하였으며, 온 유럽의 방방곡곡을 돌아다녔다는 사람처럼, 나도 이 타고난 고질적 질병인 우울증을 치료하기 위하여 나의 도서관이 제공할 수 있는 이 질병에 관한 서적이라는 서적은 모두 샅샅이 뒤져보았으며, 친구들이 나에게 개인적으로 알려주는 이 병에 관한 정보도 모두 참고하여 적어두었다.

자고로 사람이 자신의 육체적 또는 정신적 고통이나 상처를 치료하고 완화하기 위하여 책을 쓴다는 일은 결코 생소한 일은 아니다. 『위로에 대하여』라는 책으로 유명한 카르다노[13]는 이 책을 아들이 죽은 후 그 슬픔을 달래기 위하여 썼노라고 고백하였다. 키케로[14]도 같은 내용의 책을 썼는데, 이것은 그의 사랑하는 딸이 일찍 죽었기 때문이라고 전해진다. 내 경우는 비슷하면서도 다르다. 다른 사람들이 하는 말을 듣거나 책에서 읽고 안 것을 나는 실제로 내가 스스로 느끼고, 경험하고, 해보았다. 다른 사람

---

13 카르다노(Geronimo Cardano, 1501~1576) : 이탈리아 출신의 의사, 수학자, 천문학자.
14 키케로(Marcus Tullius Cicero, BC 106~BC 43) : 로마의 웅변가, 정치가, 철학자, 작가.

들이 이 우울증에 관하여 책을 통하여 어떤 지식을 습득하였다면, 나는 나 스스로 우울해짐으로써 이 병의 핵심에 도달하였다. 나의 말은 나의 직접 적인 경험과 체험에 나온 것이다. 그러니까 나는 돈 많은 귀부인이 문둥병 에 걸려 고생하게 되자 자신의 재산을 내놓아 문둥병을 치료하는 병원을 짓도록 하였다는 이야기와 같이, 나도 이 우울증을 퇴치하기 위하여 내 시 간과 지식, 그리고 경험을 모두 바칠 각오로 이 글을 썼다. 이런 일을 하게 된 것은 이 지구상에 살아 있는 모든 우울증 환자들을 위하여서는 물론, 나 자신을 위하여서도 참으로 다행스러운 일이다.

글쓰기의 허망함에 대하여

그러나 결국 나의 이 일도 모두가 불필요한 일이다. 결과는 다른 사람들 이 이미 해놓은 일을 다른 말로 바꾸어 말했을 뿐 결코 새로운 것이 못 된 다. 같은 주제를 다룬 루키아누스[15]의 책에도 이미 할 말은 다 해놓았다. 이 우울증에 관하여 이미 쓰여진 책들이, 글들이, 논문들이 한두 개인가? 나 같은 글쟁이가 아니고 내로라하는 당대의 의사들이 쓴 두툼한 저서들 이 도서관의 서가를 메우고 있다. 따지고 보니 내 글에는 새로운 것이 별 로 없다. 내가 쓴 것들은 결국 이미 다른 사람들이 써놓은 글에서 훔쳐온 것이다. 내 글을 내가 읽다 보면 어디선가 "이 도둑놈아!" 하는 소리가 들 려오는 것만 같다. "산 사람의 옷을 훔치는 것보다 죽은 사람의 업적을 도 둑질하는 것은 더 큰 죄악이다"라는 말을 어디선가 읽은 기억이 난다. 그 렇다면 나만 죄인인가? 다른 글쟁이들은 어찌되는 것인가? 이 세상에서

15 루키아누스(Lucianus, 125~180?) : 로마 시대의 단편 작가.

글 쓰는 사람치고 이 누명에서 벗어날 사람이 과연 몇이나 되는가? 나는 일찌감치 다른 사람들보다 먼저 손을 들고 "나는 유죄요"라고 나의 죄를 인정하겠다. 이렇게 해서 나는 다른 죄인들과 함께 죗값을 치르는 것으로 만족하련다.

옛날의 현명한 사람이 이미 오래전에 말하였듯이, 책을 쓰는 일에는 끝이 없다. 이 세상에는 어느 때 어느 장소에서도 종이 위에 무엇인가를 끄적거리는 사람은 으레 있게 마련이다. 요즈음은 더하다. 누구나 글을 쓰겠다고 펜을 들고 나선다. 이 세상에 아기가 태어나듯이 책은 계속해서 탄생한다. 그렇기 때문에 책의 숫자는 많아지게 마련이며 일일이 그 숫자를 셀 수가 없다. 이 세상에 이름을 내고 싶고 명예를 얻고 싶은 욕망에서 사람들은 글을 쓴다. 유식한 사람도 무식한 사람도 모두 글을 쓴다. 유식한 사람은 유식함을 자랑하기 위하여, 무식한 사람은 무식함을 감추기 위하여 글을 쓴다. 그저 아무것이나 되는대로 긁어모아 되는 소리 안 되는 소리로 아무 짝에도 쓸모 없는 책을 만들어낸다.

글을 써서 명예를 얻겠다는 욕망에 사로잡히면 꼭 귀신에 홀린 사람과도 같이 제정신이 아니다. 남들이 흉을 보거나 말거나, 남들이 비웃거나 말거나, 심지어 몸에 병이 있어 극도로 허약해도, 쇠약해도, 나이가 너무 많아 이제는 펜 하나 제대로 움켜쥘 힘이 없는 사람도 죽기 전에 무슨 할 말이라도 있는 듯이 죽기를 마다하지 않고 글을 쓴다. 이 모든 미친 짓은 책이나 학문이라는 것에 관하여서는 아무것도 모르고 아무런 관심도 흥미도 없는 우매한 대중들 사이에서 자기는 학식 있는 사람이며 두툼한 책의 저자라는 이름을 얻기 위해서다.

학자라는 사람들은 참으로 대단한 사람들이다. 이들은 책만 보면 덤벼든다. 무역선을 가진 상인들이 장사를 하여 재산을 늘리려고 험한 바다를 건너 먼 곳에 있는 항구를 찾아 나서듯이, 학자라는 사람들은 책이 있는 곳이라면 물불을 가리지 않고 달려간다. 이렇게 손에 넣은 책을 읽고 또 읽고, 목록을 만들고, 요점을 정리하고 기록하여 두껍고 무거운 자신의 책을 써낸다. 책의 두께와 무게는 그 저자의 학자로서의 명성과 지위를 보장한다. 두꺼운 책의 저자라면 그만큼 더 훌륭한 학자인 양 행세하고 사람들도 그렇게 알고 있겠지만, 내가 보기에는 더 대단한 허풍쟁이가 아니면 수다쟁이인 경우가 대부분이다. 두껍고 무거운 책이 꼭 훌륭한 책이라는 보장은 없다.

책을 쓰는 사람들은 모두가 자기는 세상을 위해, 다른 사람들을 위해, 세상에 보람된 좋은 일을 하기 위해 글을 쓴다고 말하고 있지만 실제로 그 고된 일을 계속하도록 꼬드기는 것은 바로 글쓰는 사람 자신의 허영심과 오만함이다. 자기가 죽지 않고 아직도 살아 있다는 사실을 세상에 알리기 위함이다. 약장수가 이 병에 담긴 약을 다른 병에 부어 새로운 약으로 둔갑시켜 계속 시장에 내놓듯이, 로마인들이 로마의 영토를 넓히기 위하여 계속해서 다른 나라를 침략하였듯이, 글을 쓰는 사람들은 이미 쓰여진 다른 사람들의 재치 있는 말과 새로운 생각들로 이루어진 정원의 꽃밭에서 가장 아름답고 신선한 꽃만 골라서 자기 집 정원에 옮겨 심은 사람들과 같다. 그들은 부족한 자신의 생각과 지식으로 이루어진 비쩍 마른 책에다 살찐, 남의 책에서 훔쳐온 지방질로 살을 붙이는 사람들이다.

한마디로 책을 쓰는 사람들은 나를 포함해서 모두가 하나같이 도둑놈들이다. 그들은 예전의 작가들이 써놓은 글에서 도둑질하여 자기 책의 내용을 채운다. 새로운 것이 들어 있는 것처럼 보이지만 모두가 이미 예전에 다른 사람이 한 말들이다. 내가 스승 데모크리토스의 동굴 속을 뒤져서 이 글을 쓰고 있듯이, 이들은 모두가 예외없이 에니우스[16]가 이미 누어놓은

---

16 에니우스(Quintus Ennius, BC 239~BC 169?) : 로마의 시인. 많은 그리스 희곡을 라틴

똥 더미를 쑤시고 있다. 도서관의 서가에 썩은 종이로 변한 수많은 서적이 해마다 쌓여 그 자리가 모자라 해마다 늘려야만 하는 이유도 바로 여기에 있다. 이제 책은 사람들이 읽는 데 쓰이기보다는 푸줏간의 고기나 빵집의 빵, 양념가게의 양념을 포장하는 종이로 더 유용하게 쓰인다. 이 문제에 대하여 스칼리거는 다음과 같이 한 말씀 꼬집었다. "우리나라 프랑스에는 능력이나 자격이 없는 사람도 글을 써서 책을 출판하는 자유는 있다." 이 세상에 나온 수많은 책들 가운데 읽어서 유익한 책은 참으로 찾아보기 힘든 세상이다. 유익하기는커녕 유해한 것들이 태반이다.

　그러나 어찌하랴. 세상이 모두 그런 것이 아닌가. 이렇게 말하고 한탄하는 나도 예외가 아니다. 나도 이처럼 큰소리치면서 무엇인가 아주 새롭고 거창한 말을 하는 듯하지만, 별수 없이 예전에 이미 선배들이 한 말을 가지고 같은 베틀에 앉아 같은 베를 짜고, 같은 짚을 가지고 이리 꼬고 저리 비틀어보지만 결국은 같은 새끼를 꼬고 있는 참이다. 이 세상에 새롭다는 책은 알고 보면 할 일 없는 사람이 할 일 없는 사람들 시간 보내는 데 쓰라고 만들어놓은 장난감에 지나지 않는다. 제왕은 자기가 소유한 군대를 가지고 뽐내고 싶어하고, 부자들은 자기들 소유의 화려한 저택을 자랑하고 싶어하며, 군인들은 자신들의 용기와 젊음을 으스대고, 어린아이들은 새로운 장난감을 뽐내며, 학자들은 자신의 학식을 자랑하고 싶어한다. 그 방법은 책을 세상에 내놓는 일이다. 학자들은 책을 가지고 큰소리친다. 독자들은 어떻든 간에, 누구이든 간에, 세상 사람들은 마땅히 자기가 쓴 책을 정성스레 읽을 것이며 또 꼭 읽어야만 한다고 굳게 믿는 사람들이 어리석은 책의 저자들이다.

　아무튼 이 세상에는 책이 너무 많다. 쌓여 있는 책, 쏟아져 나오는 책들

어로 번역하였음. 로마 문학의 창시자로 알려짐.

때문에 골치가 아프다. 혼란스럽다. 어디를 가도 책이 널려 있으니 읽지 않으려 해도 읽지 않을 수가 없다. 부담스럽다. 책을 읽자니 눈이 아프고, 책장을 넘기다 보면 손가락도 아프다. 그런데 이 아무짝에도 쓸모 없는 일을 하고 있는 장본인 가운데 하나가 바로 나라는 데 문제가 있다. 그렇다고 내가 쓴 글이 과연 내 것이냐 하며 그런 것도 아니다. 마크로비우스[17]가 자신의 경우를 빗대어 말한 바와 같이, "이 책은 내가 쓴 것이지만 내 것이 아니다." 솜씨 좋은 주부가 이런 저런 재료를 넣어 맛 좋은 국을 끓여내듯이, 여러 가지 실을 가지고 고운 옷감을 짜내듯이, 벌들이 이 꽃 저 꽃 날아다니며 꽃가루를 모아다가 단 꿀을 만들어내듯이, 나도 내 나름으로는 그런대로 정성스럽게 수많은 책들을 뒤지고 참고하여 이 책을 썼다. 이 과정에서 나는 다른 작가들에게 어떤 잘못도 저지르지 않았다. 남의 글을 훔쳐올 때는 정직하게 도둑질한 집 주인의 이름과 장소를 밝혔다.

사실이 이런데도 불구하고 내가 이 우울증에 관한 글을 쓰는 이유에 대하여 한마디 변명을 하겠다. 이미 내가 이 책에서 말하고자 하는 분야에는 대단한 명성을 유지하고 있는 의사들과 철학자들이 많이 있다. 그러나 디다쿠스 스텔라[18]의 말과 같이, "거인의 어깨 위에 올라 앉아 있는 난쟁이는 그 거인보다 더 멀리 볼 수 있다." 이처럼 나는 나의 선배들이 이루어놓은 것에 무엇인가 새로운 것을 더 보탤 수도 있고, 변화를 줄 수도 있고, 잘못된 것은 교정할 수도 있다고 생각한다.

---

17 마크로비우스(Ambrosius Theodosius Macrobius, 4세기 말~5세기 초) : 로마의 라틴어 문법학자.
18 디다쿠스 스텔라(Didacus Stella, 1524~1578) : 스페인의 프란체스코회 신비주의자이자 신학자.

내 글의 특징에 대하여

 내 글의 단점은 한 번 처음 쓴 글을 고쳐 쓰지 않았고, 내 스타일을 수정하지도 않았다는 것이다. 그래서 내 글은 처음 구상된 그대로이며 수정한다거나 세련시킬 그런 작업을 할 한가한 시간도 없었기 때문에 지금 보는 바와 같이 내 글은 이상스럽게 되어버렸으며 또한 제멋대로다. 솔직히 말해서 내 글은 내가 바라는 바의 그런 글도 아니며, 세상 사람들이 알고 있는 최고 수준의 글도 못 된다. 내가 쓴 글을 읽을 때마다 나는 오비디우스[19]의 다음과 같은 말을 기억한다. "내가 써놓은 글을 자세히 들여다볼 때마다 나는 부끄럽다. 제대로 된 부분이 하나도 없으니."

 그리고 또 한 가지 말해둘 것은 그의 내용에서도 문제가 많다는 사실이다. 과거에 이미 써놓은 많은 것들에 현재 나 자신도 크게 불만이다. 현재 내 나이는 처음 글을 쓰기 시작할 당시의 나이가 아니며 현재 내 취향도 당시와는 사뭇 달라졌기 때문이다. 쓰여진 글에서 상당한 부분을 삭제해버리고 싶기도 하지만, 어찌하나 이미 너무 늦어버린 것을. 나는 다만 잘못된 부분에 대하여 독자들의 용서를 빌 뿐이다.

 나도 한 번 쓴 글은 세상에 내어놓기 전에 9년을 묻어두고 손질을 하라는 시인 오비디우스의 가르침이나, 청금석을 사용하기 전에는 50회 이상 물에 씻어 쓰라는 의사 알렉산더의 충고를 받아들여 이 글을 수정하고, 교정하고, 정정하고, 보완할 수도 있었다. 그랬더라면 분명 더 좋은 글이 되었을 것이다. 그러나 내가 이미 언급한 바와 같이 나에게는 그런 한가한 시간도 없거니와 내 이 작업을 도와줄 필기사나 조수도 없다. 풍자시인 루

---

19 오비디우스(Publius Ovidius Naso, BC 43~AC 17?) : 로마의 시인. 대표작에 『변형』이 있음.

킬리우스의 글에 나오는 판크라테스라는 사람은 이집트의 멤피스에서 콥토스로 여행을 떠날 때 심부름을 해줄 하인이 없자, 대문의 빗장을 뽑아 들고는, 이상스러운 주문을 외워 사람처럼 똑바로 서게 만들어 그것으로 하여금 물도 길어 오고, 고기도 굽고, 저녁식사도 준비하게 하는 등, 마음껏 부려먹고, 시킬 일이 없을 때는 다시 지팡이로 만들어 짚고 다녔다고 한다. 나에게는 이런 재주도 없고, 사람을 고용할 만한 돈도 없고, 선장처럼 부하를 부를 호각도 없다. 나에게는 사람을 부릴 그런 권위도 없다. 친구 오리게네스에게 무려 여섯인가 일곱인가 되는 필사생을 고용하여 그가 구술하는 것을 그대로 받아 적게 만들어준 암브로시우스와 같은 돈 많고 지체 높은 후덕한 후원자도 없다.

나는 이 힘든 일을 모두 혼자서 내 힘으로 해야만 했다. 새끼 밴 곰은 있는 힘을 다하여 새끼를 낳은 후 그 모양 없는 고기 덩어리를 정성스럽게 혀로 핥아서 귀여운 아기 곰으로 변화시킨다는데, 나에게는 이런 시간도 정성도 없었다. 그저 처음 쓰여진 그 상태로, 생각나는 대로, 즉흥적인 스타일로 출판하게 되었다. 나는 평소 내가 마음 내킬 때마다 두서 없이 적어둔 노트를 참고하여 내 생각이 명령하는 대로 썼다. 나는 평소 누구와 말하듯이 별다른 숙고 없이 글을 썼으며, 많은 사람들이 좋아하는 거창한 단어나, "악세스테스의 화살은 어찌나 빨랐던지 날면서 불이 붙었다"와 같은 과장된 문장도 피하였으며, 지나친 재치, 찬사, 장식, 그리고 우아함도 사용하는 것을 자제하였다.

나는 물을 마시는 사람이지 포도주를 마시는 세련된 사람이 아니다. 나는 평범하고, 촌스럽고, 헐렁한 사람이다. 헐렁한 만큼 자유롭다. 나에게 호미는 호미일 뿐이다. 나는 독자들의 마음을 위하여 글을 쓰지, 그들의 귀를 즐겁게 만들기 위하여 쓰지 않는다. 나에게 중요한 것은 주제이지 어휘가 아니다. 물건이 있고 단어가 생겨난 것이지, 단어를 위하여 물건이 생겨난 것이 아니다. 세네카처럼 나도 어떻게 쓰는가보다는 무엇을 쓸 것인가에 더 관심이 있다. 그렇지만 "말은 번지르르한데 속은 비었네"와 같은 속담처럼 멋진 말의 잔치 속에는 깊은 의미가 없다.

이 문제에 대하여 현명한 세네카가 아주 잘 지적하였다. 어느 글 쓰는 친구가 정확한 어휘를 찾아 쓰는 경우 아주 꼼꼼하고 깔끔한 문장을 만드는 데만 고심한다면, 이는 마치 어린아이 장난감에 반한 어른처럼 그의 글에는 성숙함이 부족하게 된다. 문장이 아름답다는 것은 사내다운 특징이 아니다. 나이팅게일을 보라. 그 화려한 노랫소리 외에 또 무엇이 있는가? 그렇기 때문에 나는 이 문제에 대하여 소크라테스를 연구한 학자이며 대시인이었던 아폴로니오스[20]의 충실한 제자가 되기로 결정하였음을 만천하에 밝혀두는 바이다. 즉 나는 이 글을 쓰면서 미사여구를 소홀히 할 것이며, 오직 내 독자들의 지혜를 증가시키는 데만 애쓸 것이며, 결코 그들의 귀를 즐겁게 만드는 일은 하지 않을 것이다. 하여간 말끔하게 문장을 다듬는 일은 웅변가들이나 할 일이지 여기서 내가 할 일이 아니다. 나는 내 주제에 대하여 생각나는 대로 그때그때 솔직하게 그리고 담담하게 표현할 뿐이다.

이렇게 함으로써 내 글은 마치 거대한 강이 흐르듯이 때로는 급격하고 빠르게 때로는 느리고 여유 있게, 어느 곳에서는 똑바로 어느 곳에서는 구불구불, 때로는 깊게 때로는 여울지어, 때로는 흙탕물로 때로는 수정같이 맑은 물로, 때로는 넓게 때로는 좁게 흘러갈 것이다. 그리고 그때그때 다루게 될 주제에 따라서 그리고 내 기분에 따라서 때로는 심각하게, 때로는 가볍게, 때로는 풍자적으로, 때로는 코믹하게, 때로는 정

---

20 아폴로니오스(Apollonios of Rhodes, BC 3세기 말~BC 2세기 초) : 그리스의 서사시인. 아르고호 원정대의 전설을 기초로 한 서사시 『아르고나우티카』를 씀.

교하게, 때로는 될 대로 되라는 심정으로 쓸 것이다. 그래서 혹시라도 당신이 내 이 글을 읽게 된다면 아마도 지극히 평범한 한 나그네가 될 것이다.

나그네가 된 이상 당신은 화창한 날도 만날 것이고 궂은 날도 만날 것이다. 때로는 확 트인 광활한 들판을, 때로는 꽉 막힌 좁은 산길을 걷게 될 것이다. 어느 곳에서는 비옥한 옥토를, 어느 곳에서는 척박한 황무지도 만날 것이다. 이 가운데는 그대들이 좋아할 곳도 있겠고 싫어할 곳도 있겠지만 나는 그대들을 이끌고 울창한 숲을 통과하기도 할 것이며, 덤불 숲도, 언덕도, 계곡도, 평야도 지날 것이다. 험준한 산도, 위험이 도사린 골짜기도, 이슬에 젖은 풀밭과 경작지도 지나갈 것이다.

내 글이 그 주제나 형식에서 결점이 많다고 불만을 가질 독자들은 "이 세상에 어느 한 사람 혼자의 힘이나 노력으로 완전무결하게 되는 것은 없다"라고 말한 콜루멜라[21]의 말을 참고하여주기 바란다. 이 세상에는 사물을 완전하게 볼 수 있는 그런 사람도 없다. 같은 사물도 보는 사람에 따라 보이기도 하고, 안 보이기도 하고, 달리 보이기도 함은 의사 갈레노스[22]나 철학자 소크라테스, 플라톤, 아리스토텔레스 등과 같은 위대한 사람들의 경우를 보아도 알 수 있다. 어느 한 사람의 견해나 관찰은 완전할 수 없다. 결점과 부족함이 있게 마련이다. 이 세상에 가장 위대하다는 사냥꾼도 결국 몇 마리의 맹수를 잡을 뿐이지 전부를 잡지는 못한다. 나는 이 책에서 이 우울증에 대하여 내가 알고, 생각하고, 느끼는 것의 일부를 말했을 뿐이다.

---

21 콜루멜라(Lucius Junius Moderatus Columella, AD 1세기) : 로마의 군인, 농부. 『소박한 삶에 대해서』와 『나무들에 대해서』가 현재 전해지고 있다.

22 갈레노스(Claudios Galenos, AD 2세기) : 그리스 출신 의사로서 로마에 정착함. 그리스, 로마, 아랍 의술의 권위자로서 100여 편의 의학적 논문을 발표함.

사실 나는 이 분야의 전문가가 아니다. 나는 단지 이 분야에 흥미를 느끼고 있는 이방인이다. 나는 이 우울증이란 밭의 이랑을 쟁기로 깊이 파헤치는 농부가 아니고, 단지 이 우울증이란 들판을 여기저기 거닐면서 여기저기 피어 있는 들꽃을 꺾어 감상하는 사람이다. 어느 착실한 독자가 있어 이 책을 자세하게 읽고 그 안에서 결점이나 틀린 곳을 지적하게 된다면 스칼리거가 테렌티우스[23]의 책에서 발견한 세 개 정도가 아니라 무려 300개는 찾아낼 것이라고 나는 솔직하게 고백하고 싶다. 비록 이번에 나온 내 책이 여섯 번째의 수정판이어서 그간 잘못된 곳이 있다거나 틀린 부분이 있었다면 마땅히 이번에는 모두 정확하게 바로잡아져 있음이 마땅하다. 그러나 손을 대어보니 그 일이 너무나 크고 힘겨운 일임을 알았다. "헌 집을 헐고 수리하느니 차라리 새로 집을 한 채 짓는 것이 훨씬 수월하다"고 말하는 노련한 목수들의 말은 내 경우 진리다. 쓴 글을 변경하고 고치느니 차라리 새로 글을 쓰는 것이 덜 고통스럽다.

내 글의 주제는 인간의 우울증과 광기에 관한 것이다. 나는 이 두 개를 하나의 정신적이며 동시에 육체적인 질병으로 본다. 이 두 가지 증세는 극과 극은 통한다는 진리와도 같이 결국은 같은 것이며 같은 결과를 가져온다. 이 글에서 나는 이 병의 일반적인 발병 원인과 증상, 그리고 가능한 치료 방법에 대하여 언급하고자 한다. 그러기 위하여 필요한 것은 이 병의 증상의 원인과 종류를 철저하게 분석 내지 해부하는 일이다. 이 글을 끝까지 인내심을 가지고 읽는 독자는 틀림없이 무엇인가 대단히 유익한 것을 얻게 될 것을 확신한다. 지스카[24]라는 위대한 함장은 부하들에게 항상

---

23 테렌티우스(Publius Terentius Afer, BC 185~BC 159) : 로마 초기의 희극작가. 카르타고 출신의 노예였으나 재능을 인정받아 자유를 얻었음.

24 지스카(Johann Ziska, 1360?~1424) : 독일의 변방 보헤미아의 장군. 19세기 독일 시인 알프레드 마이너스(1822~1885)가 쓴 서사시 『지스카』의 주인공.

큰 소리로 욕하고 윽박지르기로 유명하였다. 그는 자기가 전사하거든 자신의 피부를 벗겨 북을 만들어 쓰라고 부하들에게 부탁하였다고 한다. 왜냐하면 그 북을 두드리면 적들도 하도 시끄러워 아마도 모두 도주할 것이라고 그는 농담 삼아 말하곤 하였다. 비록 내 글이 매끄럽지 못하고, 시끄럽고, 수다스럽겠지만, 잘 읽기만 하면 지스카의 북이 적군을 놀라게 하여 도망가도록 만들 수 있는 것처럼 우리 인간을 괴롭히는 이 우울증을 퇴치할 수 있게 될지도 모를 일이다.

다만 한 가지, 내가 이제부터 자세하게, 경험적으로, 학술적으로, 의학적으로, 철학적으로, 역사적으로, 장황하게, 수다스럽게, 시시콜콜 언급하고자 하는 이 우울증에 현재 실제로 걸려 고생하고 있는 사람이 있다면, 이 글에 나오는 우울증의 증상에 대한 내용이나 그것이 가져오는 결과에 대하여 읽지 말아주기를 정중하게 부탁한다. 왜냐하면 흔히 사람들은 누군가가 어떤 질병에 대하여 일반적으로 언급하는 소리를 듣고는 그것이 꼭 자기에게 해당된다고 생각하고 굳게 믿어 병을 악화시키거나 심화시키는 경우가 자주 있기 때문이다. 이것은 이 글을 쓰는 필자의 의도와는 정반대되는 일이다. 나는 누구에게나 좋은 일을 하려는 의도에서 이 글을 썼지 해를 끼치고자 이 글을 쓴 것은 아니다. 다시 말해서 내 글을 읽어주되 사려 있게 읽어주기를 부탁드리는 바이다. 돌을 논하는 좋은 글을 읽는다고 독자들이 실제로 돌에 맞아 머리가 터지는 일이 있어야 되겠는가?

인간은 누구나 우울증을 앓고 있는 환자다

이제 슬슬 내 이야기를 본격적으로 시작해볼까 한다. 우선 나의 이런 내용과 의도를 가진 글의 필요성과 일반적인 타당성에 의문을 가진 독자들을 위하여 다음과 같은 제안을 해보기로 한다. 우선 사람은 이 세상을 좀 더 넓게 훑어볼 필요가 있다. 만약에 당신이 지금 당장이라도 아주 높은 산꼭대기에 올라가 이 혼란스럽고, 알 수 없고, 우연과 허무함 그리고 변화가 지배하는 우리 인간세상을 내려다보게 된다면, 당신은 크게 웃거나 크게 동정심을 느낄 것이다. 분명해지는 것은 이 세상은 미쳐 있다는 것, 다시 말해서 미친 사람들, 광인, 정신이상자, 바보들이 들끓고 있는 세상이라는 것이다. 바보들의 천국이다. 아니, 감옥이다. 어리석은 사람들, 사기꾼들, 가짜들, 아첨꾼들로 만원이 된 감옥이다. 이것을 보고 웃지 않고 배겨날 사람이 있겠는가? 불쌍하다고 동정심을 느끼지 않은 사람이 있겠는가?

정도의 차이는 있다고 하겠으나 어리석은 자들은 모두가 하나같이 약간 머리가 이상해진 사람들이다. 그리고 바보치고 이 우울증으로부터 완전히 해방된 자유스러운 사람은 없다. 그들의 습관과 기질에서 이 우울증의 증상을 엿볼 수 있다. 플루타르코스[25]가 말하였듯이, "나쁜 성질은 고치지 않으면 결국 습관으로 굳어지며, 나쁜 습관은 결국 병이 되고 만다." 이 문제에 대하여 철학자 키케로는 다음과 같이 말하였다. "어리석음은 하나의 질병이다. 하나의 정신적인 질병이다." 그렇다면 병이란 무엇인가? 정신과 육체가 조화를 이루지 못한 상태가 병이라면, 병 없는 사람이 어디 있겠는가? 욕심, 정욕, 분노, 질투심, 불만, 공포심, 슬픔 등에서 자유로

---

25 플루타르코스(Plutarchos, 46?~120) : 그리스의 문필가. 아테네에서 출생하여 두루 여행을 하였으며, 로마에 정착하여 제자를 가르치고 많은 저술 활동을 하였음. 그의 저서 가운데 『플루타르코스 영웅전』은 그리스와 로마의 건국에서부터 당대까지 살았던 그리스와 로마 인물들 가운데서 뛰어난 사람들의 성격과 생애를 두 사람씩 짝으로 묶어 비교한 불후의 명작이다.

운 사람이 있는가? 이런 병으로 고통받고 있지 않는 사람이 이 세상에 과연 몇이나 되는가? 없다. 누구나 하나같이 정신병자다. 광증이 있다. 다시 말해서 하나같이 우울증에 시달리고 있다. 모두가 어떤 종류의 병원과 의사를 찾고 있다. 이 병의 치료를 위하여 부자는 더 먼 곳에 있는 더 유명한 의사가 있다는 병원을 찾아간다. 담배보다 더 강력하고 효과적인 진통제의 수요는 해마다 증가하고 있다.

인간들이 하나같이 어리석고, 경솔하고, 우울증, 광증에 시달리고 있는가에 대하여서는 구약성서 가운데 한 편인 「전도서」에 나오는 솔로몬[26]의 증언에도 잘 기록되어 있다. "그리고 나는 돌아서서 보았노라. 지혜로운 사람과, 미친 사람과, 어리석은 사람을." 계속해서 그는 말하였다. "그리고 그의 하루하루는 슬픔이요, 그의 하는 일은 고통이요, 그의 마음은 밤에도 평화롭게 잠을 이루지 못하더라."

내가 말하고자 하는 우울증을 독자들이 과연 어떤 뜻으로 이해할는지는 잘 알 수 없겠으나, 제대로 이해하든 잘못 이해하든, 하나의 체질이나 기질로 받아들이거나 습관으로 받아들이거나, 고통으로 생각하거나 즐거움으로 생각하거나, 노망, 불만, 두려움, 슬픔, 광증 등과 같은 것으로 여기거나, 부분으로 보거나 전체로 보거나, 사실로 이해하거나 비유로 이해하거나, 결국 결론적으로 도달하는 곳은 같다. 내가 여기에서 말하는 우울증은 이 모든 심리적, 정신적, 신체적, 역사적, 윤리적, 도덕적, 기질적인 것의 일부요 동시에 전부이기도 하다. 우울증은 내가 이 모든 현상을 논하기 위한 하나의 시발점이요, 전망대요, 관측소요, 발판이다.

---

26 솔로몬(Solomon, BC 973~BC 933?) : 이스라엘의 왕. 다윗과 밧세바의 아들. 그의 지배하에 이스라엘은 크게 번영함. 예루살렘 성전을 지음. 많은 재화 외에 지혜를 가졌던 왕으로 유명함. 구약성서 가운데 「잠언」, 「아가」, 「전도서」, 「솔로몬의 지혜」의 저자로 추정됨.

솔로몬은 웃음도 하나의 광기라고 말하였다. 성자 바울[27]은 기도서에서 다음과 같이 말하였다. "큰 슬픔은 죽음을 가져온다. 우리 인간의 마음은 본시 사악한 것이며, 사람이 살아 있는 동안 광기는 항상 우리 마음속에 있으며, 이 문제에서 소위 지혜로운 사람이라 해도 결코 예외는 아니다. 지혜가 많은 사람에게도 많은 슬픔이 있으며, 지혜가 증가하는 만큼 슬픔도 증가한다."

소크라테스는 이 세상에서 지혜로운 사람을 찾아내기 위하여 지대한 노력을 하였다. 이 목적을 달성하기 위한 한 방법으로 그는 당대에 이름난 철학자, 시인, 학자, 기술자 등 만날 수 있는 사람들을 모두 만나보고, 이들과 상의도 해보고, 토론도 해보고, 논쟁도 해본 후 내린 결론은 다음과 같았다. "인간은 모두가 어리석은 바보들이다." 그가 내린 이 결론은 많은 똑똑한 사람들을 화나게 하였지만 그는 어느 모임에서도 그곳에 모인 사람들 앞에서 이 말을 공공연하게 되풀이 강조하였다. 폰타누스[28]는 지혜로운 사람을 만나 그와 이야기를 나누어보기 위하여 집을 나서 일생 동안 유럽을 돌아다녔지만 결국 한 사람도 만나보지 못하고 다시 집으로 돌아왔다. "이 세상에 정신이 온전한 사람은 거의 없다"라고 카르다노[29]는 말하였다. 키케로는 말했다. "세상 돌아가는 일을 보면 하나같이 어리석고 잘못된 것들뿐이다. 이 사람은 이쪽으로 저 사람은 저쪽으로 비틀거리고, 똑바로 걷는 사람은 하나도 없다."

---

27 바울(Paul, 10?~67?) : 본명은 사울. 처음에는 기독교인들을 탄압하는 데 앞장섰으나 후에 예수의 음성을 듣고 기독교로 개종, 초기 기독교의 전파에 크게 공헌함. 67년경 로마에서 순교. 성자로 추앙됨.
28 폰타누스(Jovianus Pontanus, 1426~1503) : 이탈리아의 인문주의자, 시인, 정치가.
29 카르다노(Girolamo Cardano, 1501~1576) : 이탈리아의 수학자, 의사, 점성술사, 도박사, 철학자.

데모크리토스와 히포크라테스의 대화

'우는 철학자'라는 별명을 얻은 철학자에 헤라클레이토스가 있다. 그는 우리 인간들의 삶에 대하여 깊이 생각하고 고민하다가 결국 울음을 터뜨렸다. 그는 인간의 고통, 비극, 비참함, 그리고 어리석음을 보고 울고 또 울었다. 울지 않을 수 없었다. 그에게 인간 만사는 울음의 대상이었다. 반면에 나의 아버지이자 스승이자 선배인 데모크리토스에게는 인간의 삶이 모두가 웃음거리였다. 그는 웃지 않고는 살 수 없었다. 그는 우습고, 재미있고, 어리석은 일은 물론, 슬픈 일, 분노할 일, 개탄할 일을 보고도 그저 큰 소리를 내어 웃었다. 이런 사실을 괴이쩍게 생각하게 된 아브데라의 주민들은 데모크리토스가 미쳤다고 생각하고 아테네에 사람을 보내 그의 친구였으며 당대 최고의 의사인 히포크라테스를 모셔와 그의 이상해진 머리를 고쳐보려 하였다.

드디어 히포크라테스가 아브데라에 도착하자 사람들은 (일부는 울면서) 그에게 제발 데모크리토스의 이상한 병을 고쳐달라고 간청하였다. 얼마간의 휴식을 취한 다음 그는 뒤따르는 한 떼의 아브데라 시민들과 함께 친구 데모크리토스를 찾아 나섰다. 언제나 그랬듯이 데모크리토스는 교외에 위치한 그의 집 정원에 혼자 있었으며, 양말도 신발도 신지 않은 채로 책 한 권을 무릎 위에 얹어놓고는 작은 느릅나무 아래 앉아 무슨 연구에 골몰하고 있었다. 그의 옆에는 칼로 베어낸 동물들의 죽은 시체가 널려 있었다. 몰려온 구경꾼들은 이 두 사람의 만남과 사건의 진행을 흥미진진하게 지켜보고 있었다.

잠시 후 히포크라테스는 데모크리토스의 이름을 부르면서 인사를 했다. 그러자 데모크리토스도 답례를 하려고 하였으나 친구의 이름을 기억하지 못하였기 때문에 부끄러워하면서 적당히 얼버무려 인사를 했다. 히포크라테스는 그에게 지금 무엇을 하고 있는 중이냐고 단도직입적으로 물었다. 그는 주저 없이 자기는 지금 인간의 광증과 우울증의 원인을 밝혀내기 위하여 몇 마리의 동물들을 해부하느라고 아주 바쁘다고 말하였다. 히포크라테스는 그가 하고 있는 연구와 그가 누리고 있는 한가로움과 행복을 높이 평가하였고 또 칭찬하였다. 그러자 데모크리토스가 대뜸 물었다.

"그렇다면 당신에게는 한가한 시간이 없단 말입니까? 그 이유는 무엇이오?"

히포크라테스가 대답하였다.

"나와 나의 가족들, 친구들, 그리고 이웃 사람들에게 필요한 이런저런 일들 때문이지요. 외상값이나 집세, 세금 내는 일, 병문안 가는 일, 문상 가는 일, 마누라, 아이들, 그리고 하인들 돌보고 감독하는 일 등에 시간을 쓰다 보니 한가한 시간이 있을 수 없지요."

그러자 갑자기 데모크리토스는 배를 두드리면서 또 크게 웃기 시작하였다. 이를 옆에서 지켜보게 된 친구들과 마을 사람들 가운데는 그의 광증을 다시 한번 확인하고, 그 증상이 아주 심하다는 사실을 슬퍼한 나머지 눈물을 흘리는 사람들도 있었다. 그에게 히포크라테스는 정색을 하며 무엇이 그리도 우스워 큰 소리로 웃느냐고 물었다. 그는 태연하게 다음과 같이 대답하였다.

"세월의 덧없음과 허망함을 보고 웃는 거요. 사람들이 모두 헛된 일에 매달려 살고 있는 것을 보고 웃는 거요. 인간의 끝없는 욕망을 보고 웃는 거요. 별것도 아닌 명예와 영광을 얻으려고 죽도록 애쓰는 모습을 보고 불쌍해서 웃는 거요. 다른 사람들의 좋은 평가를 얻으려고, 황금을 더 모으기 위하여, 애를 쓰다 못해 목숨까지 잃는 어리석음을 보고 웃는 거요. 어떤 사람은 좋은 개를 사랑하고, 어떤 사람은 좋은 말을 사랑하고, 어떤 사람은 더 많은 땅을 사랑하여 주인이라고 생각하지만 모두 헛되고 허무한 일이요. 어떤 사람은 처음에는 자기 부인을 끔찍이 사랑하지만 얼마 지나면 미워하여 헤어지고, 애지중지하여 키운 자식들도 자라나 어른이 되면 부모를 무시하고, 소홀히 하고, 나중에는 벌거벗겨 길 위에 내던져 버린다오. 이 모든 인간의 욕망과 헛된 기대, 그리고 행동을 보고 웃지 않을 수 있겠소?

사람은 평화가 계속되면 전쟁이 일어나기를 바라고, 세상이 좀 조용하다 싶으면 또 일을 꾸며 왕을 몰아내고 다른 왕을 옹립하고, 자기 자식을 왕으로 계승시키기 위하여 먼저 왕의 어린 자식들을 죽이고, 왕비를 빼앗아 자기 아내로 만들지요. 참으로 우리 인간의 속에는 이상스러운 액체가 흐르고 있음이 분명하오. 가난할 때는 부자가 되기를 갈망하고, 일단 부자가 되고 나면 그 많은 돈을 가지고도 만사에 시들해지고, 하는 일이란 도둑이 두려워 돈을 땅속에 감추거나 아무런 즐거움 없이 마구 써버리고 말지요. 지혜로운 나의 친구 히포크라테스여, 이런 세상사와 인간사들을 보고 나는 웃는 거라오. 하나같이 어리석고, 한심하고, 유해무익하기만 한 인간들의 행동을 보고 웃고 있는 거요. 인간들은 모두 미치광이요."

이상과 같은 데모크리토스의 설명을 듣고 나서 히포크라테스가 즉시 입을 열어 다음과 같이 대꾸하였다.

"그러나 사람들이 이처럼 행동하는 데도 이유가 있지요. 모두가 필요한 일을 하고 있는 것이지요. 이 모든 어리석고 불합리해 보이는 일들은 모두가 서로 연결되어 있어 우리 인간들로 하여금 항상 바쁘게 일하도록 만들고 있다고도 할 수 있지요. 인간에게 가장 나쁜 일은 게으름과 소홀함이라고 생각하오. 그리고 우리 인간은 미래를 예견할 수 없기 때문에 이런저런 불행한 일이, 어리석은 일이, 슬픈 일이, 잔인하고 잔혹한 일이 일어나는 것이겠지요. 결혼이 사별이나 별거로 불행하게 끝나게 될 것을 미리 알 수 있다면 아예 처음부터 결혼이 이루어지지 않았겠지요. 자식이 일찍 죽을 것이라거나, 자식이 부모에게 불효막심한 짓을 할 것이라는 사실을 부모가 미리 알 수 있다면, 어느 부모가 그처럼 그 자식에게 애정과 정성을 쏟겠소. 그해 농사가 극심한 가뭄으로 망가질 것을 미리 알 수 있다면 어느 상인이 바다를 건너 장삿길을 떠나겠으며, 어느 날 자리에서 쫓겨나 암살당할 것을 알 수 있다면 누가 제왕의 자리에 오를 것이요? 나의 존경하는 친구 데모크리토스여, 인간은 누구나 최선을 기대하며 그렇게 된다는 전제하에 행동하는 것이지요. 그러니까 이 세상 사람들이 만들어내는 모든 어리석고 미친 짓으로만 보이는 것들을 보고 그처럼 비웃고 크게 웃을 이유는 없지요."

데모크리토스는 이상과 같은 히포크라테스의 설명 내지 면박을 듣고는 다시 한번 큰 소리로 웃어대었다. 그리고 자기를 방문한 친구 히포크라테스가 우리의 마음의 불안과 평온에 관한 견해를 제대로 이해하지 못하고 오해하고 있는 데 대하여 다시 설명하기 시작하였다.

"인간들이 미래를 사전에 예측하는 능력이 있다면 자신들의 결정과 행동을 지금처럼 하지는 않을 것이며, 어리석은 짓도 하지 않을 것이기 때문에 지금처럼 내가 웃을 이유도 없게 될 것이라고 당신은 말하고 싶은 모양인데, 그것은 당신이 인간에 대하여 아무것도 아는 것이 없기 때문이요. 인간은 본시 생각이 모자라는 존재이기 때문에 미래를 예견하는 능력이 주어진다 하더라도 결과는 같소. 오히려 더 많은 문제를 일으킬 것이오. 그 능력을 가지고 좋은 사람이 된다거나, 좋은 일을 하거나, 지혜로운 결정을 내리기는커녕 오히려 더 많은 못된 짓, 어리석은 짓, 잔인한 짓을 할 것이 분명하오. 우선 자기가 신이라도 된 듯이 우쭐거리는 꼴을 상상해보시오. 미래를 볼 수 있는 능력이 주어진다 하더라도 인간은 이 세상은 잠시이며, 수시로 변하는 것이며, 어느 것 하나 안전하거나 확실한 것은 없으며, 수레바퀴마냥 쉴 새 없이 돌고 있다는 사실은 깨닫지 못할 것이오.

　오늘 위에 있던 사람이 내일이면 밑에 와 있고, 오늘 오른쪽에 앉아 있던 사람이 내일이면 왼쪽에 가 있다는 이런 만고불변의 간단한 진리를 지금 당장 깨닫지 못하는 인간에게 더 큰 능력이 주어진다면 그것은 축복이 아니고 오히려 크나큰 재앙이 될 뿐이지요. 인간은 변함 없이 불안과 불편, 고통 속에 빠질 것이며, 쓸데없는 것을 탐내고, 갈망하고, 불을 보고 달려드는 나방들처럼 고난 속에 스스로 몸을 던질 것이오.

　만약에 인간이 자기 능력이 감당할 만큼만 시도하고, 스스로 자신의 욕망과 야망의 한계를 설정하는 방법을 터득하여 실행에 옮긴다고 하면 그 사람은 행복하고 만족한 삶을 영위할 수 있겠지요. 자연은 구태여 애써 구하지 않아도 이미 우리 인간들이 필요로 하는 것은 모두 충분하게 우리 인간들을 위하여 마련하고 있으며, 그 이상은 잉여물이며, 무용지물이지요. 비대한 몸을 가진 사람이 각종 질병에 걸릴 가능성이 많은 것처럼, 돈이 많은 사람은 항상 더 많은 어리석은 짓, 엉뚱한 짓을 저지르게 되어 있으며, 불의의 재난과 사고를 만날 가능성에 노출되어 있지요. 자기가 무심코 한 말이 다른 사람에게 어떤 일을 가져올지를 모르는 사람도 많이 있고, 동시에 자기 자신에게 어떤 결과를 가져올지를 모르고 말을 함부로 해서 커다란 고통 속에 빠지는 사람들도 많이 있지요.

　이러나 저러나, 안된 말이지만, 나에게는 모두가 웃음거리일 뿐이오. 사람들의 만족할 줄 모르는 탐욕도, 이기심도, 질투심도, 사기심도, 약한 마음도, 흉악한 범죄 행위도, 반역도, 반란도, 음모도 모두가 하나같이 나에겐 웃음거리일 뿐이오. 서로 죽이고 싶도록 미워하면서도 억지로 얼굴에 미소를 짓는 가장과 위선도, 인간이 만든 법은 물론 자연의 법도 지키지 못하는 어리석음도, 성자인 척하다가 가장 더러운 욕정의 포로가 되어 버리는 성직자들의 나약함도, 모두가 나에게는 웃음거리일 뿐이오. 이런 것들을 보고 웃어넘기지 않고 어찌하겠소?

한 가지 일을 꾸준히 하지 못하고 이랬다저랬다 하는 인간의 변덕스러운 천성 또한 가관이오. 농사를 짓는가 하더니 어느 날 장사를 하겠다고 나서지를 않나, 장사를 하는가 하면, 이번에는 금을 캐러 가겠다고 나서지요. 젊어서는 얼른 나이 먹기를 바라고, 늙어서는 젊음을 갈망하지요. 제왕들은 자유로운 평민들의 생활을 부러워하고, 평민들은 한 자리 못 얻어 안달이고, 고위관리가 되어서는 조용한 생활을 그리워하고, 조용한 생활을 하는 사람은 어떻게 해서든지 한 자리 얻어 그 사람의 밑에 들어가 그가 시키는 대로 복종하고 싶어 하지요. 이 모든 아이러니와 역설, 그리고 모순과 이율배반이 어찌하여 가능한지? 한마디로 우리는 우리 자신을 몰라도 너무 모르고 있지요.

어떤 사람은 짓기를 좋아하고, 어떤 사람은 부수기를 좋아하고, 어떤 사람은 자기가 부자가 되기 위하여 다른 사람을 가난하게 만들지요. 이 한 가지 사실만 보아도 인간은 모두가 철부지 어린애요. 인간의 마음속에는 온전한 판단력이나 이성은 없소. 짐승이나 다름없소. 아니 짐승만도 못한 경우가 허다하지요. 짐승은 최소한 만족할 줄 알지요. 당신은 사자가 땅속에 금덩이를 묻어 감추는 것을 본 적이 있소? 소들이 더 좋은 풀밭을 차지하려고 서로 다투는 것을 보았소? 산돼지는 목이 마르면 마음껏 한 번 마시고는 그만이지요. 배가 차면 더 이상 먹지 않습니다. 성교도 때가 오면 한 번 하고 일정한 기간 중지합니다. 그러나 인간들은 다릅니다. 절제를 모릅니다. 욕심에 끝이 없어요. 만족을 모릅니다. 시도 때도 없이 성교를 시도하며, 결국은 건강을 해치고 몸에 고장을 일으킬 때까지 계속합니다. 색을 밝히는 영감이 젊은 여자에게 빠져 몸을 혹사하는 꼴은 확실히 좋은 웃음거리가 아니겠소? 품행에서는 물론 신체의 구조 자체가 정상이 아닌 여자를 이 세상에서 제일가는 미인 중에 미인이라고 떠들고 다니면서 이 여자 아니면 자기는 이 세상을 하직하겠노라고 울고불고하는 사람을 보고 당신을 울겠소, 아니면 웃겠소? 이런 병을 고치기 위한 치료 방법은 없소? 의사선생?

내가 지금 여기에서 이처럼 짐승들을 해부하고 있는 이유도 바로 여기에 있소. 혹시라도 이런 짐승들의 몸속에서 이런 이상 증상, 허영심, 또는 어리석음을 가져오는 원인을 밝혀낼 수 있을까 해서지요. 물론 이런 실험은 직접 그런 증상을 보이는 인간들을 가지고 직접 해보아야만 하겠지만, 인간 가운데 이런 고통을 견디어낼 만한 사람이 없으니 할 수 없지요. 인간은 태어난 순간 이 세상의 어떤 동물보다 더 불쌍하고 허약한 존재이지요. 젖 먹을 힘조차 없어 다른 사람의 도움을 받기도 하지요. 이렇게 태어나 성장하여 어른이 되면 이런 사실은 까맣게 잊어버리고 남에게 커다란 불행과 슬픔을 안겨주기 일쑤이고, 늙어 노인이 되면 다시 어린애가 되고, 그제야 자기가 젊어서 저지른 잘못을 뉘우치게 되지요.

재삼재사 반복하고 강조하여 말하지만 사람은 너나없이 모두 미쳤고, 조심성이 없고, 이기적이며, 멍청합니다. 재판이 열리는 법정이나 평범한 가정집이나 들여다보면 모두 같지요. 판사라는 작자들은 뻔히 알면서도 자기에게 이익을 주는 사람들을 즐겁게 하기 위하여 가난하고 죄 없는 불쌍한 사람들에게 불리한 판결을 내리고, 공증인들은 돈을 받고 사건내용을 변조하기 일쑤지요. 가짜 돈을 만들기도 하고, 도량형을 속여 이익을 취하는 사람도 있지요. 어떤 사람은 자기 부모를 학대하고, 자기 누이동생을 욕보이는 놈들도 있지요. 악하고 음탕한 놈을 치켜세우면서 정작 덕 있는 훌륭한 사람을 헐뜯고 비방하기 일쑤지요. 높은 자리에 있는 관리들은 도둑을 잡기 위한 법령을 제정하지만, 정작 더 큰 도둑놈들은 바로 그들 자신이지요. 어떤 사람은 그들이 바라는 바를 얻지 못하여 실망한 나머지 자살도 하고, 어떤 사람은 먹을 것이 없고 입을 것이 없어 배고파 슬퍼하고, 한탄하고, 비쩍 마르고, 한숨만 짓고 있을 때, 어떤 사람은 큰 잔치를 벌여 마음껏 먹고, 마시고, 노래 부르고, 춤을 추지요. 어떤 사람은 값비싼 사치스러운 옷으로 몸을 장식하지만 그 사람의 마음속은 똥보다 더 더러운 생각으로 가득 차 있지요. 이처럼 인간들이 변덕스럽고, 무절제하고, 어리석고, 음흉하고, 잔인하고, 이기적인 것을 보고 어째서 나보고 웃지 말라는 것이오?"

시간이 많이 지나 저녁때가 되자 히포크라테스는 데모크리토스와 헤어져 집으로 돌아갔다. 그가 떠나자마자 그와 함께 와서 지금까지의 대화를 지켜본 사람들은 모두가 데모크리토스의 말에 크게 공감하였으며, 동시에 그를 대단히 존경하고 사랑하게 되었다. 비록 그의 옷차림이나 몸이 청결하지 못하였고, 그가 먹는 음식이 조야하고 간단한 것이었지만, 알고 보니 이 사람보다 더 현명하고, 학식이 많고, 정직하고, 솔직한 사람은 일찍이 어디서도 본 적이 없었다. 무엇보다 그는 자기의 의견을 아주 간단명료하게, 누구나 알아듣고 이해할 수 있게 표현해서 좋았다. 이 사람을 지금까지 머리가 어떻게 된 사람, 정신이 조금 이상해진 사람, 다시 말해서 하나의 미친 사람으로 여겼다는 사실이 크게 잘못되었음을 깨달은 그들은 크게 뉘우치고 부끄러워하게 되었다. 데모크리토스가 당대에 세상에 널리 잘 알려진 현자였으며, 그가 어째서 항상 세상사 돌아가는 양상을 보고 웃었는지는 이제 분명해졌다. 충분히 그만한 이유가 있었다. 데모크리토스가 옛날에 그렇게도 잘 웃었던 충분한 이유가 있었다면, 요즈음에는 분명 더 많은 웃음거리가 있다. 오늘날 우리의 삶은 그가 살았던 시대보다, 아니 그보다 훨씬 더 오래전보다 웃기는 일이 더 많으니 말이다.

인간의 광기에 대하여

부정할 수 없는 엄연한 진리는 세상이 수시로, 아니, 매일매일 변한다는 것이다. 때가 오면 한때 화려했던 도시도 폐허가 되고, 제국도 멸망한다. 페트라르카[30]가 언급한 바와 같이 우리의 언어, 습관, 관습, 법률 등 모든 것은 시간과 함께 변한다. 그러나 우리 인간의 잔인성, 악행, 질병, 어리석음, 광기는 항상 변하지 않고 그대로이다. 강은 시간이 흘러 그 이름이나 그 위치는 변할는지 모르지만 강물은 언제나 변함 없이 같은 물이다. 마찬가지로 인간의 못된 천성은 사람은 새로 태어나고 죽어 없어져도 변함이 없다. 나이팅게일의 노랫소리는 천 년 전이나 지금이나 다름이 없고, 닭의 울음소리, 소의 울음소리, 양의 울음소리, 참새들의 지저귀는 소리, 개 짖는 소리, 이 모두가 변함이 없는 것처럼, 우리 인간에게 이 어리석음과 광기 또한 변함이 없으며, 계속 그 미련한 미친 짓을 계속하고 있으며, 이것이 펼치는 연극은 끝나지 않고 있으며, 이런 면에서 우리는 동굴 속에 살았던 우리의 오랜 조상들과 하등의 차이가 없다. 아무리 주위를 자세히 살펴보아도 우리는 모두 같고, 현재의 우리나 그리고 앞으로 태어나 우리를 이어갈 우리의 후손들이나, 이 어리석음과 미치광이 기질을 가지고 있다는 점에서만은 똑같다. 구태여 먼 옛날이나 장래에 대하여 이야기하지 말고 지금 당장 우리 눈앞에서 벌어지고 있는 사실에 대하여 이야기해보자.

데모크리토스가 아직도 살아 있어 현재 이 시대의 미신과 종교적 광기를 목격하였다면, 그리고 예수와는 거리가 먼 그리도 많은 자칭 기독교도들, 그들이 떠들어대는 그 많은 종교에 관한 말들, 그들이 만들어낸 그 많

---

30 페트라르카(Francesco Petrarca, 1304~1374) : 이탈리아 시인, 고전학자. 『데카메론』의 저자. 보카치오와 함께 그리스 고전문학의 부흥에 크게 공헌함.

은 교파, 행하는 설교를 들었다면 과연 무슨 생각을 하였으며, 무슨 말을 하였을까? 그리고 하는 말과 실제 행동과는 거리가 먼 이들이 제각기 옳다고 편을 가르고, 여기 모여라 저기 모여라 깃발을 휘두르면서 그 어리석고 어이없는 가소로운 전통과 예식을 거행하는 것을 하늘 위에서 내려다본다면 얼마나 재미있어할 것인가.

그가 카푸친[31] 회원이건, 프란체스코 회원이건, 검은 옷을 걸치고 머리를 삭발한 승려이건, 구걸하며 돌아다니는 탁발승이건 간에 세상만사를 웃음의 대상으로 본 철학자 데모크리토스의 눈에는 어떻게 비쳤을까? 또한 자칭 베드로[32]의 계승자라는 삼각형 왕관을 쓴 교황이라는 자들이 왕들을 발길로 걷어차 자리에서 몰아내기도 하고, 군주들의 목을 짓밟기도 하고, 그들로 하여금 맨발로 문앞에 서서 애걸복걸하게도 만들고, 말고삐를 잡게도 하고, 안장을 붙잡고 서 있게도 만드는 것을 보았다면 과연 무엇이라고 비웃었을까? 오, 베드로와 바울이 살아서 이 꼴들을 보아야만 하는데! 군주가 경건하게 무릎으로 기어가 교황의 발가락에 입을 맞추는 꼴을 보라. 우리는 모두 어리석음 속에서 천국의 문을 두드린다.

어떤 성직자는 청렴을 설교하지만 알고 보면 이들은 어떤 군주 못지않게 재물과 토지를 소유하고 있으며, 무한정한 보물과 부수입을 가지고 있다. 남들에게는 절제하라고 가르치지만 자신들은 하나같이 대식가들이다. 이들은 모두 한쪽으로는 노를 저으면서 반대의 방향을 바라보는 사공들과 같은 사람들이다. 입으로는 순결을 서약하고, 성스러운 말을 하고 있지만 실제로는 음란한 자들로서 간통을 저지르고, 정욕을 억제하지 못하

---

31 카푸친(Capuchin) : 로마가톨릭교회의 수도회.

32 베드로(Simon Peter, ?~67년경) : 예수의 제자. 예수의 부활 후 예루살렘을 중심으로 기독교 포교 활동을 함. 헤롯 아그리파 1세에 의하여 투옥되었으나 탈출, 안티오크에 최초 교구를 세움. 네로가 기독교인들을 학살할 때 로마에서 순교한 것으로 전해짐.

는 염소 같은 놈들이다. 직업은 성직자로서 이 세상 만사를 헛된 것이라고 입만 벌리면 떠들어대지만 실제로는 권좌에 연연하는 진짜 속물들이다. 성자연하고 평화를 말하지만 뜯어보면 온통 시기심과 야망, 질투심과 욕정으로 가득 찬 선동자들이요, 나라를 좀먹는 생쥐들이요, 반역자들이요, 살인자들이다.

데모크리토스가 살아 있어 선량한 대중들이 이 사기꾼들의 말을 믿고 속아서 양떼처럼 따라가는 모습을 보았다면 또 어떤 야유를 퍼부었을까? 어떤 사람은 두려워서, 어떤 사람은 열광하여, 어떤 사람은 억지로 질질 끌려서, 마치 폭풍 앞에 가랑잎 날리듯이, 이들이 몰아가는 곳으로 달려가는 모습을 보았다면 얼마나 배를 잡고 웃었겠는가? 또 어떤 사람들은 위선으로 자주 교회에 나가 설교를 듣고, 설교 중에 크게 감동한 듯 가슴을 치고 눈을 들어 하늘을 쳐다보고, 경건함을 가장하고, 회개하고, 참회하는 척하지만, 이들은 모두 실제로는 고리대금업자들이며, 탐욕으로 가득 찬 악인들이며, 인간의 모습을 한 짐승들이며, 악마들이다.

순전히 어느 한 미친 한 사람 때문에 일어난 그 많은 전쟁과 전투, 그리고 순식간에 목숨을 잃어버린 수백, 수천, 수만 명의 사람들, 물레방아를 돌리기에도 충분한 이들이 흘린 피가 강을 이루어 흘러가는 것을 만약에 그가 지금에 살아 있어 보았다면, 들었다면, 읽었다면, 과연 그는 무슨 말을 하였을까? 아무런 정당한 이유도 없이 순전히 헛된 명예 때문에, 어떤 계집 때문에, 그런 장난감 때문에, 아니면 남을 지배하겠다는 욕망에서, 악의에서, 복수심에서, 어리석음에서, 광기에서, 이 평화로운 세상을 한순간에 전쟁이라는 파괴와 살육의 광란 속으로 던져버리고, 정작 이 지상의 지옥을 가져온 장본인들은 집에서 가족들과 편안하고 안전하게 각종 환락을 즐기면서 불쌍한 병사들과 양민들이 겪고 있는 말 못 할 근심, 걱정, 고통, 상처, 배고픔, 목마름, 화재, 재난, 이별, 고문 등은 아랑곳하지 않고 더 큰 그들만의 쾌락을 찾아 나선다.

트로이성을 놓고 벌인 그리스와 트로이 간의 전쟁은 10년 8개월간 계속되었으며, 이 와중에 그리스 군인 87만여 명, 트로이 군인 67만여 명이 죽었으며, 성이 함락된 다음 성내에 있던 트로이 민간인들은 어린아이와 여자 포함 27만 6천여 명이 학살된 것으로 기록되어 있다. 카이사르가 각종 전투에서 죽인 적군은 110만 명이 넘는 것으로 되어 있고, 마호메트 2세는 터키인 30만 명을 죽였다. 로마의 덴타투스[33] 장군은 백 번이 넘게 전투에 참가하였으며, 그 가운데 여덟 번은 상대 적장과 일대일로 대결하여 상대를 제압했으며, 몸에 40여 군데 이상 부상을 입었으며, 이런 전과와 공로로 로마 황제로부터 금화 140크라운과 아홉 번이나 개선 환영식을 받았다. 세르기우스[34] 장군은 전쟁에 나가 서른두 군데 상처를 입은 것이 큰 자랑이었고, 로마의 백인대장(百人隊長) 스카이바[35]와 같은 사람은 전쟁에 나가 하도 많이 상처를 입어 일일이 그 수를 기록할 수 없는 지경이었다.

어떤 나라의 역사이든 헥토르[36]나 스키피오,[37] 카이사르[38]나 알렉산더 대

---

33 덴타투스(Marius Curius Dentatus, BC 290~BC 272?) : 로마의 장군, 집정관. 수많은 정복전에서 승리를 거두었으나 그로 인해 무수한 사람들이 잔인하게 희생됨. 개인적으로는 소박하고 검소한 생활을 하였으며, 로마에 대한 애국심이 남달리 강하였음.

34 세르기우스(Sergius, 6세기 말~7세기 초) : 로마의 귀족, 장군, 정치가. 콘스탄티노플의 총독 역임(610~638). 헤라클리우스 황제의 보좌관.

35 스카이바(Marcus Cassius Scaeva) : 로마 공화정 말기 카이사르군의 백인대장 중 한 명. 폼페이우스와의 내전 중 카이사르의 포위전략 시 요새의 수비를 맡았음. 폼페이우스의 2만 군대의 기습을 250명의 병사만으로 4시간 동안 막아냈음.

36 헥토르(Hector) : 호메로스의 『일리아스』에 등장하는 트로이의 왕자이자 총사령관.

37 스키피오(Scipio Africanus, BC 237~BC 183) : 로마의 장군. 정치가. 카르타고 침공을 지휘하여 함락함. 카르타고의 명장 한니발을 자마 전투에서 격파. 로마 최고의 명장으로 추앙받고 있음.

38 카이사르(Gaius Julius Caesar, BC 100~BC 44) : 로마의 최고의 장군, 정치가.

왕[39]과 같은 자랑스러운 전쟁이 낳은 영웅들을 가지고 있다. 우리 영국의 에드워드 4세[40]는 스물여섯 번이나 전쟁터에 몸소 나갔으며, 그 사실은 두고두고 그의 자랑이었고 또한 영광이었다. 예루살렘을 해방하기 위한 전쟁에서는 110만여 명이 칼에 찔려 죽거나 굶어 죽었다. 칸나에 전투[41]에서는 7만여 명의 젊은이들이 죽은 것으로 폴리비오스[42]는 기록하고 있으며, 우리 영국 사람들이 잘 알고 있는 애비 전투에서도 비슷한 숫자의 인명이 사라졌다. 그리고 이런 싸움은 아침해가 떠서부터 그다음 날 아침해가 뜰 때까지 계속되는 것이 상례였다. 오스텐드라는 지도에도 없는 조그만 마을 한구석에 있는 요새를 빼앗기 위한 포위전투의 결과는 12만 개의 젊어서 죽은 사람들을 위한 새로운 무덤이었고, 마을에는 다리나 팔을 잃은 불구자들로 온통 가득 차게 되었다.

이런 참상을 뻔히 알면서도, 싸움에 이길 승산도 없으면서, 아무런 이유 없이 죽어야만 하는 그 수많은 귀한 젊은이들에 대한 불쌍하다는 마음도 없이 이들을 무조건 전쟁터로 몰아내는 이 부싯돌보다 더 차갑고 단단한 마음을 가진 사람들의 고집과 분노, 맹목, 광기와 어리석음을 보고 충분히 경악하였노라고 말할 수 있는 온전한 사람이 과연 있을 수 있겠는가? 이

---

39 알렉산더 대왕(Alexander the Great, BC 356~BC 323) : 마케도니아의 왕. 필리포스 2세의 아들로 그의 뒤를 이어 19세에 왕이 된 후 테베를 파괴하고 그리스 정복하는 데 이어 이집트 침공, 인도 침공, 신도시 알렉산드리아 건설. 바빌로니아에서 33세의 나이에 열병으로 죽음.

40 에드워드 4세(Edward Ⅳ, 1442~1483) : 잉글랜드 왕(1461~1483). 장미전쟁으로 알려진 요크가와 랭커스터가 사이의 분쟁에 주도적으로 관여하였다.

41 칸나에 전투 : 제2차 포에니 전쟁 중 이탈리아 동남부 칸나에 근처에서 로마군과 카르타고군 사이에 벌어진 전투.

42 폴리비오스(Polybios, BC 205?~BC 125?) : 그리스의 역사가. 스키피오 장군과 친교를 맺어 그를 따라 전투에 나가 카르타고 함락을 목격함. 로마와 당시 주변 국가들의 역사를 기록한 저서 40여 권을 저술하였으나 그중 5권만이 남아 있음.

것은 인간의 이성과는 아무런 관계가 없으며, 분노하여 자신의 죽음을 향하여 돌진하는 짐승들의 발광이다.

인간의 마음속에 이처럼 처절하고, 야만적이고, 광적인 본성은 도대체 누가, 어떤 악마가, 최초로 가져온 것인가? 이처럼 연약하고, 부드럽고, 평화로운 우리 인간이란 존재, 남을 사랑할 줄도 알고, 자비심도 타고났으며, 동시에 겸손하고 예의도 아는 우리 인간, 이런 존재인 우리 인간을 이처럼 미쳐 날뛰는 멧돼지로 만들어 스스로의 파괴와 살상, 그리고 죽음으로 달려가게 만드는 것은 무엇인가? 누구인가? 무엇 때문인가? "나는 그대 인간을 남에게 해를 끼치지 않는 조용하고, 착하며, 그리고 그 속에 나(창조자)의 성품을 이어받은 존재로 만들었노라"라는 신의 말은 어찌 설명할 것인가?

진정 나의 스승 데모크리토스의 말처럼 이 세상은 미친 세상이고, 스칼리거의 결론처럼 이 세상 사람들은 모두가 미친 사람들 아닌가? 아직까지 나의 스승 데모크리토스가 살아 있다면 그는 그가 살던 시대와 그가 태어나기 전에는 물론, 오늘날까지 줄기차게 변함 없이 계속되고 있는 이 전쟁을 바라보며 변함 없이 웃고 있을까? 아니면, 경악과 연민의 정을 이기지 못하여 그의 생각과 태도, 그리고 목소리를 바꾸어 평소 은근히 경멸하였던 헤라클레이토스처럼 눈물을 흘리면서 엉엉 울었을까? 아니면 참나무처럼 튼튼하고 늠름하던 아들 14명을 차례로 모두 잃고 그 슬픔에 결국 돌로 변하였다는 그리스 신화에 나오는 니오베[43]와도 같이 모든 감정을 상실

---

43 니오베(Niobe) : 그리스 신화에 나오는 여자. 탄탈로스의 딸이며 암피온의 아내. 훌륭한 딸 6명과 아들 6명을 두어 오만해진 나머지 자기는 아폴론과 아르테미스의 어머니인 레토 여신보다 더 위대하다고 주장함. 이에 분노한 레토는 자기의 아들 아폴론으로 하여금 그의 여섯 아들들을 모두 죽이도록 하고, 딸 아르테미스로 하여금 그의 여섯 딸들 모두를 죽이게 함. 슬픔에 빠진 니오베는 돌이 되어버렸고 돌이 되어서도 눈물이 마르지 않았다고 함.

한 돌이 되어버렸을까?

그렇다고 내가 전쟁 하면 무조건 반대하고 저주한다고 생각하면 그것은 큰 오해다. 나는 전쟁 하면 막연히 그리고 무조건 무서워하고, 미워하고, 어떻게 해서든지 피해보려는 나약하거나 순진하고, 게으른 사람이 아니다. 이 세상에 전쟁 하면 무조건 나쁜 것으로 생각하는 사람도 있는데 이런 사람은 하나만 알고 둘은 모르는 사람이다. 세상물정에 어두운 사람이다. 무식하고 무지한 사람이다. 이 세상에 발을 붙이고 살 자격이 없는 사람이다. 저세상에서나 살 사람이다. 내가 증오하고 경멸하고 비웃는 전쟁은 옳지 않은 사람이 옳지 않은 이유나 동기 또는 목적에서 시작하는 어리석고 광기에 찬 전쟁을 말하는 것이다. 이런 전쟁을 예방하고 중지시키기 위한 전쟁은 있어야만 하고, 또 그런 전쟁은 옳은 전쟁이다.

이런 의미에서 군인이라는 것은 전시나 평화시나 아주 고귀하고 명예로운 직업이다. 군인은 우리를 지켜주는 가장 좋은 성벽이요, 성곽이다. "우리가 평화시에 누리는 모든 문명과 가정생활, 예의범절, 직업, 학문, 예술은 모두가 전쟁을 두려워하지 않는 상무정신의 보호 속에서만 가능하다. 그렇기 때문에 때로는 전쟁이 가장 유익하고 바람직한 선택이며, 이 전쟁을 몸으로 담당하는 병사들은 때로는 농사꾼들보다 훨씬 더 국가에 유용하다"라고 말한 키케로의 말은 진리다. 동시에 전쟁터에서 발휘되는 진정한 용기와 명예는 높이 평가받아야만 하고 오래오래 존경받아야만 하는 덕목 가운데 하나다.

그런데 이 용기가 자주 잘못 이해되고 사용되는 데 문제가 있다. 아무런 두려움이 없이 뻔한 죽음 속으로, 대포의 아가리 속으로, 미친 듯이 달려가는 것이 용기는 아니다. 자기의 연약한 육체를 가지고 상대방의 칼을 무디게 만들겠다고 달려가는 것도 참다운 용기는 아니다. 이렇게 발휘된 용맹함과 용기의 대가로 얻어진 명예와 환호, 찬사와 박수 소리는 한 번 반짝 빛나고 사라지는 불꽃처럼, 장미꽃처럼, 오래가지 못한다. 금방 사라진다. 아무도 기억해주지 않는다. 1만 5천여 명이 전사한 전투에서 역사에 기록되는 이름은 열다섯 명도 채 되지 않는다. 이것도 아주 드문 일이다. 그 전투의 최고 지휘관의 이름 하나만 남는 경우가 대부분이며, 그 이름도 시간이 얼마 지나고 나면 모든 전사자들의 이름과도 같이 기록과 후세 사람들의 기억에서 지워지고, 그런 엄청난 전투가 있었다는 일 자체도 잊혀지고 만다.

그리스의 대웅변가들은 그들의 타고난 재능과 언변을 가지고 그리스의 운명을 결정짓는 역사상 그 유명한 전투들—테르모필라이 전투(BC 480), 살라미스 해전(BC 480), 마라톤 전투, 미칼레 전투, 만티테이아 전투, 케로니아 전투, 플라타이아이 전투(BC 479)—등에 즈음하여 젊은이들의 애국심에 호소하는 열변을 토하였다. 로마의 역사가들은 칸나에 전투(BC 216)와 파르살루스 평야의 전투(BC 48) 등에 관하여 기록을 남겼다. 그러나 우리는 정작 이 전투에 나가 목숨을 바쳐 싸운 그 수많은 병사들에 대해서는 아는 바가 없다. 그러나 이 가정된 명예와 군중들의 박수와 환호성, 전쟁에 나가 죽음으로써 얻게 된다는 영구불멸의 명예에 대한 욕망, 자존심과 허영심은 젊은이들로 하여금 미친 듯이 싸움터로 달려나가 자기 자신의 목숨을 초개와 같이 던져버림은 물론, 수많은 다른 사람들의 목숨도 잃게 만들었다.

역사상 정복자로 알려진 알렉산더 대왕은 지구상에 더 이상 정복할 땅이 없어 슬퍼했다고 한다. 이 말을 놓고 참으로 위대한 군주다움을 나타내는 말이라고 감탄하는 사람들도 많이 있다. 그러나 이런 말을 한 사람은 정신병원에 감금해야만 하는 정신병자라고 말한 세네카는 역시 현명한 사람이었다. 세네카는 알렉산더는 물론 그의 아버지 필리포스 왕도 똑같은 병자로 취급하고 있는데, 나는 이 두 사람 외에도 미쳐 날뛰는 무자비한 자연의 재난인 화재와 홍수처럼 우리 인간들에게 이루 말로 다 표현할 수 없는 재앙을 가져온 모든 역사상의 위대하다는 정복자들은 하나같이 같은 병에 걸렸던 사람들이라고 생각한다.

그런데 더욱더 슬퍼하고 개탄해 마지않을 일은, 이들은 자기들이 일으킨 이런 전쟁터에 나가서 개죽음을 당하는 것이 성스러운 일이며, 천국으로 가는 지름길이라고 피 끓는 젊은이들을 선동하고 있다는 사실이다. 이런 피비린내 나는 전쟁터에 나가서 싸우다가 죽으면 그 즉시 그들의 영혼은 천국으로 가 그곳에서 성자로 추앙되어 영구히 복락을 누리게 된다고 고대 페르시아, 그리스, 로마, 그리고 최근에 와서는 터키의 군주들은 백성들을 싸움터로 달려가도록 만들었으며, 사람들은 이런 말을 곧이곧대로 믿고 따랐다. 어리석고, 순진하고, 용감한 병사들은 이들의 말을 믿고 전쟁터에 나가서는 당장 머리 위로 무너져 내리는 담벼락을 피해 몸을 피하거나 날아오는 대포알을 피하여 참호 속에 몸을 숨기거나 하는 짓은 비열한 겁쟁이나 하는 짓이며 진정으로 용감한 사람이 할 일이 아니라고 생각하였다. 맨손이나 맨몸으로라도 빼어든 적의 창이나 칼에 달려가는 것이 진정한 용기요, 남자다움이요, 명예라고 생각하였다.

인간 사회의 불의와 허위, 부정부패에 대하여

이제 전쟁 이야기는 그만하고 배고프고, 춥고, 목마른 나머지 할 수 없이 남의 양을 한 마리 훔친 죄로 교수형에 처해진 사람의 경우를 보자. 이 사람은 순전히 굶어 죽지 않기 위하여 이런 일을 저질렀다. 그러나 이 사람을 처벌한 높은 관직에 있는 사람은 양 한 마리가 아니고 한 고을을, 아니 여러 고을을, 아무런 제재 없이 도둑질하는 도둑이며, 수많은 선량한 사람들은 죽이고 고문하고 위협하고 속여서 배가 나온 부자들이다. 이들의 이런 부패한 악행은 제재할 방법이 없을 뿐만 아니라 오히려 이런 파렴치함과 무자비함 덕분에 더 높은 곳에 잘 보여 높은 명예와 더 높은 자리를 약속 받는다. 그리고 이런 불의와 부정에 대하여 아무도 감히 나서서 불평하거나 불만을 나타내지 못한다.

나의 스승 데모크리토스가 지금 살아 있어 수많은 좋은 사람들이, 유능한 사람들이, 현명하다는 사람들이, 학식이 많다는 학자들이, 명예도 누리는 사람들이, 나름대로 먹을 것도 그런대로 어느 정도는 있는 사람들이, 어느 모로 보나 분명히 사악한 악당이요, 바보요, 천치요, 곰팡이요, 인간의 형상을 한 괴물에 지나지 않는 권력자의 주변에 몰려들어 갖은 아첨을 다하고, 없는 명예를 만들어 바치고, 하늘 높이 떠받드는 꼴을 보고는 또 얼마나 크게 웃었을까? 이들은 모두 내심으로는 이자가 바로 악당이요, 바보요, 천치요, 짐승이나 다름없는 비열한 인간이란 것을 잘 알고 있다. 그렇다면 어째서 이들은 이런 괴물의 주변에 모여드는 것일까? 그의 돈과 권력이 탐나서다. 이들은 그가 자기들보다 훨씬 큰돈과 권력을 가지고 있다는 사실을 알고는 꿀통에 모여드는 벌이나 파리 떼처럼 그의 주변에 빌붙어 지내려고 하는 것이다. 돈과 권력 앞에서는 학식도, 지혜도, 명예도 맥을 못 추는 경우가 자고로 허다하다.

이 세상에는 법률가도 많고, 판사도 많고, 변호사도 많고, 재판소도 그렇게 많은데 어째서 정의는 없단 말인가? 그렇게도 많은 재판관들이 있어도 평범한 일반 백성들의 억울함에 대한 배려는 어찌 이리도 없단 말인가? 법률은 많은데 어찌 세상의 무질서는 줄어들지 않는단 말인가? 재판의 절차는 미로보다 더 길고 복잡하다. 한 조그만 재판소에 판결을 미룬 채로 쌓여 있는 소송 사건은 산처럼 높다. 이 세상에서 가장 부정직하고 사악한 사람들이 정의를 심판하는 자리에 앉아 있기 일쑤이고, 가장 불경스러운 짓을 행하는 자가 종교인 행세를 하며, 가장 무식한 자가 학문을 주관하는 자리에 있으며, 가장 게으른 자가 공장의 우두머리에 있으며, 가장 눈물이 없는 차가운 가슴을 가진 자가 자선기관을 맡아 가지고 있다. 다시 말해서 늑대가 양을 심판하는 세상이다. 강도가 붙잡혀 온 도둑에게 사형을 내리는 세상이다. 다른 사람에게 형벌을 내리는 판사는 더 흉악한 범죄를 저지르고 있다. 결국 도둑이 도둑을 벌하는 세상이다. 이런 꼴을 나의 스승 데모크리토스가 하늘에서 내려다본다면 그는 과연 어떤 반응을 보일 것인가?

이 세상은, 그렇다면, 과연 무엇인가? 어떤 곳인가? 온갖 종류의 사람들과 사건, 생활방식이 얽히고설키어 뒤범벅이 된 하나의 거대한 혼돈으로 그 변화와 변덕스럽기는 마치 바람과 같은 것이다. 불순물로 가득찬 용광로요, 걸어다니는 유령과 도깨비들의 북새통이요, 위선자들의 무대요, 악당들과 아첨하는 자들의 집합소요, 악행을 길러내는 온상이요, 수다쟁이들과 험담꾼들의 낙원이요, 정신 이상자들을 길러내는 대학이다. 상대를 죽이든 상대방에게 죽음을 당하건, 싫든 좋든, 싸워야 하는 전쟁터다. 이 전쟁터에서는 누구나 자기밖에는 모른다. 자기의 생명, 자기의 이익만이 존재하며, 자기 스스로 자기를 지켜야만 하는 곳이다. 타인에 대한 자비심이나 사랑, 우정, 신에 대한 두려움, 협동, 협력, 협조, 종교가 가르치는 덕목 같은 것들은 없는 곳이다.

하찮은 장난감이나 이익 앞에서 오래된 친구는 갑자기 불구대천의 적으로 변하고, 어제까지만 해도 서로 돕고, 이해하고, 사랑하던 사람들이 오늘부터는 죽기를 무릅쓰고 상대방을 서로 비난하고, 욕하고, 무고하고, 고소한다. 화해나 용서는 없다. 자기에게 이익이 되는 한 사람들은 서로 사랑하고 협조하지만 거기에 더 이상 기대할 것이 없어지는 순간, 지금까지 자기 옆에서 자기를 충실히 지켜주고 따라다닌 개를 늙었다는 이유로 목을 매달아 죽여 잡아먹거나 현금을 받고 팔아 넘기듯이, 처치해버린다. 친구이건 하인이건 오래 함께 살아온 사람을 오래 신어 해진 헌 신발을 똥더미에 던져버리듯이 쉽게 버리는 일은 아주 커다란 도덕적 비행이라고 카토[44]는 말하였다. 그는 오랫동안 집에서 일한 늙은 하인을 해고하지 못하였음은 물론, 집에서 기른 늙은 소도 가슴이 아파 차마 시장에 내다 팔지도 못하였다고 한다. 카토의 이와 같은 행동은 당시 칭찬이나 상을 받기는커녕, 오히려 악행을 서슴없이 저지르던 사람들과 권력자들의 조롱과 비난, 심지어 증오를 받았으며, 마침내 그들은 카토를 죽이고 말았다. 오늘날에도 변함없이 계속되고 있는 이런 꼴들을 나의 스승 데모크리토스가 보았다면 그는 또 얼마나 웃어대었을까?

더욱더 기가 막히고 통탄할 일은 이런 사람들이, 다시 말해서, 우리 인간이란 작자들은, 세네카가 언급한 눈먼 여자와도 같이, 이와 같은 고질적인 질병을, 결점을 인정하려 들지도 않을 뿐만 아니라 아예 교정이나 치료를 하려 들지 않는다는 사실이다. 그 이유는 이런 중증을 인식하는 사람은 별로 없고, 너 나 할 것 없이 누구나 모두가 이 병에 걸려 있기 때문이다. 우리의 팔이나 다리에 어떤 상처가 나서 우리를 괴롭힌다면 우리는 어떻게 해서든지 이것을 치료하거나 제거하려 들 것이다. 몸에 병이 나면 우리는 의사를 부르러 사람을 보낸다. 그런데 사람들은 이 마음의 병을 눈치채지 못한다. 어느 사람은 애욕 때문에 고생하고, 어떤 사람은 질투심으로, 어떤 사람은 분노로, 또 어떤 사람은 권력에 대한 야심으로 고생한다. 우리는 모두가 가슴속의 욕망과 열망으로 조각조각 나 있다. 이것을 크게 나누면 하나는 우울증이요, 또 하나는 광증이다. 그런데 이 사실을 깨닫지

---

44 카토(Marcus Porcius Cato, BC 234~BC 149) : 로마의 정치가, 문인, 철학자. 카르타고 정벌에 앞장섬. 높은 도덕적 기준과 간단 소박한 생활을 신조로 하였음. 이름이 같은 증손자와 구별하여 대카토(Cato the Elder)라고 불림.

못하고 있으며 인정하지도 않고 또 치료하려고도 않는다.

벼룩이 무니까 방에 불을 꺼 깜깜하게 만들어 벼룩이 자기를 보지 못하도록 했다는 어느 어리석은 사람처럼, 사람들은 이 우울증에서 벗어나기 위하여 이상한 짓을 하거나, 아예 자기는 그런 증상에 시달리고 있지 않다고 거짓말을 함으로써 자신들을 어둠 속에 감춘다. 우리는 누구나 자기는, 자기만은, 온전하고 제정신이라고 생각한다. 문제는 항상 남이다. 나는 건강하다, 나는 현명하다, 웃기는 짓을 하거나, 어리석은 짓을 하거나, 이상한 짓을 하는 사람은 언제나 남이다. 자기와 자기 것 외에는 모든 것이 웃음거리다. 우리 조상들의 생각, 먹던 음식, 입던 옷, 그들의 의견, 농담, 기질, 습관, 관습 등은 오늘날의 젊은이들의 눈으로 보면 하나같이 촌스럽고, 어리석고, 불편하기만 하다. 젊은이들이 노인들을 경멸하는 것은 당연한 일이다. 반면에 늙은이들에게는 젊은이들이 하는 짓이 하나같이 못마땅하다. 노인들의 눈에 젊은이들은 경박하고, 무식하고, 어리석기만 하다.

우리가 터키 사람들을 비웃는 것처럼 터키 사람들은 우리를 보고 웃는다. 이탈리아 사람들은 프랑스 사람들이 경박한 사람들이라고 비웃는 반면, 프랑스 사람들은 이탈리아 사람들의 이상스러운 습관을 비웃고 조롱한다. 한때 그리스인들은 자기들만 빼놓고 온 세상 사람들은 야만인들이라고 매도하였다. 그러나 오늘날에는 온 세계가 그들의 야만적인 생활습관과 사고방법에 대하여 비난하고 있다. 우리 영국인들은 독일인들이 우둔하고 멋대가리 없는 친구들이라고 비웃고, 반대로 독일인들은 오히려 우리가 그렇다고 저희들끼리 쑥덕거린다. 스페인 사람들은 자기들만 빼놓고는 모두가 바보들이며, 반면에 세상 사람들은 스페인인들을 그렇다고 여긴다.

이처럼 우리는 모두가 행동거지에서, 태도에서, 먹는 음식에서, 입는 옷에서, 타고 다니는 차에서, 습관과 관습에서 모두가 예외 없이 바보요, 멍청이요, 어리석고, 웃기는 비이성적인 존재들이다. 결론적으로 말해서 우리는 모두가 하나같이 바보다. 그러나 우리는 상대방에게만 손가락질을 한다. 가장 부도덕하고 경박하고 교활한 아내를 가진 남자가 동네방네 나다니면서 자기의 아내의 정숙함과 현명함, 덕과 미모를 자랑하는 꼴이다. 그러나 이를 누가 탓할 수 있으며, 그 병을 어찌 고칠 수 있겠는가? 이런 사람일수록 외고집이며, 남의 말은 죽어라 듣지 않으려고 하며, 자기 외에는 아무도 모방하거나 존경하지도 않는다. 자기가 바로 법이요 모범이다. 이런 사람은 이솝 우화[45]에 나오는 꼬리 잘린 여우가 꼬리가 없다는 사실을 부끄러워하거나 미안해하는 것이 아니고 오히려 다른 여우들로 하여금 자기처럼 꼬리를 자르도록 강요하는 것과 같이, 자기가 기준이요, 정상이요, 모범이다. 남들이 뭐라고 하면 오히려 자기를 따르라고 진지하게 충고한다.

이러한 모든 실황을 고려하여 나는 다음과 같이 솔로몬의 말을 빌려서 나의 의견을 말하고자 한다. "너의 눈을 기준으로 너 자신이 현명하다고 생각하지 말라." 자기 눈에 자기가 바보로 보이는 사람은 없다. 그렇게 볼 수 있는 사람은 이미 바보가 아니다. 그 사람은 아주 현명한 사람이다. 자기 자신을 너무 잘 보아주는 데 큰 문제가 있다. 세네카의 말대로, 사람이 가는 길의 채 절반도 가지 않은 상태에서 이미 여정을 다 마친 사람처럼 말하거나 행동하지만 않아도 그 사람은 의심할 바 없이 현명한 사람이다. 옛날에는 이 세상에 모두 합쳐서 일곱 사람의 현자가 있었다. 요즈음은 모두가 현자라 일곱 사람의 바보를 찾기가 오히려 더 어려운 세상이다. 탈레

---

45 이솝 우화 : 그리스의 노예 출신 문필가 아이소포스(Aisopos, BC 620?~BC 560?)가 지었다고 알려진 우화 모음집. 이솝 우화의 대부분은 당시에 이미 존재하고 있던 이야기로 판명되었으며, 아이소포스는 이것을 수집하고 손질하여 소개한 것으로 여겨짐.

스[46]는 어부가 깊은 바닷속에서 건져낸 황금 솥의 주인을 찾기 위하여 델포이 신전의 예언자에게 물었다. 그 해답은 "이 세상에서 가장 현명한 사람"이었다. 즉 비아스[47]나 솔론[48] 같은 사람에게 주라는 명령이었다. 오늘날에 와서 이런 일이 벌어지면 이 세상에서 가장 아름다운 여자는 자기라고 확신하여, 자기야말로 황금 사과를 차지해야만 한다고 서로 다투었던 신화 속의 세 여신들처럼, 모두가 나서서 그 황금 솥은 자기 것이라고 아우성칠 것이다. 큰 싸움이 벌어질 것이다. 왜냐하면 요즈음 우리 주변에 현명하지 않은 사람은 없으니까 말이다. 요즈음에는 여자 정치가도 있고, 나이 어린 철학자도 있다. 누구나 원을 사각형으로 만들 수 있고, 무한운동 장치를 만들어내겠다고 나서며, '철학자의 돌'을 찾아낼 수 있고, 묵시록을 설명할 수 있으며, 새로운 이론, 이 세계에 관한 새로운 체계, 새로운 논리학, 새로운 철학을 세울 수 있다. 페트로니우스[49]가 비꼬아 말한 바와 같이, 이처럼 우리 인간들은 너 나 할 것 없이 모두가 현명하고 천재라서 머지않아 이 세상에서 인간을 찾아보기보다는 신을 찾기가 더 쉬워질지도 모른다.

내가 이처럼 한 말을 하고 또 한 데 대하여 한마디 변명을 하고 나의 말을 또 계속하겠다. 한 말을 반복한다고 해서 꼭 나쁜 것을 아니다. "좋

---

46 탈레스(Thales, BC 640?~BC 546) : 그리스의 철학자, 과학자. 그리스 7현 가운데 한 사람. 그리스의 철학, 천문학, 지리학의 창시자로 알려짐.
47 비아스(Bias of Priene, BC 6세기경) : 그리스 7현 가운데 한 사람. 특히 격언을 잘 썼음.
48 솔론(Solon, BC 638?~BC 559?) : 그리스의 법률가, 정치가, 개혁가. 그리스 7현 가운데 한 사람. 많은 사회개혁을 단행하였으나 시민들의 완강한 저항에 부딪혀 실패하여 국외로 망명함.
49 페트로니우스(Gaius Petronius, 1세기경) : 로마의 정치가, 풍자가. 취미가 까다롭고 고상한 사람으로 유명함. 로마 네로 황제의 궁전에서 연회의 오락을 책임지는 일을 맡기도 하였음. 산문과 운문으로 쓰여진 풍자 모험 로맨스 『사티리콘』의 저자로 일반적으로 추정됨.

은 말이면 두 번 한다고 해서 해될 것 없다"고 플라톤은 말하였다. 나쁜 짓, 악한 일을 저지르는 사람은 악인이기 이전에 먼저 어리석은 자다. 바보다. 우리는 누구나 어리석은 만큼 악한 일을 저지른다. 정직하지 않은 사람은 한마디로 어리석은 사람일 뿐만 아니고 미친 사람이다. 범죄자 치고 어리석지 않은 사람은 없다. 주인이 잠시 집을 비운 사이 주인의 재물을 마치 자기 소유물인 양 써버려 큰 벌을 받게 된 사람은 영구한 자유로움보다는 순간적인 즐거움을 더 좋아한 어리석은 사람이다. 자기 몸의 온도와 균형을 깨뜨릴 정도로 먹고 마시어 병이 난 사람은 환자이기 이전에 어리석은 사람이다. 건강을 원하면서 건강을 얻고 증진시킬 노력을 전혀 하지 않는 사람을 현명하다고 말할 수 있는 사람이 있겠는가? 순전히 자기 멋대로 살면서 신에게는 불쾌한 일만 하는 사람이 그래도 하느님이 자기를 보호해주고 구원해주리라고 믿는다면 우리는 이 사람을 악인이라고 할 것인가, 아니면 바보라고 해야만 할 것인가? 둘 다이다. 악한 일은 어리석은 일이요, 어리석은 일은 결국 악한 일이다. 이런 일을 하는 사람도 같다.

인간은 누구나 욕망과 불만, 정욕과 환락의 포로다. 인간은 사랑해야만 하는 덕목은 미워하고, 반대로 미워해야만 할 악행은 사랑하는 이상한 존재들이다. 크리소스토무스[50]의 주장과 같이 인간은 우울증 환자일 뿐만 아니라 미치광이며, 짐승이며, 야수이며, 이성 같은 것은 없는 존재다. 그 결과 우리 마음을 항상 차지하고 지배하는 것은 슬픔과 공포심이다. 슬픔과

---

50 크리소스토무스(Chrysostomus, 345~407) : 초기 기독교의 지도자이자 콘스탄티노플 주교(398). 뛰어난 웅변술 때문에 '황금의 입'이란 별명이 그의 이름이 됨. 안티오크 근처의 사막에서 고행을 통하여 수도함. 민중의 인기를 얻음. 비잔틴 제국의 황후 에우독시아에게 추방당함. 후세 기독교인들에게 큰 영향을 끼친 설교집과 성서 주석, 서간문 등을 많이 남김. 성자로 추앙됨.

공포심이 있는 곳에 지혜와 자유로움은 깃들 수 없다. 세네카를 비롯한 모든 금욕주의 철학자들은 마음이 조금만 흔들려도 그곳에 지혜는 찾아볼 수 없다고 했다. 이 세상에서 과연 그 누가 마음을 사로잡는 욕망에서 자유로울 수 있단 말인가? 키케로의 말처럼, 인간치고 그 누구도 슬픔과 질병에 대한 공포심으로부터 자유롭게 해방된 사람은 없으며, 슬픔은 우울증 환자를 따라다니는 불가분의 친구다. 크리소스토무스의 분노한 목소리를 들어보자. "사람의 허울을 하고 있으나 꼭 당나귀처럼 발길질을 하고, 여자만 보면 꼭 말처럼 울고, 성욕이 발동하면 꼭 성난 황소나 멧돼지처럼 날뛰고, 전갈처럼 쏘고, 늑대나 다름없이 강간을 하고, 여우처럼 교활한 짓을 하고, 개처럼 부끄러운 줄을 모르는 존재들을 어찌 사람이라고 할 수 있겠는가? 사람의 허울을 하고 있다고 해서 모두가 사람인가? 나는 사람의 형상을 한 짐승을 짐승보다 더 무서워한다."

데모크리토스가 살았던 아브데라 사람들은 그가 어떤 때는 아주 우울하고 슬퍼하다가, 또 갑자기 신이 나서 떠들고 즐거워하는 것을 보고는 모두가 미친 사람으로 여겼다. 히포크라테스의 증언에 의하면, 그가 무엇을 보거나 무슨 일을 당해도 항상 웃었기 때문에 그가 미쳤다고 주위의 사람들이 생각했다고 한다. 히포크라테스는 그렇기 때문에 모든 사람들에게 너무 웃지고 말고 그렇다고 너무 슬퍼하지도 말라고 충고하였다. 아브데라 사람들이 오늘날도 살아 있어 우리와 이야기를 나눈다면, 그리고 우리의 대화 속에서 우리 시대에 존재하는 그 많은 웃음거리와 조롱거리를 목격하였다면 아마 우리도 모두 데모크리토스와 같이 머리가 돌았다고 여겼을 것이다.

아리스토텔레스는 그의 『윤리학』에서 현명하다는 것과 행복하다는 것은 상호보완적인 관계에 있다고 말하였다. 그리고 진실로 명예로운 사람은 착한 사람인 동시에 현명한 사람이라고 하였다. "현명한 사람은 자유롭고, 어리석은 사람은 노예나 다름없다"는 키케로의 말이다. 그는 계속하여 말하기를, 자유란 자기가 스스로 세운 법에 따라 살아갈 수 있는 능력이라고 하였다. 그렇다면 과연 누가 이런 자유를 누리는 사람인가? 누가 진정으로 자유로운 사람인가? 자기의 의지를 스스로 통제할 수 있는 사람, 항상 자기 자신에게 용감하고 변함 없는 사람은 자유로운 사람이다. 산적도, 가난도, 죽음도 건드릴 수 없는 사람, 욕망을 자제하고, 명예를 우습게 알고, 그저 올바르고 정의로운 사람, 이런 사람은 의심할 것 없이 현명하고 자유로운 사람이다.

그런데 이런 사람은 어디에 있는가? 어디에도 없다. 그렇다면 우리는 너 나 할 것 없이 모두가 자유롭지 못한 존재요, 노예요, 악인이요, 정신이상자요, 바보다. 악한 자는 결코 행복할 수 없다. 이 세상에는 행복한 사람은 없고, 선한 사람도 없고, 그러니까 현명한 사람도 없다는 결론이 나온다. 특히 선한 사람은 없다. 한 가지 덕을 갖춘 선한 사람이 있다면 이 사람에게서 발견되는 나쁜 점은 열 가지나 된다. 분명 인간은 기적과 같은 존재다. 이 가운데 현명한 사람은 놀라운 대상이다.

이런 부족한 인간들이 만들어 살고 있는 세상을 가르치고, 개선하고, 개량하고, 바로잡아 살기 좋은 세상을 만든다는 것은 애당초 어렵고도 불가능한 일이다. 헤라클레스[51]가 떠맡았던 일 정도가 아니다. 아무리 위대한

---

51 헤라클레스(Heracles) : 그리스 신화에 나오는 영웅. 제우스과 알크메네 사이에 태어난 아들. 제우스의 아내 헤라는 어린 헤라클레스를 죽이기 위하여 두 마리의 거대한 뱀을 보냈으나 헤라클레스는 맨손으로 때려 죽임. 안일한 생활을 마다하고 고난과 영광의 길을 택함(헤라클레스의 선택). 메가이라와 결혼하여 여러 아들을 두었으나 헤라의 사주로 미쳐 날뛰며 아들들을 모두 죽임. 미케네 왕의 명에 의하여 미케네의 흉폭한 사자를 목 졸라 죽인 일을 비롯하여, 머리가 여럿 달린 뱀 비슷한 괴수 히드라(머리를 하나 자르면 그 자리에서 두 개의 새로운 머리가 생겨남)를 죽이는 등, 소위 12가지 '헤라클레스의 노역'을 성공적으로 끝냄. 죽은 후 신이 됨.

사람이 나타나 가르치고 깨우쳐도 인간은 본래의 버릇대로 제멋대로이거나, 무지하고, 어리석을 것이다. 걸레 빨면 행주 되랴. 돌은 돌 위에 놓으나 아래 놓으나 돌이다. 서로 치고 받게 내버려두는 것이 상책이다. 이 야만인들은 문명인으로 만들 수는 없다. 독재로, 압제로, 사치로, 당파 싸움으로, 미신으로, 가난으로, 전쟁으로 스스로 죽고 멸망하게 내버려두라. 포로가 되어 돼지로 변했던 율리시스[52]의 부하들이 그랬던 것처럼, 자기들이 눈 똥을 뒤집어쓰고 돼지우리에서 뒹굴게 하라. 나는 이런 인간들에게 바보가 될 완전한 자유를 주고 싶다.

내가 그리는 유토피아

그러나 나는 나만을 만족시키고 나만을 행복하게 만들 지상천국, 하나의 유토피아를 하나 짓기로 결심하였다. 이곳은 나만이 혼자 살면서 영원한 행복을 누릴 천국이요 이상향이다. 새로운 아틀란티스요, 내가 만든 시인들의 공화국이다. 이곳에 나는 내가 원하는 대로 도시를 건설하고, 법률을 제정하고, 내가 뜻하는 대로 다스릴 것이다. 못 할 이유도 없지 않은가? 당신도 잘 알다시피 자고로 시인들이란 자기 스스로의 생각에 취한 사람들이며, 마음껏 자유를 누리는 공상가요, 이상주의자들이다. 더군다나 내가 평소 좋아하고 존경하는 나의 스승이신 데모크리토스도 시인이

---

52 율리시스(Ulysess) : 로마 신화에 나오는 지혜롭고 꾀가 많은 장군. 그리스 신화에서는 오디세우스. 그리스 이타카 섬의 왕. 한때 헬레네에게 구혼하였다가 실패하여 정숙한 여인 페넬로페와 결혼함. 트로이 전쟁에 참가하여 트로이성을 함락하는 데 결정적인 공을 세움. 호메로스의 『오디세이아』는 그와 그의 부하들이 트로이전쟁을 마치고 귀국하는 여정에서 겪게 되는 10년간의 고난과 모험을 담고 있음.

었을 뿐만 아니라 정치가요, 법률가였다고 하지 않는가? 나라고 그와 같이 되지 말라거나 못한다는 법도 없지 않는가? 누가 뭐라 해도 나는 나의 생각을 실행에 옮기련다.

우선 나의 이상향의 터를 잡는 일이 중요하다. 당신이 이 문제를 먼저 해결하라고 나에게 강요하는데, 솔직히 말해서 나는 아직 결정을 내리지 못하고 있다. 글쎄 미지의 땅일 터인데, 설마 땅이야 없겠는가. 영토 확장에 허기진 스페인이나 돈벌이에 눈이 벌건 영국이 제아무리 새로운 땅을 많이 발견하였다고 하지만, 남아 있는 미지의 땅이 훨씬 더 많을 것이라는 것이 나의 지론이다. 아메리카 대륙 속에도 얼마든지 빈터가 남아 있을 것이며, 동북아 해안에도 주인 없는 땅이 널려 있을 것이다. 나는 가능하면 위도 45도 정도에 위치한 기후가 온화한 지역을 택할 것이다. 누구는 분(分)까지 따지지만 나는 도(度)면 족하다. 혹은 적도 이하에 위치한, 계절은 항상 봄이며, 월계수가 언제나 푸르다는 낙원도 괜찮을 것이다. 다만 한 가지 나는 지금 당장은 이런저런 이유로 경도는 밝히지 않겠다.

그러나 분명히 말하겠는데 어느 정직한 사람이 얼마의 돈을 보내면서 함께 그곳에서 살기를 원한다면 그는 나의 동업자가 될 것이며, 그 사람에게는 나의 계획을 좀 더 자세히 구체적으로 알려주고자 한다. 또는 어떤 정직하고 능력 있는 사람이 내가 계획하는 이상향에 찾아와 관직이나 성직을 갖기를 원한다면 그런 자리는 어떤 중간 교섭자나, 뇌물이나, 추천장 같은 것이 없다 하더라도 얼마든지 얻을 수 있을 것이다. 그 사람이 자격만 갖추고 있다면 말이다. 그 사람이 충분한 자격이 있고 유능한 인물이라면 그에게는 구태여 차관이나 부관 같은 사람은 주어지지 않을 것이다. 혼자 스스로 일을 처리하게 될 것이다.

나의 유토피아는 12개 내지 13개 정도의 구역으로 분할 운영될 것이며, 언덕이나 강, 도로, 기타 분명한 자연물로 그 경계가 이루어질 것이다. 매

구역마다 중심 되는 도시가 자리 잡을 것이며, 이 도시는 그 구역의 중심으로써 당연히 모든 다른 지역으로부터 동등한 거리에 위치할 것이다. 이곳에서는 주민들이 일상생활에 필요로 하는 모든 종류의 물건들이 정해진 날짜, 정해진 시간에 한하여 판매될 것이며, 작은 마을에는 시장이나 장터, 상설시장 같은 것은 허용되지 않을 것이다. 왜냐하면 이런 것들은 주변에 위치한 도시들을 경제적으로 무력하거나 가난하게 만들 염려가 있기 때문이다. 그러나 바닷가에 위치한 항구도시에는 유명한 상업도시 안트워프나 베네치아, 그리고 옛날 독일의 베르겐, 그리고 런던처럼 대형 중앙시장을 허용할 것이다. 도시는 주로 항해가 가능한 바다나 강, 호숫가에 위치할 것이다. 도시의 모양은 둥글거나 정사각형, 혹은 직사각형이 될 것이며, 도로는 넓고 아름답고, 직선이 될 것이다. 집들은 모두 일정한 모습을 할 것이며, 베네치아 출신의 여행가 마르코 폴로[53]가 둘러보고 기록한 이탈리아의 밀라노나 만투아와 같이 모두 돌이나 벽돌로 지을 것이다.

이렇게 건설된 모든 도시에는 교회를 세울 것이며 죽은 사람들을 매장할 묘지를 따로 책정할 것이다. 지금처럼 교회 앞뜰이나 뒤뜰에는 매장을 허가하지 않을 것이다. 도시의 방비를 위한 요새나 성채는 필요한 도시에만 세울 것이며, 범죄자들을 가둘 감옥도 짓고, 공정한 재판을 위한 널찍한 법원, 모든 사교 활동을 위한 공공장소, 상공회의소, 만남의 장소도 마련할 것이며, 화재가 발생하였을 때를 대비한 소방서, 시민들의 산보를 위한 산책길, 극장, 운동과 건전한 레크리에이션 활동을 위한 각종 운동장, 어린이, 고아, 노인, 병자, 정신이상자, 군인들을 위한 각종 병원을 세울

---

53 마르코 폴로(Marco Polo, 1254?~1324?) : 이탈리아의 여행가. 베네치아에서 출생. 고비 사막을 거쳐 몽골까지 감. 당시 몽골제국을 다스리던 쿠빌라이 칸에게 발탁되어 외교 업무를 담당함. 중국을 거쳐 약 30년 만에 다시 베네치아로 돌아옴. 그의 여행기 『동방견문록』은 서양인들에게 동양을 소개한 최초의 기록 가운데 하나임.

것이다. 빈민 구호소와 학교도 지을 것이며, 다리도 놓을 것이다.

이 모든 건물이나 시설들은 사탕발림으로나 전시용이 아니고 그 본래의 목적을 위하여 진지하게 지어 운영될 것이다. 이런 일에는 항상 위선과 사기, 협잡이 끼어들게 마련인데 잘못하면 옛 속담대로 "눈 가리고 아웅" 한다든가, "닭 잡아먹고 오리발 내민다"든가, 또는 "열 사람 구호한다고 백 사람 주머니 턴다"는 꼴이 되기 일쑤다. 이런 시설들의 운영과 보수는 철저하게 공개적으로 이루어질 것이며, 결코 몇몇 특수한 소수의 사람들을 위하여 이루어지지 않을 것이다. 우리는 누구나 자기 혼자만을 위하여 태어난 것이 아니다.

마을마다 정수가 잘 된 깨끗하고 달콤한 맛을 가진 물을 공급하는 수도관을 놓을 것이며, 공동 곡식창고도 마련할 것이다. 수학자, 음악가, 배우들을 위한 학교도 세울 것이며, 연금술사(금을 만들기 위해서가 아니고 순전히 물리학의 연구를 위하여), 미술가, 철학자들을 위한 대학도 세울 것이다. 이렇게 되면 모든 예술과 과학을 더 빨리 배울 수 있고, 학문의 발전과 진보가 촉진될 것이다. 그리고 고대 페르시아에서 그랬던 것처럼 국가 중대사나 사건을 공정하게 기록할 사관을 국가에서 임명할 것이다. 그렇게 되면 지금처럼 이상하고 편견에 사로잡힌 젠체하는 학자나 기록자들에 의하여 기록되는 부정확하고 불충분한 역사 기록은 없어질 것이다.

나는 또 노래, 춤, 펜싱 등을 가르칠 각급 공립학교를 설립할 것이며, 특히 외국어와 문법을 가르칠 특수학교도 세울 것이다. 그런데 이 외국어 학교에서는 지금까지 전통적으로 사용되어온 그 지루한 암기 방법을 사용하는 것이 아니라, 외국을 여행하는 사람들이 여행하면서 자연스럽게 해당되는 나라의 언어를 회화나 실제 연습과 사용을 통하여 배우듯이, 어머니가 자기 자식에게 말을 가르치듯이, 자유롭고 자연스러운 방법이 사용될 것이다.

이 모든 기관에는 알맞은 자격을 갖춘 관리인들을 임명할 것이며, 건물 관리인, 재무회계 담당자, 학생 생활 담당 지도교사, 미망인 재산관리인, 공공주택 관리인을 임명할 것이며, 말하기에 좀 부끄러운 일이기는 하지만, 공공자금의 유용과 낭비를 막고 이들의 부정과 부패를 방지하기 위하여 매년 회계감사를 실시하여 회계장부 및 영수증을 갖추도록 할 것이다.

나는 웅덩이, 소택지, 늪, 광대한 숲, 사막, 황야 등과 같은 임자 없는 땅에 울타리를 둘러 사유지로 만들 것이다. 그렇다고 물론 그 울타리 속에 있게 되는 사람들을 다른 곳으로 이주시키겠다는 것은 아니니 오해 없기 바란다. 모든 사람이 소유한다는 말은 결국 누구의 소유도 아니라는 말로서 이 세상에 주인 없는 땅치고 제대로 가꾸어지거나 돌보아지는 땅은 없다. 현재 영국에서는 에식스나 켄트, 외국에서는 스페인이나 이탈리아에서처럼 주인 없는 토지를 사유지로 바꾼 나라들은 모두 부유하게 잘 살고 있다. 나는 나의 영토 내에서만은 적어도 어느 한 곳도 황무지로 내버려두지를 않을 것이다. 심지어 산꼭대기도 옥토로 개발할 것이다. 자연이 못 미치면 인공으로 보충할 것이다. 호수나 강은 결코 황폐하게 되도록 내버려두지 않을 것이다.

모든 공공도로와 교량, 둑, 수로, 저수기, 공공시설물, 건물 등은 항상 예의 주시하여 수시로 그 유지 상태를 점검하고 필요시에는 즉시 수리토록 할 것이다. 경작지나 숲의 용도를 변경할 때는 관리자의 허가나 동의를 얻도록 할 것이며, 어떤 곳에 어떤 변경이 필요한지, 어떤 것이 부족한지, 어떤 도움이 필요한지 등을 관리하고 담당할 책임자를 임명할 것이다. 어떤 기후에서는 어떤 작품을 심는 것이 적절하며, 나무를 심기에는 어떤 곳이 적합하며, 옥수수를 심기에 적합한 땅, 가축을 방목하기에 알맞은 지역, 정원을 만들 곳, 과수를 심을 곳, 물고기를 기를 연못 등을 지정하여 줄 전문가를 배치할 것이다.

사유지를 갖게 된 주인들은 누구를 막론하고 자신이 소유하게 된 산야나 토지에 거름도 주고, 좋은 나무도 심고, 배수로도 만들고, 울타리도 쳐서 자신의 소유지를 좀 더 비옥한 땅으로 만들도록 격려할 것이며, 이런 사유지들은 개발한 사람들에게 오랜 기간 자유롭게 자신의 소유로 경작할 소유권을 보장할 것이다. 귀족들의 사유지를 빌려서 경작하게 될 소작인들을 지주들의 횡포로부터 보호하기 위한 조치로서 일정한 소작료를 지정할 것이며, 이를 어긴 지주에게는 중한 벌금을 물릴 것이다. 이런 일을 담당하는 토지 감독관들은 영주에게는 어느 정도의 장원이 필요하며, 소작인들은 얼마 정도의 경작지를 갖는 것이 적합하며, 이런 토지들은 어떻게 갈며, 비료를 주며, 또 필요시에는 구획조정을 할 것인가를 지정하고 감독할 것이다.

왜냐하면 옥수수가 잘 자라는 땅이 있는가 하면, 포도를 기르기에 적당한 토양이 있고, 나무를 심을 곳이 있는가 하면, 풀이 잘 자라는 땅이 있기 때문이다. 그리고 사람들은 쓸데없이 땅을 많이 소유하는 데만 관심이 있고, 대부분은 게으르고 멍청하여 농사도 제대로 지을 줄 모르고, 남을 괴롭히기만 하고, 욕심만 부리며, 자기 소유의 땅만 알거나, 자기 소유의 땅도 잘 사용할 줄 모른다. 하물며 이런 사람들이 남의 땅의 용도나 유용한 사용에 관심이 있겠는가? 이런 면에서 시인 루카누스[54]의 말은 참으로 옳다. 사람에게는 누구나 적재적소가 있는 법이다. "마그네시아 사람들은 말 잘 기르고, 아르고노트 사람들은 배를 잘 젓는다네."

지금까지 사람들이 만들어낸 유토피아는 이미 많이 있다. 캄파넬라[55]의

---

54 루카누스(Marcus Annaeus Lucanus, 39~65) : 로마의 시인. 대세네카의 손자이자 소세네카의 조카. 그가 쓴 역사적 서사시 「내란기」는 생생한 전투 묘사 때문에 「파르살리아」로 널리 알려짐.

55 캄파넬라(Tommaso Campanella, 또는 Giovanni Domenico Campanella, 1568~1639) : 이

'태양의 도시,' 베이컨[56]의 '새로운 아틀란티스,' 모어[57]의 '유토피아' 등과 같이 지금까지 현명한 사람들이 만들어낸 유토피아는 많이 있다. 그런데 내가 보건대, 이 이상향들은 하나같이 희망이나 소망의 표현이지 현실적으로 이 지구상에 구현될 성질의 정부 형태가 아니다. 황당무계한 하나의 환상일 뿐이다. 플라톤이 제시한 '공화국'은 불경스럽고 말도 되지 않는 하나의 웃음거리일 뿐이다. 평준화되고 인위적으로 통제되는 그 속에는 인간사회의 장려함이나 화려함 같은 것은 없다. 나의 유토피아에서는 혈연으로 내려오고 세습되는 귀족제도도 유지될 것이다. 나는 그들이 유지하는 토지를 인정할 것이며, 평민이라도 노력하여 귀족의 장원을 사는 사람에게는 그 명예를 수여할 것이며, 반대로 현재 귀족이라 하더라도 방탕한 생활 결과로 물려받은 세습지와 장원을 피폐하도록 방치할 경우에는 그의 귀족 신분을 박탈할 것이다. 어떤 높은 자리가 세습이듯이 어떤 지위는 선거로 충당할 것이며, 또 어떤 자리는 그 사람이 국가에 바친 희생이나 공로에 대한 보상으로 주어질 것이다. 나의 유토피아에서는 평민이라고 귀족의 명예를 차지하지 말라는 법은 없다. 그 사람이 현명하고, 재산을 가지고 있으며, 덕이 있고, 용감하며 자격이 충분히 있는데도 불구하고 평민으로 태어났다 해서 언제나 그 자리에만 있으라는 잔인한 법은 나의 이상향에는 없다. 이것은 자연에 반하는 일로서 인간의 눈에는 물론 신의

탈리아 태생의 철학자. 도미니크 수도회의 수도사. 스콜라 학파와 아리스토텔레스의 논리학을 부정함. 나폴리와 로마에서 활동. 당시 스페인 통치를 반대하여 이단과 음모의 혐의로 투옥되기도 하였음. 감옥에서 플라톤의 『공화국』과 유사한 이상향을 그린 『태양의 도시』를 씀.

56 베이컨(Francis Bacon, 1561~1626) : 영국의 철학자이자 정치인이다. 제임스 1세 때 법무장관과 대법관 역임. 근대적 경험론의 시조로 평가되며, 그의 저작은 훗날 과학혁명의 바탕이 되었음.

57 모어(Thomas More, 1478~1535) : 영국의 정치가, 문필가, 종교인, 법관. 이상향을 그린 『유토피아』의 저자. 반역죄로 처형당함. 후에 성자로 추앙됨.

눈에도 크게 거슬리는 일이다.

나의 이상향에서는 모든 법률과 법령은 모국어로 평이하게 제정 공포되어 누구나 이해하기 쉽게 되어 있다. 모든 도시는 특색 있는 사업을 벌여 유지될 것이다. 부모들은 자기의 자녀들에게 무엇 한 가지 좋은 직업적 기술을 습득하도록 가르칠 것이다. 모두가 맡은 바 직업에 충실함으로써 다른 직업의 사람들을 한가하고 자유롭게 만들 것이며, 쓸데없이 서로 경쟁하거나 싸우지 않도록 할 것이다.

대장간과 대장장이, 쇠붙이 다루는 사람들은 술 제조업자나 빵장수 같은 사람들과는 별도로 떨어져 모여 살 것이다. 염색업자나 가죽 제조업자들처럼 물을 많이 사용하는 사람들은 필요에 의하여 함께 모여 살 것이다. 도살장이나 가축 도축업자들, 양초 제조업자들처럼 시끄러운 소리를 내거나 견디기 어려운 고약한 냄새를 풍기는 업종의 사람들에게는 미안한 일이지만 시내에서 멀리 떨어진 곳에 있게 할 것이다. 상공회의소나 약제사, 의사, 음악가들을 교육시키는 교육기관들은 가능한 한 도시 한가운데 있도록 할 것이다. 옥수수나 목재, 석탄 등과 같이 일상생활에 없어서는 안 될 생활필수품으로서 외국에서 수입한 물건에는 아주 낮은 관세를 물리거나 아예 관세를 면제해줄 것이며, 세금도 부과하지 않을 것이다. 그러나 고급 포도주나 향신료, 담배, 비단, 금, 보석 등과 같이 순전히 사람들의 즐거움이나 사치, 또는 장식을 위한 수입품에는 많은 액수의 관세와 세금을 부과할 것이다.

나는 해마다 새로운 대륙이나 섬을 발견하고 탐험하기 위해 여러 척의 선박을 파견할 것이며, 또 자격 있는 몇몇 사람들을 선발하여 이웃나라에 가서 그 나라 문물을 관찰하고 그 나라의 법률이나 제도 가운데 배울 만한 것을 배워 오도록 장려할 것이다. 그리고 전쟁이나 평화를 유지하는 데 우리에게 도움이 될 만한 새로운 기술이나 무기도 연구하도록 할 것이다.

어떤 교회도 신도가 천 명을 넘지 못하도록 제한할 것이다. 성직자들은 신의 가르침을 실행에 옮기도록 감독할 것이며, 공직자들은 시민들을 자기 자신처럼 소중히 여기도록 할 것이며, 의사들에게는 친절하고 겸손하게 환자들을 대하고, 정치인들은 세속에 물들지 않도록, 학자들은 무엇보다 자기 자신을 먼저 알도록, 귀족들은 정직하게 살도록, 상인들은 속임수를 쓰지 않도록, 관리들은 부패하지 않도록 지도와 감독을 게을리하지 않을 것이다.

그러나 나는 나의 이와 같은 노력이 헛된 노력이 될 수 있다는 사실도 잘 알고 있다. 왜냐하면 인간의 본성은 탐욕이며 이기적이기 때문이다. 그래서 나는 일정한 수의 판사, 변호사, 의사를 유지할 것이며, 이들에게 주어지는 보수는 국고에서 지불하도록 할 것이며, 개인들로부터는 받지 못하게 할 것이다. 남을 고소하는 사람은 일정한 액수의 공탁금을 걸어야만 하며, 남을 근거 없이 또는 부당하게 고소한 것으로 판명이 날 경우에는 그 공탁금은 몰수될 것이다. 모든 재판은 신속하고 공정하게 처리될 것이지만 어떤 소송 사건도 일 년 이상 끌지 못하도록 할 것이다.

모든 공직자들은 중국에서와 같이 공개 경쟁 시험이나, 베네치아에서와 같이 주민들의 선거로 뽑아 임명될 것이다. 이들은 학식과 품행에서 일반 시민들의 모범이 되어야만 하며, 비난이나 지탄 받을 일을 하면 그 자리에서 즉시 파면될 것이다. 공직은 주로 학자들에게 우선적으로 주어질 것이며, 그다음으로 군인들을 배려할 것이다. 이 문제에서 나는 베게티우스[58]의 의견에 동의한다. 학자들이 군인들에 우선하여 고려되는 이유는 군인들의 임무가 한 시대에 국한된다고 한다면 학자들의 임무는 영구하기

---

58 베게티우스(Flavius Vegetius Renatus, AD 4세기경) : 로마의 문인, 병법가. 『군사전략의 요지』라는 저술을 남겼음.

때문이다.

공직자들이 본분에 어긋나는 행위를 하였을 때는 즉시 자리에서 면직됨은 물론, 합당한 처벌을 받을 것이다. 이들의 임무 수행 능력과 결과는 매년 정기적으로 감사를 받을 것이며, 이들은 감사에 성실히 임할 의무를 진다. 이렇게 하지 않으면 인간이란 누구나 편파적이며, 감정이 앞서고, 잔인하고, 탐욕스러우며, 부패하기 쉬운 존재로서, 사랑, 증오심, 공포심, 선심 등에 흔들리기 쉬운 연약한 존재이기 때문이다. 공직자가 자기의 임무를 잘 수행할 때는 당연히 포상을 받을 것이다. 알맞은 보상이 없다면 그 누가 좋은 일에 성심성의를 다하겠는가?

공공의 다수에 도움이 되고 유익한 물건을 발명하였다거나 발견하였을 때, 좋은 글을 썼다거나 국내에서나 국외에서 모든 사람들이 칭찬할 만한 고귀한 일을 했을 때, 해당자는 당연히 금전적인 포상은 물론 상당한 명예와 특권도 주어질 것이다. 카르타고의 명장 한니발[59]을 예로 들어보자. 적군의 침입으로부터 국가를 보호하는 일은 그 누구를 막론하고 크게 보상을 받아 마땅한 일이다. 우리 주변에서 이 한니발 장군과 같은 일을 한 사람이 있을 때는 그가 현재 어떤 신분에 있는 사람이건 간에 그는 최고의 예우를 받을 자격이 있으며 당연히 받을 것이다.

가진 것이라고는 책밖에 없는 어떤 가난한 학자는 순전히 자비로운 마음에서 소망하기를 전쟁포로들에게 자유를 찾아주고, 감옥에 있는 죄수들을 석방하고, 돈이 없어 고생하는 모든 가난한 사람들을 구제해주기 위하여 자기가 가지고 있는 모든 책들이 금은보화로 변하기를 소망했다고 한다. 이 사람이 이런 소망을 종교적인 신념에서 갖게 되었다면 나는 구태

---

59 한니발(Hannibal, BC 247~BC 183) : 카르타고의 명장. 로마의 가장 큰 위협이 됨. 군대를 이끌고 알프스산을 넘어 로마를 공격한 것으로 유명함. 로마의 장군 스키피오에게 패하여 자살함.

여 비난하지 않겠다. 그러나 실제에서 이것은 무모한 소망이다. 이분의 소망대로 이 사람의 수중에 억만금이 주어졌다고 가정해보자. 그 돈도 곧 모자랄 것이다. 이분의 돈을 필요로 하는 사람들의 숫자는 또 늘어날 것이다. 늘어나면 늘어났지 줄어들지는 않을 것이다. 아무리 재산이 많은 사람도 이런 일은 불가능하다.

그렇기 때문에 나는 나의 이상향에서는 거지, 부랑자, 떠돌이, 게으름뱅이 등과 같이 자기 자신을 스스로 돌보지 않는 사람들은 용납하지 않을 것이다. 다만 지체가 불완전하여 거동이 불가능한 자, 절름발이, 장님, 그리고 돌보는 자가 없는 독신 노인들은 이런 사람들을 위하여 세워진 병원이나 보호시설에서 충분히 치료를 받고 보호를 받을 것이다. 결혼을 한 사람으로서 불가피한 재난이나 손해, 또는 불운에 의하여 직장을 잃었거나 일을 할 수 없는 처지에 빠지는 경우에는 식량을 배급받고, 무료로 주택을 임대받을 것이며, 연금 등의 방법으로 구호를 받게 될 것이다. 그리고 지금까지 그가 열심히 일한 공로에 대한 보답을 충분히 받게 될 것이며, 가능한 한 다시 일을 하도록 국가에서 주선할 것이다.

토머스 모어가 그의 『유토피아』에서 이미 말하였지만, 매일 먹고, 마시고, 하는 일 없이 빈둥빈둥 놀고 먹는 사람이나, 부자로서 돼지처럼 남보다 수십 배나 더 먹어 없애는 대식가, 고리대금업자, 이런 사람들은 손 하나 까딱하지 않으면서도 편안하게 잘 먹고, 잘 살고, 명예를 누리고, 인생의 모든 즐거움을 누리고, 그것도 부족하여 자기를 위하여 일해주는 가난하고 힘없는 사람들을 학대하고 못살게 구는 데 반하여, 매일매일 무거운 짐을 등에 싣고 나르는 당나귀처럼 쉴 사이 없이 힘든 노동을 하고, 모든 시민에게 유익한 일을 하고, 이런 사람들의 이런 봉사가 없다면 우리 모두가 한시도 살 수 없는 가난한 노동자들, 대장장이, 목수, 농사꾼들은 오히려 늙어 힘없어 일을 할 수 없게 되면 거리에 나가 구걸을 하는 거지 신세가 되거나 굶어 죽게 되고, 항상 짐승만도 못한 비참한 생활을 영위하고 있다. 이것이 엄연한 사실이라면 이게 말이 되는가 말이다! 누가 나서서 한번 변명해보라!

나의 유토피아에서는 모든 사람들이 열심히 일해야만 하는 것이 사실이지만, 그렇다고 매일 일만 하는 것은 물론 아니다. 제아무리 사회에서 가장 낮은 신분에 있고 또 가장 천하다고 여겨지는 일에 종사하고 있는 사람이라 하더라도 일주일에 한 번 정도는 모든 일에서 해방되어 자유로운 시간을 가질 수 있으며, 이 시간에는 자기의 취미나 선택에 의하여 삶을 즐기고 여가를 선용할 수 있다. 누구에게나 여가와 휴일이 주어질 것이며, 이때 주인은 주인대로 하인은 하인대로 자기가 원한다면 춤도 추고 노래를 불러도 좋다. 술을 마셔도 좋다. 다만 술을 너무 많이 마셔 다른 사람들에게 폐를 끼쳤다거나 행패를 부린 경우에는 그 벌로 일 년간 그는 어떤 종류의 술이든 마실 수 없는 금주 명령에 처해진다.

돈 관리를 잘못해서 파산 선고를 받은 사람은 공개적으로 비난과 창피를 당할 것이다. 본인의 태만이나 방탕한 생활 태도로 거지가 되어 남에게 빌린 돈을 지정된 기일 내에 갚지 못하게 되는 경우는 일 년간 징역형에 처해질 것이다. 일 년이 지나도 빚을 갚지 못할 때는 교수형에 처한다. 신을 모독한 죄를 범한 자는 그의 손을 절단하는 벌을 받을 것이다. 법정에서 거짓 증언을 하거나 신 앞에서 한 맹세를 뒤집는 죄를 지은 사람은 그의 목을 내놓지 않을 경우 그의 혀를 자를 것이다. 살인자나 간음을 한 자는 사형에 처해질 것이다. 남의 물건을 훔친 절도죄는 그 죄의 내용이 아주 특별히 사악한 경우를 제외하고는 결코 사형을 받지는 않을 것이다. 기타의 범법자들은 죄상과 죄질에 따라 광산이나 군선(軍船)에 배치되어 일생 동안 노역에 종사하거나, 자기가 피해를 준 사람의 노예로서 일생을 보내게 될 것이다. 그렇다고 내가 노예 제도를 찬성하는 것은 물론 아니다.

나의 이상향에서는 처음부터 노예의 신분으로 태어나는 사람은 없다. 더군다나 고대 페르시아에서처럼 아버지가 저지른 잘못 때문에 그의 부인과 자식들, 심지어 그의 친구나 친척들도 고통을 받아야만 하는 그런 잔인한 법률을 나는 단연 증오한다.

특별한 경우를 제외하고 이 나라에서는 남자는 25세, 여자는 20세가 되어야만 결혼할 수 있다. 배우자가 사망하는 경우가 생길 때는 살아남은 사람은 최소한 6개월이 지나서야만 재혼할 수 있다. 부자인 남편이 사망한 경우 그가 남긴 많은 유산 때문에 많은 문제가 발생하는 것을 사전에 방지하기 위하여 아무도 그 재산을 상속하지 못하도록 하겠다. 상속하더라도 그중 일부만을 상속하도록 특별 감독관을 두어 공평하게 감독할 것이다. 이런 경우 그대로 방치하면 대개는 고약한 성품을 가진 뻔뻔스러운 사람이 유산의 대부분을 차지할 것이며, 마음씨가 착하거나 양심적인 사람은 아주 조금 차지하거나 아주 한 푼도 못 가지는 경우가 생긴다.

나의 이상향에서 제정한 이 결혼 연령에 도달하게 되면 모든 남자나 여자는 특별한 경우를 제외하고는 가난해서 결혼하지 못하는 경우는 없다. 모든 결혼 비용은 물론 일정한 액수의 결혼 보조금을 국가에서 지급받을 수 있기 때문이다. 적령기의 젊은 남녀들은 오히려 별다른 이유가 없다면 결혼을 해야만 하는 의무를 진다. 젊은이가 과도한 신체적 불구라거나 심신 허약자, 기타 어떤 고약한 유전적인 질병을 속이고 결혼하였을 때는 법에 의하여 엄중한 처벌을 받는다. 이런 불행한 사람들의 욕구와 소망을 풀어주기 위하여서는 결혼 이외의 다른 방법과 수단이 마련될 것이다. 도시의 인구가 너무 팽창하게 되면 식민지를 개척하여 이주를 권장할 것이다.

시민은 아무도 시내에서 무기를 휴대할 수 없다. 직업에 따라 알맞은 제복을 입도록 할 것이며, 이렇게 함으로써 사람들은 이들의 임무를 쉽게 구별할 수 있을 것이다. 장례를 너무 화려하게 치르는 관습은 폐지될 것이며, 과도한 장례 비용도 국가에서 조절하여 적정 액수 이상은 쓰지 못하도록 할 것이다. 브로커나 전당포, 고리대금업은 허용하지 않을 것이다. 그러나 나의 유토피아는 사람들이 사는 곳이지 신선들이 사는 곳이 아니기 때문에, 그리고 사람의 마음이란 것이 법으로 다 다스릴 수 없는 것이라는 사실을 감안하여, 이런 악덕업들도 정도에 따라 약간은 눈감아줄 것이다. 사람이 본시 선하고 정직하기만 하다면 구태여 법이 왜 필요하겠는가? 스스로 "이것은 아니다"라고 말하면서도 그 일을 계속하는 존재들이 바로 우리 인간이다. 다 알면서도 눈감아주는 것이 정치다.

나는 어느 개인이 어떤 사업이나 물건을 독점하여 생산하거나 판매하는 전매 사업은 허용하지 않을 것이다. 개인이 어떤 사업을 독점하게 되면 그 한 사람은 거부가 되겠지만, 그로 인한 피해는 수많은 사람들에게 돌아간다. 사물의 무게나 길이를 측정하는 도량형은 국가에서 지정한 통일된 것만이 사용될 것이다.

나는 전쟁을 싫어한다. 전쟁은 모든 국민들의 이익과 안위가 걸린 위기 상황이 아닐 경우에는 결코 하지 않을 것이다. 우리가 비둘기를 사랑하고 독수리를 미워하는 이유는 독수리는 항상 남을 죽여야 자기가 살기 때문이다. 전쟁은, 특히 남의 나라에 쳐들어가는 침략전쟁은, 그것이 아주 정당한 경우에만 허용될 것이다. 이 점에 있어서는 알프스를 넘어 로마로 진군한 카르타고의 장군 한니발이 방어에 나선 로마의 장군 스키피오에게 전한 말을 나는 높이 평가한다. "우리 선조들이 그랬듯이 지금까지 우리는 카르타고에서 그대들은 로마에서 행복하고 만족스럽게 살아왔다는 사실은 신이 우리에게 내린 하나의 큰 축복이었다. 그러나 시칠리아섬이나 사르디니아와 같은 작은 땅덩어리 때문에 그 수많은 전함들이 침몰하고, 그 수많은 군사들과, 그 수많은 젊은이들이 귀중한 목숨을 잃고, 그 수많은 사람들이 고통을 겪어야만 할 가치나 이유는 없다."

전쟁보다는 더 공평한 방법과 수단을 먼저 시도할 것이다. 힘은 절제 있게 행사될 때 폭력이 달성하지 못하는 목적을 효과적으로 이룰 수 있다. 나는 전쟁을 수행할 때 가능한 한 절제심을 가지고 임할 것이다. 그러나 역사가 때때로 보여주듯이 물리적 힘을 사용할 때 사용하지 않고 주저함으로써 오히려 적에게는 폭력 이상으로 희생을 일으키는 경우도 있다는 사실도 나는 알고 있다. 불가피한 전쟁이라 하더라도 도시를 폐허로 만든다든가, 마을 전체를 불사른다든가, 어린아이들을 학살하는 일은 없어야만 한다. 나의 나라에서의 전쟁은 주로 방어적인 전쟁이 될 것이며, 이 목적을 위하여 나는 조그만 경고에도 즉시 대응할 상비군을 둘 것이다. 육지에는 육군을, 바다에는 해군을 둘 것이며, 전쟁에 필요한 물자와 장비, 그리고 비용은 평상시 세금으로 충분히 마련하여 전시라고 따로 과도한 세금을 징수하는 일은 없도록 하겠다. 이 모든 일은 즉흥적이 아니고 심사숙고를 거친 후 실행에 옮겨질 것이다. 물론 경솔한 결정은 내리지 않겠지만, 그렇다고 한 번 결정된 사항을 실행할 때는 신속하고 과감할 것이다.

독자들이여, 나의 어리석음과 허영심을 용서해주기를

그런데, 지금까지 내가 무슨 말을 한 것인가? 이런 일을 해본 적이 없는 풋내기가 어디로 달려가고 있는 것인가? 나의 유토피아를 건설하기 위한 거창한 계획을 말하자면 지금부터 쓰기 시작하여도 책 한 권은 넘어야만 할 것이다. 이쯤 해서 손을 떼어야만 하겠다. 이 계획에 너무 몰두하다 보니 지루하고, 또 고질의 우울증이 다시 도지나 보다. 나의 글쓰기의 본래의 목적으로 다시 돌아가자.

지금까지 이처럼 대담한 계획을 거침없이 그리고 자신 있게 말하는 나에게 누군가는 이런 질문을 던지고 싶을 것이다. "그렇다면 당신은 누구요? 당신에게는 결점이 없다는 말입니까?" 물론 나에게도 결점이 있지요. 어쩌면 당신보다 더 많은 결점을 가지고 있을 것입니다. 우리는 모두 아무것도 아닙니다. 숫자로 치자면 영(零)이나 다름없지요. 다시 한번 고백하지만 나는 어리석은 사람입니다. 누구 못지않게 미친 사람입니다. 나는 이 사실을 부정하지 않습니다. 온전한 사람들이 미친 사람을 사회에서 쫓아내는 것은 당연한 일이지요. 그런데 쫓겨난 나에게는 위안이 있습니다. 나와 같은 생각을 하는 비슷한 미친 친구들이 많다는 사실이지요. 그리고 이 가운데에는 대단한 사람들도 많답니다. 내가 나의 의견을 개진할 때 남들처럼 그렇게 옳지도 못하고 신중하지도 못한 것은 나 스스로 인정하지만, 사실 나는 다른 사람들이 생각하는 것만큼 미치지도 않았고 나쁜 사람도 아닙니다. 결론적으로 말해서 이 세상에는 어디에 가나 나와 같은 우울증 환자들로, 또는 미친 사람들로, 또는 막연한 공상가들로 가득 차 있다는 사실을 독자들도 인정하게 되면 지금까지의 장황한 설명의 목적은 달성한 셈입니다.

지금 이 시점에서 나는 더 할 말이 없다. 사람들이 이 세상만사를 웃음거리로 본 그리스의 철학자 데모크리토스를 읽는 이유도 자명해졌다. 사람은 실컷 웃다 보면 제정신이 든다. 이제 나와 독자들이 기대할 것은 우리의 마음에서 우울증을 치료해줄 좋은 의사를 만나는 일이다.

이 글의 서두에서도 밝혀두었듯이 내가 이 글을 쓰기로 계획한 동기는 인간이면 누구나 갖고 있는 이상한 질병의 하나인 우울증을 좀 더 자세하게 진단하고 그 치료법을 발견하기 위함이다. 여기까지 오는 동안 나는 이 문제에 대하여 좀 더 심각한 의도를 품게 되었다. 이제부터는 모든 쓸데없는 변죽을 울리는 말은 모두 생략하고 직접 이 문제에 대하여 언급하겠다. 사실 내가 말하고자 하는 우울증에는 그 증상과 종류가 한두 가지가 아니다. 정도의 차이는 있다고 하겠으나 인간의 광증, 어리석음, 분노, 술주정, 바보짓, 뾰루퉁함, 실쭉함, 거만함, 허세, 웃기는 짓, 잔인함, 비쭉함, 옹고집, 뻔뻔함, 기고만장, 메마름, 노망 떨기, 무딤, 허겁지겁 나대기, 자주 잊어먹기, 예측불허의 행동하기 등이 모두 포함되는 것으로서 병원에 가도 소용없고 어느 고명한 의사도 고칠 수 없는 불치의 병인 것이다. 이제부터 나는 이 글을 통하여 바로 이 병의 원인을 의학적으로는 물론 철학적으로 분석하고 규명하여 이 병의 원인과 증상은 물론 그 치료법까지도 제시하고자 한다.

시간이여, 장소여, 사람들이여, 모든 상황이여, 내가 남의 결점에 대하여 너그럽지 못하고, 나의 의견을 기탄없이 말하는 데 대하여 나를 대신하여 사과해주기를! 만약 그대들이 나의 이 버릇없이 해대는 말들을 비난한다 하더라도 하는 수 없다. 혹시라도 내가 하는 험한 말이 당신의 경우에 해당되거든, 당신에 대한 나의 개인적인 공격이나 비난이라고 생각하지 말고, 필자가 자신을 방어하고 변명하기 위한 말이라고 너그럽게 보아주기를 바란다. 화가 나거든 졸라맨 허리띠를 풀고 느긋하게 마음먹기를 바란다. 나는 독자들에게 진 빚이 있는 것도 아니고, 독자들에게 잘 보일 이유도 없다. 나는 독자들의 호감을 구하지 않으련다. 누가 뭐라 해도 나는 나다. 나는 독립된 인간이다. 누구를 두려워할 이유가 없다.

아니다. 위에서 한 말을 취소하련다. 나는 독자들의 반응에 지대한 관심이 있다. 솔직히 말해서 두렵다. 나는 나의 잘못을 인정하고 후회한다. 독자들의 감정을 건드렸다면 이것도 솔직히 사과한다. 시인 베르길리우스의 말처럼, "우선 성난 파도는 잠재워놓고 볼 일이다." 나는 지나쳤다. 바보처럼 말했다. 경솔하게 말했다. 나의 이 어리석음부터 해부해보아야만 하겠다. 이상한 꿈을 꾸다가 갑자기 깨어난 사람처럼 나는 잠시 제정신이 아니었나 보다. 나에게 잠시 이상한 발작증세가 일어난 것이 틀림없다. 나는 독자들을 모독하였다. 그들의 감정을 심히 상하게 하였다. 결과적으로 나 자신에게도 손해를 끼쳤다. 이제 제정신으로 돌아왔다. 나는 내 잘못을 깨달았다. 엉엉 울고 싶다. 자비심 많은 독자들이여, 나를 용서해주기를 간청한다. 지난 잘못을 거울 삼아 나는 새사람이 될 것이며, 지난 잘못은 어떻게든 보상하겠다. 앞으로의 내 글은 아주 착실하고 침착하고 논리 정연한 글이 될 것이다.

순전히 나의 허약함 때문에, 어리석음 때문에, 불만 때문에, 무식함 때문에 내가 틀리게 말한 부분이 있다면 그것은 잊어주고 용서해주기를 바란다. "심한 농담 뒤에 가시가 숨어 있다"라는 타키투스의 말은 옳은 말이라고 생각한다. 베이컨이 말한 바와 같이 "사람들은 풍자가의 재치 있는 말을 두려워한다. 그러나 풍자가는 사람들의 기억을 두려워한다." 아무래도 나의 경우는 가장 심한 경우라고 생각된다. 나는 그저 내가 한 말이 어느 누구를 성나게 하거나 기분 나쁘게 하지 않기를 바랄 뿐이다.

다시 간곡하게 독자들에게 부탁하겠는데 결코 나쁜 뜻으로 한 말은 없으니 언짢아하지 말기를 바란다. 결론적으로 말하면 이렇다. 독자들이 나를 잘 알게 되면 독자들은 내가 한 비난이나 비판을 용서하게 될 것이다. 용서해줄 뿐만 아니라 한 걸음 더 나가서 나처럼 선량한 사람이 이처럼 무슨 죽을 죄라도 저지른 것처럼 저자세를 취할 이유도 없다고 생각할 것이다. 그리고 그대들이 나의 겸손하고 소박한 인격을 이해하게 된다면 내가 이 글에서 좀 잘못한 부분이 있더라도 용서할 것이며, 오히려 독자들 쪽에 불필요한 오해가 있었음도 인정하게 될 것이다. 차후 이 우울증이라는 괴상한 증상을 철저히 해부할 때 가끔 서투른 외과의사가 칼을 잘못 대어 멀쩡한 곳을 베어내는 실수를 저지르는 일이 벌어지듯이 나의 펜이 잘못 나가는 경우가 혹시나 생기는 경우가 있을 수도 있을 것이다. 왜냐하면 글을 쓰는 사람이 항상 일정한 마음 상태를 유지한다는 일이 말처럼 그리 쉬운 일이 아니기 때문이다. 때로는 한 방 날려 상대방을 혼내주고 싶은 충동을 주체할 수 없기 때문이다. 그런 경우 풍자문을 쓰지 않고 자제한다는 것은 매우 고통스러운 일이다.

이것 외에도 글 쓰는 사람의 마음의 평정을 깨뜨리는 요인들은 많이 있다. 주변에서 일어나는 대소 세상사는 글 쓰는 사람의 정신을 흐트러트리기 일쑤이며, 마음속에서 일어나는 여러 가지 망상은 자제력을 약화시킨다. 글쓰기에서 뛰어난 재주를 타고난 사람조차 가끔 엉뚱한 문장을 만들어내는 이유도 바로 여기에 있다. "호메로스[60]도 가끔 존다"라는 말이 생겨난 이유가 바로 여기에 있다. 호메로스도 분명 낮잠을 자야만 한다. 오래 글을 쓰다 보면 졸음이 오는 것도 당연한 일이다. 그러니 내가 좀 글쓰기에서 실수를 한다고 해서 너무 나무라거나 화내지 말기를 바란다. 글은 그저 글이니까 말이다. 꾸며낸 이야기일 뿐이니까. 너그러운 독자들이여, 분명히 여러분들의 용서와 허락이 있다는 전제하에서 용기와 자신을 가지고 지금부터 나는 내 이야기를 계속하겠노라.

---

60 호메로스(Homeros, BC 1200?~BC 850?) : 서양 문학 사상 최고, 최대의 서사시인. 10년에 걸친 그리스와 트로이 간의 전쟁과, 전쟁이 끝난 후 귀국길에 오른 그리스의 영웅 오디세우스 장군과 그의 부하들이 겪는 방랑과 고통을 내용으로 하는, 서양 문학사 상 최고 최대로 꼽히는 대서사시 『일리아스』와 『오디세이아』의 저자로 추정되는 그리스 시인. 장님이었다고 전하여짐.

제1부

인간의 우수성, 타락, 비극

— 각종 질병의 원인에 대하여

인간의 우수성, 타락, 비극, 질병

조로아스터[1]의 말처럼 인간은 만물의 영장이요, 신의 가장 중요한 창조물이요, 자연의 경이로움이다. 플라톤은 기적 가운데서도 가장 큰 기적이 인간이라 말했다. 세상의 핵심이요 축소판이라는 말은 플리니우스[2]의 말이다. 하나의 작은 우주, 지구상의 유일무이한 제왕, 세상의 군주, 그 속의 모든 창조물의 유일무이한 지배자가 인간이다. 인간의 이 제국에서는 그 속에 존재하는 모든 창조물들이 인간의 신하로서 굴복하고 복종한다. 인간은 육체로서만이 아니고 정신에서도 다른 만물들을 단연 능가한다. 신의 형상에 따라 창조되었으며, 신의 그 불멸성과 보이지는 않지만 존재하는 그 본질도 갖추고 있는 것이 인간이다. 신이 가지고 있는 모든 역량과 권위도 부여받았다. 이런 인간은 처음에는 순수했고, 완전했고, 행복한

---

1 조로아스터(Zoroaster, 약 BC 6세기) : 고대 페르시아의 종교 조로아스터교의 창시자. 조로아스터라는 이름은 그리스어 표기이며, 현대식으로 표기하면 '자라투스트라(Zarathustra)'가 됨.

2 플리니우스(Gaius Plinius Secundus, 23~79) : 로마의 수사학자, 저술가. 군사전략가, 자연과학자, 역사가. 79년 베수비오스 화산의 폭발 시 너무 가까이 가서 관찰 기록하다가 화산재에 묻혀 죽음.

존재로서 신의 성스러움과 정의로움으로 가득 찬 존재였다. 신이나 다름 없이 모든 불완전함으로부터 완전히 해방된 자유로운 존재로서 낙원에서 신을 찬양하고 찬미하며 오직 그의 뜻하는 바를 실행에 옮기게 되어 있는 존재였다. 이런 목격을 달성하기 위하여 교회도 생겨났다.

그러나 이 위대하고 고귀한 창조물인 인간은 변하고 말았다. 오, 이 얼마나 슬픈 일인가! 인간은 본래의 높은 자리에서 낮은 자리로 떨어지고 말았다. 모든 주어진 능력과 권능을 몰수당하고 보잘것없고 초라한 하나의 인간 형상의 동물, 집 잃고 떠도는 부랑자, 거지의 신세가 되고 말았다. 알고 보면 이 세상의 창조물들 가운데 가장 불쌍하고, 못되고, 무능력하고, 한심한 신세가 되고 말았다. 어떤 면에서는 짐승들의 신세만도 못하다. 이 세상에 개나 돼지, 여우나 별다름 없는 인간들이 얼마나 많은가? 처음 신의 형상대로 만들어진 그 영광스러운 존재는 어디로 가고 이 초라하고 비참한 모습으로 변했단 말인가! 그 축복과 행복은 어디 가고 이 비참함과 저주만이 남아 있단 말인가!

인간은 이제 눈물 속에서 힘들여 얻은 빵을 씹어야만 하고, 때가 오면 죽어야만 한다. 모든 종류의 질병에 시달려야만 하고, 크고 작은 재난을 겪어야만 하게 되어 있다. 태어난 날로부터 흙으로 다시 돌아가는 날까지 아담의 후손인 우리 인간들의 등에는 무거운 멍에가 씌워져 있으며, 엄청난 고통이 그들의 앞을 가로막고 있다. 죽는 날까지 그들의 가슴속에는 언제나 죽음에 대한 공포심이 떠나지를 않는다. 이 고통과 공포심은 왕관을 쓰고 금빛 찬란한 옷을 입은 제왕이나 그 밑에서 갖은 고초를 겪어가며 누더기를 걸치고 살아가는 비천한 백성을 구별하지 않는다. 분노, 시기심, 고통, 불안감, 죽음에 대한 두려움, 싸움 등 이 모든 것은 인간에게는 그 정도가 훨씬 더 크고 심하다.

우리가 타고난 그 위대한 신성을 모두 상실하고 비참함, 죽음, 질병 등에 고통받게 된 이유는 우리 모두의 조상인 아담이 저지른 죄 때문이다. 사악한 사탄의 유혹에 현혹되어 그 금지된 과일을 따 먹었기 때문이다. 결국 아담은 신의 명령에 복종하지 않았으며, 그 결과 오만해져 야망을 품게 되었으며, 절제력을 상실하였으며, 신의 말씀을 의심하여 믿지 않게 되었으며, 쓸데없는 일에 공연한 호기심을 보이게 된 것이다. 여기에서 바로 원죄가 탄생한 것이다. 여기서부터 인간의 부정과 부패가 시작되었으며, 이 죄의 대가로 우리는 고통과 번민 속에 살게 된 것이다. 열어보지 말라는 금지 명령을 어기고 호기심에서 제우스가 준 상자를 열어 지상에 온갖 재앙을 가져온 판도라에 관한 이야기와 같은 경우라 하겠다. 우리가 지은 죄는 호기심에서 나온 것뿐만이 아니다. 이 모든 죄악이 우리의 머리 위에 질병과 비참함의 비를 준비하고 있다. 죄 있는 곳에 벌의 폭풍우가 있다.

어리석은 자들은 계율을 어긴 대가로, 부정을 저지른 대가로 벌을 받는다. 두려움이 갑작스러운 폐허처럼 몰려오고, 파괴가 폭풍처럼 몰려오고, 고통과 슬픔이 신을 두려워하지 않은 대가로 몰려온다. 전쟁 때문에 모든 것이 없어졌는가? 결핍과 기근으로 고생하고 있는가? 고약한 질병으로 건강이 무너졌는가? 전염병으로 고통받고 있는가? 이 모든 것이 인간이 저지른 죄악 때문이다. 인간은 잘못을 뉘우치고 신의 품으로 돌아오지 않고 고집스럽고 끈질기게 잘못된 길을 계속 가기에 신은 분노를 보이면서 벌도 주시고 위협도 하는 것이다. 대지에 비가 내리지 않아 논밭이 황폐해지고, 과수에는 과실이 열리지 않고, 샘물이란 샘물은 모두 말라버리고, 포도나무와 옥수수, 그리고 올리브나무는 말라 비틀어지고, 공기는 메말라 혼탁해지고, 사람들은 모두 전염병에 시달리게 되는 것은 모두 인간이 저지르는 죄악 때문이다. 인간의 죄악은 마치 억울하게 형 카인[3]의 칼에

---

3 카인(Cain) : 구약성서에 나오는 아담과 하와의 큰아들. 동생 아벨에 대한 시기심으로

맞아 죽은 동생 아벨이 흘린 피와 같이 하늘을 향하여 복수를 애원하고 있다. 우리의 가슴이 이처럼 무겁고 답답한 것은 우리가 죄를 지었기 때문이다. 우리는 우리의 죄를 회개하기 위하여 때로는 사자가 포효하듯이, 때로는 비둘기가 울 듯이 울어야만 한다.

하느님은 우리 인간을 구원하고 싶어 하신다. 그렇기 때문에 신은 우리의 귀를 잡아당겨 그의 말을 듣게 하시고 우리의 마음속에 우리가 할 의무를 심어놓으신다. 잘못 길을 들어선 사람에게 그것을 깨닫는 능력을 주시어 다시 올바른 길로 돌아오도록 하신다. 다윗[4]이 "나는 괴롭고 고통스러워 죽을 지경에 이르렀습니다"라고 고백하고 회개하자 하느님은 그를 다시 거두어주셨다. 위대한 알렉산더 대왕은 한때 전성기에 정복한 땅 어디에 가나 하나의 신으로 떠받들어졌으며 자신도 신처럼 말하고 행동하였다. 그러나 어느 전투에서 화살에 맞아 피를 흘리게 되자 자기가 별수 없는 하나의 유한한 인간이라는 사실을 새삼 인식하고 지금까지의 오만을 누그러뜨렸다.

인간은 병이 들면 자신을 뒤돌아보게 되고, 자기가 저지른 악행과 잘못을 후회하고 싫어하게 된다. 병이 들면 인간은 누구나 철학자로 변한다. 병이 들면 인간은 선해진다. 병이 들면 인간은 현명해진다. 그러니 인간은 누구나 병이 나지 않았을 때, 자신의 행운이 자신을 찾아줄 때, 성공의 절정에 있을 때 신의 말씀과 그가 베푼 은혜를 잊지 말아야 할 것이며, 그 속에서 행동해야만 할 것이다. 그대에게 슬픔이나 빈곤, 질병, 기타 어떤 역

그를 살해함.

4 다윗(David, BC 1013?~BC 973?) : 이스라엘과 유다의 왕. 히브리 역사와 문학에 등장하는 가장 위대한 인물. 한때 이스라엘의 왕 가운데 가장 강력한 군주였음. 예루살렘을 정복하여 수도로 정함. 이스라엘을 괴롭히던 이민족 블레셋의 거인 골리앗을 돌팔매로 죽인 것으로 유명함. 여러 편의 찬송가의 저자로 알려짐.

경이 닥치거든 어째서 이런 재난이나 재앙이 찾아왔는가를 곰곰이 생각해보라. 그것이 그대에게 좋은 결과를 가져올 수도 있다. 신체에 찾아온 병은 때로는 정신의 건강을 가져다주는 좋은 치료제가 될 수도 있다. 자비로운 아버지가 때때로 그의 사랑하는 자식을 벌하듯이 하느님도 때로는 우리를 사랑하시기 때문에 우리에게 벌을 내린다. 만사가 뜻대로 순조롭게 진행될 때 교만하여 자만하지 말라. 주어진 재능과 재산은 자기 것이 아니고 하느님의 선물임을 명심하여 항상 신에게 감사하고 올바르게 사용하도록 해야 한다.

하느님이 만드신 하늘과 땅 그리고 모든 천체와 자연은 태초에 완전하게 만들어졌다. 그리고 인간들에게는 오직 유익하고 유용하게 만들어진 것이다. 자연의 재난으로 인간들이 죽고 상하는 것은 그런 재앙을 유발한 인간에게 내리는 하느님의 형벌이다. 우리의 선조 아담과 이브의 타락과 함께 자연도 변하였다. 지구는 저주받았고, 별들의 영기도 사라졌다. 흙, 물, 불, 공기, 짐승, 새, 식물 등 모든 자연이 언제라도 우리를 공격하여 해를 끼칠 준비가 되어 있다. 물, 불, 쇠, 소금, 곡식, 꿀, 우유, 기름, 포도주, 옷 등 우리 인간의 삶에 없어서는 안 될 필수품들은 신을 공경하는 사람들에게는 더할 나위 없이 좋은 것들이지만, 신에게 죄를 지은 자들에게는 악이 되어버렸다.

하느님은 불복하는 우리 인간을 벌하기 위하여 불, 우박, 기근, 결핍 등을 준비해두었다. 하늘은 이상한 별의 출현과 일식이나 월식, 폭풍우, 태풍, 천둥과 번개, 이상고온이나 이상저온 등의 이상 자연현상으로 우리 인간들에게 경고를 보낸다. 여기에서 기근과 홍수, 지진, 가뭄이나 전염병 등이 발생하여 수많은 사람들이 죽게 된다. 이집트의 수도 카이로에서는 3년마다 주기적으로 30만 명이 전염병으로 죽었으며, 콘스탄티노플에서는 매 5년이나 7년마다 적어도 20만 명은 죽는다. 중국이나 일본 등지에서 자주 발생하는 지진은 단 일격에 여섯 개의 대도시를 삼켜버리기도 한다. 물의 분노를 생각해보자. 분노한 물은 촌락과 마을은 물론 대도시조차도 단숨에 쓸어버리며, 교량과 전답도 삽시간에 흙탕물 속에 묻어버린다. 때로는 어떤 섬 하나 전체를 그 섬에 살고 있는 모든 주민들과 함께 삼켜버리기도 한다. 1230년 프리슬란트[5]에서 발생한 태풍은 나라 전체를 물바다로 만들어버렸으며, 그 나라 주민들은 물론 모든 가축들도 물에 빠져 죽었다. 불이 가져오는 재앙은 또 어떠한가. 이 또한 한 도시 전체를 삽시간에 잿더미로 만들어버리는 흉악하고 잔인한 자연이다. 시인 뷰캐넌[6]이 말한 바와 같이 :

불이 남겨놓은 것은 물이 쓸어가버리고,
물이 남겨놓은 것은 악성 공기가 모두 흙으로 돌려보냈도다;
전쟁에서 살아남은 사람들은 이번엔 전염병이 데려갔다네.

인간과 적대 관계에 있는 생물들이 얼마나 많은가 어디 한번 생각해보자. 사자, 늑대, 곰 등 어느 것 하나 인간과 화목한 동물은 없다. 이들은 억센 발굽으로, 날카로운 이빨로, 뾰족한 뿔로, 발톱으로 인간의 생명을 위협한다. 독사를 비롯한 다른 수많은 독을 가진 동물들은 그 무서운 독니로, 독을 내뿜는 숨결로 언제 어디서고 우리를 공격할 준비가 되어 있으며 그 흉악한 모습만으로도 우리를 죽이기에 충분하다. 겉으로 보아서는 멀쩡한 식물, 물고기, 나무 열매, 과일들도, 씨앗이나 꽃들도 만지기만 하면

---

5 프리슬란트(Friesland) : 네덜란드 북부지방.
6 뷰캐넌(George Buchanan, 1506~1582) : 스코틀랜드 출신의 인문주의자, 시인. 프란체스코 수도사들을 풍자한 글을 쓴 이유로 한때 감금당함. 프랑스로 탈출, 여러 대학에서 가르침. 몽테뉴를 가르친 것으로 유명함.

우리에게 심각한 질병을 일으키며 때로는 치명적일 수도 있다.

그러나 뭐니 뭐니 해도 우리 인간에게 가장 큰 적은 바로 우리 인간이다. 사탄의 속임수에 빠져 죄를 지은 인간은 남에게는 물론 자기 자신을 망가뜨리는 데 가장 우수한 존재다. 인간은 다른 인간에게는 물론 자기 자신에게 살인자가 될 수 있고, 여우도 될 수 있고, 늑대도 될 수 있고, 사탄도 될 수 있다. 우리 인간은 한 하느님의 창조물로서 모두 하나의 형제다. 그리고 동시에 하느님의 종복이다. 그러나 인간처럼 같은 다른 인간을 무시하고, 욕하고, 고문하고, 괴롭히는 데 즐거움을 느끼는 그런 이상스러운 창조물은 그 유례가 없다. 전쟁과 전염병, 그리고 기근의 참상을 목격한 다윗은, "신이여, 제발 나를 그 잔인하고 사악한 인간들의 손에 떨어지지 않게 도와주소서!"라고 기도하였다. 시인 오비디우스는 다음과 같이 말하였다;

형상은 인간이나, 그 단어에 알맞은 인간은 희귀하다.
때때로 인간은 배고파 울부짖는 늑대들보다 더 흉악하다.

우리는 전염병의 확산을 예견할 수 있으며, 또 그것을 피할 수도 있다. 점성술사들은 전염병, 기근, 태풍 등을 예견하여 우리에게 경고한다. 지진, 홍수, 건물의 붕괴, 화재 등은 흔히 야금야금 다가오며 오기 전에 미리 어떤 종류의 신호를 보낸다. 그러나 도둑질, 사기, 해코지, 악행에 물든 인간들은 이 경고를 알아차릴 수 없으며, 그 재난을 예방할 방법도 찾지 못한다. 외부에서 침입한 적은 성벽을 쌓아 막아낼 수 있으며 도둑은 무기를 들고 불침번을 서서 방비할 수 있다. 그러나 인간의 사악함은, 인간의 사악한 행동은, 아무리 조심하고 아무리 잠을 자지 않고 눈을 부릅뜨고 경계해도 막아낼 수가 없다. 인간이 인간을 파괴하기 위하여 준비하고 마련하는 그 음흉스럽고 비밀스러운 방법과 계책은 무궁무진하기 때문이다.

우리 인간은 마치 서로 죽이기 위하여 이 세상에 태어나기라도 한 듯이 전쟁터에서는 단 한 차례의 전투에서 수백 명, 아니 수천 명이 죽는 일이 다반사로 일어난다. 인간이 발명한 고문의 도구는 그 종류가 우리의 신체를 이루고 있는 모든 지체와 내부기관의 숫자만큼이나 많다. 남을 탓하기 전에 우리는 먼저 우리의 부모들부터 조심하고 경계해야만 한다. 어떤 부모들은 생전에 저지르는 죄악과 방종, 그리고 무절제 때문에 그 자손들에게는 적이나 다름없다. 부모들은 때로는 자손들에게 유전병을 전함으로써 자손들에게 두고두고 말할 수 없는 슬픔을 준다. 이처럼 부모들조차 우리를 고문하며, 우리는 또 우리의 후손들에게 고통을 줄 준비가 되어 있다.

이처럼 인간은 천성이 악하다. 우리에게 가장 크고 무서운 적은 바로 우리 인간 자신이다. 우리는 신이 우리에게 내려준 모든 선하고 좋은 것들―건강, 재산, 힘, 지능, 재주, 기억력 등을 잘못 사용함으로써 우리 스스로를 파괴할 방도만을 찾기에 여념이 없다. 우리의 비극은 모두 우리 스스로의 책임이다. 우리는 우리 스스로를 무너뜨리기 위하여 단단히 무장한다. 우리는 우리에게 커다란 이익과 도움을 주기로 되어 있는 이성, 판단력, 기술 등을 반대로 우리를 죽이는 데 사용한다. 헥토르가 오랫동안 조국을 방어하는 데 사용해온 칼을 아이아스[7]에게 주었더니, 아이아스는 이 칼로 선량한 사람들을 마구 죽였으며, 나중에는 결국 자신의 배를 찌르고 죽는 데 사용하였다. 신이 우리에게 유용하게 사용하도록 주신 모든 방법과 수단은 잘만 사용하면 그것은 우리에게 커다란 복을 가져다준다. 그러나 잘

---

7 아이아스(Aias) : 호메로스의 『일리아스』에 나오는 그리스군 장군. 헥토르와 1대 1 결투를 벌였으나 승부가 나지 않자, 존경의 뜻으로 아이아스는 허리띠를, 헥토르는 칼을 서로에게 선물함.

못 쓰게 되면 그것은 하나의 커다란 재앙으로 바로 우리에게 돌아온다.

우리에게 모든 불치의 병을 가져다주고, 온전한 신체적 기능을 마비시키고, 노쇠를 촉진하고, 급기야는 우리를 예기치 않은 죽음으로 몰아가는 장본인은 바로 우리의 무절제다. 마지막으로 우리를 십자가에 매다는 것은 우리의 어리석음과 광증, 절제하지 못하고 정욕에 굴복하고 마는 유약함이다. 이런 이유로 인간은 짐승으로 전락하게 되는 것이다. 아가멤논[8]을 보라. 그가 자신의 마음을 제어하고, 정욕과 광증으로부터 해방되어 마음이 기쁘고 선하였을 때는 외모에서는 물론, 용기와 지혜에서도 제우스나 다름없는, 바로 신과 같은 인물이었다. 신이 따로 없었다. 그러나 그가 성이 나서 날뛸 때는 한 마리의 사자요, 호랑이요, 개였다. 그에게서 전에 있었던 제우스의 용모는 흔적도 찾아볼 수 없었다.

이와 같이 우리 인간은 이성의 지배를 받고, 우리의 과도한 욕망을 제어하고, 신의 말씀에 따라 행동하는 한 살아 있는 성자다. 반면에 우리가 정욕이나 분노, 야망과 오만에 굴복하여 그들의 지시에 따라 행동할 때 우리는 모두 짐승의 수준으로 타락하는 것이며, 신의 분노를 일으켜 우리가 저지르는 죄악에 대한 신의 공평하고 정의로운 처벌로써 모든 종류의 불치의 질병은 물론, 내가 앞으로 이 글에서 집중적으로 언급하고자 하는 우울증을 우리 인간에게 가져온다.

---

8 아가멤논(Agamemnon): 트로이 전쟁에서 그리스군 총사령관이자 아르고스의 왕. 메넬라오스의 형으로서 파리스와 함께 트로이로 도주한 제수이자 처제인 헬레네를 다시 찾아오기 위하여 그리스 군단을 지휘하여 출정함.

질병의 정의와 종류

자고로 모든 의사들은 나름대로 질병에 대해 정의를 내린다. 페르넬[9]은 "병이란 자연스럽지 않은 심신의 상태"라고 규정하였다. 푹스[10]와 크라토[11]는 "몸 전체나 일부에 신체의 정상적인 행동을 방해하는 장애나 고통, 또는 그런 변화"를 병이라고 불렀다. 톨로사누스[12]는 "건강이 마음과 몸 사이에 존재하는 완전한 균형이 유지되는 상태인 반면, 질병은 심신 간의 밀접한 유대관계가 무너진 상태"라고 정의하였다. 의사 라베오는 "자연에 반하는 잘못된 신체의 상태, 그리고 신체의 사용을 방해하는 상태"로 정의하였다. 다른 의사들도 제각기 나름대로의 정의를 내리고 있으나 그 내용에서는 대동소이하다.

이 지구상에 존재하는 질병의 종류가 과연 얼마나 되는지는 정확하게 알 수 없다. 플리니우스는 머리끝에서 발가락까지 약 300개가 넘는 종류의 질병이 있다고 말하였다. 어느 곳에서 그는 말을 바꿔 그 종류는 무한정하다고 하였다. 모두 소용없는 소리다. 그 당시에는 그렇다 치고 오늘날에 와서는 어떤가? 그 숫자는 훨씬 더 늘어났을 것이다. 과거에는 듣지도 보지도 못한 새로운 질병이 계속 세상에 나타나고 있지 않는가? 갈레노스도, 히포크라테스도 몰랐던 천연두와 같은 이상한 전염병들이 생겨났다.

알고 보면 이 세상에 병을 앓고 있지 않는 사람은 없다. 아무리 건강하다고 하더라도 몸과 마음 어느 한 부분이나 한구석에 어떤 장애를 가지고

---

9   페르넬(Jean Fernel, 1497~1558) : 프랑스의 의사, 천문학자, 수학자. '현대판 갈레노스'란 별명이 있음.
10 푹스(Leonhart Fuchs, 1501~1566) : 독일의 식물학자.
11 크라토(Johannes Crato von Krafftheim, 1519~1585) : 독일의 인문주의자이자 신성로마제국의 궁정의사.
12 톨로사누스(Petrus Gregorius Tholosanus, 1540?~1597) : 프랑스의 법학자이자 철학자.

있지 않는 사람은 없다. 그 정도와 다소의 차이만 있을 뿐 우리는 누구나 할 것 없이 모두가 환자다. 플리니우스의 기록에 의하면 제노필루스란 음악가는 일생 동안 아무런 병을 앓는 일이 없이 무려 105세까지 살았다고 하는데 이런 경우는 백 년에 한 번, 아니, 천 년에 한 번 있을까 말까 한 경우다. 어떤 사람은 병 없이 오래 살기 위한 하나의 방법으로 자기 몸을 수시로 포도주와 올리브 기름 속에 담갔다고 한다. 나이가 많은 노인들이 흔히 자기는 일생 동안 단 한 번도 아파본 기억이 없노라고 뽐내어 말하는 경우를 우리는 가끔 목격할 수 있다. 또 한 사람은 어린아이를 자기에게 맡기면 자기가 조리하는 음식만을 먹게 하여 400세 넘게 살 수 있게 만들 수 있다고 큰소리를 치기도 한다. 어떤 의사들은 사람의 수명은 얼마까지라고 단정지어 말할 수는 없으나 절제 있는 생활태도와 알맞은 운동, 그리고 치료에 의하여 연장될 수 있다고 주장한다. 모두가 일리가 있는 말이다. 그러나 우리 모두가 경험으로 잘 알고 있듯이 삶에서 질병의 피할 수 없다는 것이 엄연한 사실이다. 일찍이 시인 헤시오도스[13]는 말했다 :

땅에도, 바다에도, 질병으로 가득하다.
밤에도 낮에도 질병은 인간을 덮친다.

습관이나 체질에서 오는 우울증

내가 이제부터 다루고자 하는 우울증이란 그때그때의 마음의 상태 또

---

13 헤시오도스(Hesiodos, BC 8세기경) : 그리스의 시인. '그리스 교훈시의 아버지'로 칭송됨. 대표작에 『하루하루의 삶』과 『신들의 이야기』가 있음.

는 기분이라고도 할 수 있고, 또는 하나의 개인적인 버릇 내지 습관일 수도 있다. 마음의 상태로서의 우울증이란 사람이 슬픔, 병, 필요, 괴로움, 두려움, 격렬한 사랑, 심적 동요, 근심과 걱정, 변민, 불만, 사색 등에 빠지게 되었을 때 찾아와 우리에게 고통과 번민을 유발하거나 가슴을 답답하게 만들고, 머리를 무겁고 흐리멍텅하게 만드는 일시적인 증상으로서, 이것이 한 번 찾아오면 그 사람은 삶의 즐거움과 활력, 기쁨 같은 것을 상실하게 되고, 대신 이유 없이 화를 내거나 삐치고 다른 사람을 싫어하게 된다. 이 증상이 찾아온 사람은 갑자기 쾌활함과 상냥함을 잃어버리고 멍하고 뚱해지며, 뿌루퉁해지고, 몸의 움직임이 둔해지며, 불만스럽고 슬픈 표정을 하며, 걸핏하면 짜증을 내며, 사람과 만나기를 싫어해 혼자 있고 싶어한다.

그리고 이 증상으로부터 완전하게 해방된 자유로운 사람은 없다. 성자도, 현자도, 행복한 사람도, 참을성이 많은 사람도, 관대하고 너그러운 사람도, 때때로 원하지 않아도 찾아오는 이 손님의 방문을 거절할 수 없다. 제아무리 성품이 온화하고 심신의 훈련이 잘 된 사람이라 하더라도 언젠가는 이 우울증의 따끔한 맛을 보지 않을 수 없다. 어쩌면 이 우울증은 유한한 인간의 불가피한 속성이기도 하다. 여성의 몸으로부터 태어난 인간의 삶은 고통으로 가득 차 있으며, 고통의 연속이다. 만인이 우러러보는 철학자 제논[14], 카토, 소크라테스와 같은 사람들은 항상 마음의 절제와 평온의 모범으로서, 이 세상 어떤 일도 이들의 마음을 흔들어놓지 못하였다고 말하고 있다. 이들은 언제나 한결같이 마음의 평정과 평화, 그리고 기쁨과 행복을 누린 것으로 되어 있다. 그러나 소크라테스의 제자였던 플라톤의 기록에 의하면 (우리가 그 기록을 사실이라고 믿는다면), 소크라테스도 이

---

14 제논(Zenon, BC 5세기경) : 그리스의 철학자. 금욕주의 철학의 시조.

우울증 때문에 무척 괴로움을 겪은 것이 사실이다.

로마 원로원 의원이요 집정관을 지낸 메텔루스[15]와 같은 사람은 누가 보아도 행복의 모든 조건을 갖춘 사람이었다. 세계 최대 최고의 문명 도시 로마에서 태어나 당시 살아 있는 사람으로서는 가장 축복받은 사람이라는 칭송을 받았던 그는 귀족 가문에 태어나 아주 온전하고 평범한 한 인간으로서 문무의 재덕을 모두 갖추었고, 건강하였으며, 부자였고, 높은 공직자의 명예를 누렸으며, 아름다운 아내와 행복한 결혼 생활을 하였으며, 총명하고 효성스러운 자식들을 여럿 두었다. 그런데 이 사람도 그 나름대로의 슬픔이 있었으며 우울증에서 벗어날 수 없었다. 우울증에 시달리던 한 사람은 자신의 우울함을 이기지 못한 나머지 결혼반지를 빼어 바다에 던져버렸다. 그런데 신기하게도 자기가 낚은 물고기 배에서 그 반지를 다시 회수하게 되었다. 친구들의 많은 축하를 받았으나 그는 아무런 감정의 반응을 나타내지 않았다. 그는 계속 무거운 얼굴이었다. 우울증을 떨쳐버릴 수 없었다.

자기 스스로의 힘으로 이 병을 고칠 수 있는 사람은 없다. 시인들의 말에 의하면 신들조차도 때로는 분노와 욕정을 이겨내지 못하고 큰 잘못을 저지른다. 우리 인생은 하늘과 같다. 때로는 맑고 화창하고, 때로는 구름이 잔뜩 끼어 어둡고 우울하고, 때로는 조용하고 평화로우나, 수시로 폭풍우가 친다. 장미의 경우에서 보듯이 아름다운 꽃에도 가시가 있어 우리의 손을 찌른다. 한 계절과도 같이 온화한 여름이 있는가 하면 가혹한 겨울이 있고, 극심한 가뭄으로 모든 식물들을 말려 죽이는가 하면 자비로운 비도 내려준다. 이처럼 우리의 삶도 기쁨, 즐거움, 희망, 두려움, 슬픔, 고통이

---

15 메텔루스(Quintus Caecilius Metellus, ?~BC 115?) : 로마의 장군으로서 마케도니아와 그리스를 정복함. 집정관과 감독관을 지냄.

얽히고설켜 있는 것이다. 즐거움과 고통의 연속이다. 세네카의 말처럼 :

바로 이 즐거움의 샘물에서
즐거움을 없애버리는 쓰디쓴 물도 솟는다오.

솔로몬이 말하였듯이, "웃음 속에도 슬픔이 있다." 즐거운 잔치가 벌어지고 있는 속에도 불만과 슬픔이 있다. 다디단 꿀 속에도 쓰디쓴 쓸개즙이 들어 있으며, 즐거움 한 돈 뒤에는 으레 고통 한 돈이 기다리고 있다. 한 치의 환락 옆에는 한 치의 신음이 기대어 밋밋하게 자라는 참나무 둥치와 줄기에 담쟁이 넝쿨이 악착같이 달라붙듯이, 우리의 삶에도 온갖 종류의 불행과 불운이 달라붙는다. 그러니 자기의 인생은 언제나 행복하고 즐겁기만 하리라고 바라거나 생각하는 사람이 있다면 그는 참으로 어리석기 짝이 없는 사람이다. 우리 인간이 지구상에 있는 것은 천사들이 천국에 있는 것과는 사뭇 다르다. 태양이나 달과 같은 천체처럼 영구히 아무런 장애나 변화 없이 정해진 대로 정해진 궤도를 수천 년 수만 년 계속할 수 있는 존재가 아니다. 인간은 언제나 질병과 비극을 겪을 운명을 타고났으며, 수시로 그 진로가 불행과 불운에 의하여 방해를 받아 끊어지고, 파괴되고, 하늘 위로 치솟기도 하고, 언덕 아래로 굴러떨어지기도 한다. 가랑잎과도 같이 조그만 바람에도 휘날려 어디론가 날아가버리는 연약한 존재가 우리 인간이다.

그렇기 때문에 이런 엄연한 사실을 인식하지 못하고 있다든가, 이런 불운과 비극을 견디어낼 마음의 준비가 되어 있지 않은 사람은 이 험난한 세상을 살아갈 자격이 없다고 말해도 지나치지 않는다. 이런 인생의 고초를 이겨내고 참아낼 수 없거든 일찌감치 보따리를 싸 저세상으로 떠나는 것이 상책이다. 왜냐하면 이런 고초를 회피할 수 있는 다른 방법은 없으니까. 단단히 무장하라. 인내력으로, 너그러운 마음으로, 불행에 대항하여 싸워 이기고 용감한 군인처럼 고통을 견디어내 승리할 수 있도록 미리 대비하고, 준비하고, 무장하라.

그런데 문제는 나의 이와 같은 진지한 충고를 기꺼이 받아들여 올바르게 사용할 수 있는 사람이 지극히 적다는 사실이다. 그들은 전과 마찬가지로 걸핏하면 불같이 성내고, 어린아이처럼 눈물을 흘리고, 누군가를 원망하고, 한탄하며, 자기 스스로를 근심과 걱정의 구렁텅이 속으로 몰아넣는다. 이런 이유로 꾀병을 자주 앓는 사람이 정작 그 병에 걸리듯이, 이 걱정과 근심을 벗으로 삼는 이런 증상도 시간이 흐르면서 하나의 질병으로 발전한다. 결국 우울증은 한순간 순간의 마음 상태에서 그 사람의 고질적인 하나의 습관으로 굳어진다. 허파의 팽창은 가끔 기침을 유발한다. 그러나 그런 기침을 습관적으로 계속한다면 허파의 기능에 손상을 가져와 심각한 질병이 된다. 이와 마찬가지로, 일시적으로 우리를 공격하는 우울증도 그 빈도가 심해지도록 허용한다면 심각한 질병으로 발전할 수 있다.

우리 몸은 체온 변화에 따라 몸속에 분비되는 체액도 증가하기도 하고 감소하기도 하는 것처럼, 우리의 정신상태와 마음가짐은 우울증에 대한 저항력에 영향을 끼친다. 벼룩에 물린 사람의 경우를 가지고 설명해보겠다. 벼룩에 물려본 경험이 있는 사람은 누구나 알고 있겠지만 그 고통 또한 쉽게 참을 수 없는 것이다. 그런데 어떤 사람은 이 고통을 의연하게 잘 참고 견디어 극복하는가 하면, 어떤 사람은 야단법석을 떨어 주변에 있는 다른 사람들까지도 괴롭힌다. 마찬가지로 어떤 사람은 별것도 아닌 비난, 손해, 슬픔, 분노, 헛소문 등에 자제력을 완전히 잃고 얼굴이 시뻘개져 식식거리고, 소화불량에 걸리고, 잠을 못 자고, 의기소침해지고, 가슴이 답답해지고, 우울증에 빠진다. 이것은 마치 어떤 사람이 빚을 갚지 못하여 채무불이행 죄로 감옥에 가게 되면 지금까지 그 사람에게 돈을 빌려주었던 사람들이 자기의 돈을 건지기 위하여 한꺼번에 몰려와 아우성을 치는 경우와 같다고 하겠다. 이처럼 사람이 어떤 한 가지 병에 걸리게 되면, 닫혔던 문이 열리면서 기다리던 사람들이 한꺼번에 밀치고 들어오듯이, 지금까지 조용히 있던 다른 증상들까지도 덩달아 덤벼들게 되는 법이다. 이렇게 되면 그 사람은 다리를 저는 강아지나 날갯죽지를 상한 거위처럼 시름시름 앓기 시작하여 나중에 가서는 결국 내가 말하고자 하는 우울증이라는 중병에 걸리고 마는 것이다.

과학자들은 더위와 추위의 정도를 분류할 때 각각 8도를 사용하지만 이 우울증의 종류와 정도, 그것이 침입하는 부위와 깊이, 심각성을 모두 나타내기 위하여서는 88도 정도는 필요하다. 처음 우울증 증세에 노출되면 기분이 좋기도 하고 나쁘기도 하며, 아주 그 기세가 맹렬하여 그 사람을 사로잡아 아무 다른 일을 못 하게 하기도 하지만, 그렇다고 그 사람이 내가 여기에서 말하고자 하는 바로 그 우울증에 걸렸다는 것은 아니다. 왜냐하면 이 모든 우울증의 증세는 대부분 일시적인 현상으로서, 시간이 조금 지나면 언제 그랬냐는 듯이 자취를 남기지 않고 스스로 떠나버리기 때문이다. 내가 지금부터 해부하고자 하는 우울증은 이처럼 일시적으로 왔다가 가버리는 정도의 것이 아니고, 한 번 찾아오면 좀처럼 떠나지 않고 우리를 괴롭히는 하나의 고질적인 습관 같은 것으로서 심각한 질병이며 동시에 만성적이며 고정된 것이다. 오랜 시간에 걸쳐 형성되고 굳어진 것이기에 그것을 제거하거나 치료하기도 매우 어려운 중증이다.

신체와 해부학

이제부터 우울증을 심각한 하나의 고질병으로 다루기에 앞서 우리 신체의 해부학적 지식과 정신적 기능에 대하여 미리 공부해둘 몇 가지 중요한 사실들을 소개하겠다. 왜냐하면 이 우울증을 의학적으로 설명하고 이해하기 위하여서는 전문적인 어려운 술어들을 기억해두어야만 하기 때문이다. 그 술어의 뜻을 정확하게 모르고 덤벼드는 사람은 이것이 무엇을 지칭하는 것인지, 어떤 모양을 하고 있는지, 어디에 위치하는지, 우리의 몸속에서 어떤 기능을 하고 또 어떤 역할을 담당하고 있는지 모를 것이기에 자연히 나의 설명도 잘 이해하지 못할 것이 분명하다. 그리고 이 우울증에 대하여 보다 정확하게, 그리고 깊숙이 연구하여 들어가는 사람들 중에는 여기에서 그치는 것이 아니고 필연적으로 우리의 창조주를 찬미하게 될 뿐만 아니라 세상물정에도 밝아져 시장에 나가 물건 흥정하는 일, 사고파는 일, 좋은 말 구매하는 데, 좋은 매 사는 데, 좋은 사냥개 고르는 일 등에도 도가 트이게 된다.

인간은 참으로 신기하기 그지없게 만들어진 창조물이다. 그러나 통탄해 마지않을 일은 대부분의 우리 인간들은 무지하게 무식하여 우리 몸과 영혼에 대하여 아는 것도 없고 또 알려고도 하지 않는다는 것이다. 육체와 정신이 어떻게 상호 연관되어 있으며, 어떤 기관들로 이루어져 있으며, 이런 기관들은 어떤 역할을 하는지에 대하여 알지 못한다. 그러니 우리 인간과 개의 차이를 알 수가 있겠는가? "사람이 신체의 구조와 기능을 모르는 것만큼 창피스럽고 더러운 일은 없다"고 철학자 멜란히톤[16]은 크게 질타하였다. 옳은 꾸짖음이다. 신체의 구조와 기능에 대한 정확한 지식은 개인의 건강을 유지함에는 물론, 그의 종교관, 우주관, 세계관, 그리고 그의 사회생활, 그리고 그의 행동과 매너에도 지대한 영향을 미친다.

---

16 멜란히톤(Philipp Melanchthon, 1497~1560) : 독일의 신학자, 종교개혁가. 마르틴 루터와 함께 프로테스탄트 개혁운동을 지도했음. 비텐베르크대학에서 그리스어와 신학을 가르침. 많은 신학적 논문과 저서가 있음.

신체, 체액, 기의 구분

우리의 몸을 이루고 있는 요소들을 나누어보자면 여러 가지가 있을 수 있다. 그중 하나가 '체액(humour)'이라는 것이다. 체액이란 우리 몸속을 흐르고 있는 일종의 액체로서 우리가 태어날 때부터 선천적으로 몸속에 가지고 있을 수도 있고, 후천적으로 외부로부터 생겨날 수도 있으며 습득할 수도 있다. 이것은 우리가 먹는 음식물 속에 들어 있는 영양분에 의하여 간에서 분비되는 액체의 작용에 따라 자연적으로 매일 몸속에 생겨나는 것으로서 네 가지 종류로 분류할 수 있다. 이 네 가지 종류의 체액이 계속 우리 몸속에 알맞은 비율로 균형 있게 분비되고 유지될 때 우리는 건강한 것이다. 일종의 과일 주스와 같은 이 네 종류의 체액은 사람이 생명을 유지하는 데서 절대적으로 중요한 요소로서 우리의 피 속에 들어 있지만 그것이 우리 몸과 마음에 미치는 서로 다른 영향에 따라서 네 가지로 분류된다.

우선 피가 있다. 피는 뜨겁고, 달콤하고, 온화한 붉은색의 액체로서 간의 대부분을 형성하고 있다. 이것은 혈관을 통하여 우리 몸 전체에 영양분을 공급하고, 우리 몸에 힘과 활력을 준다. 이것이 있기 때문에 우리의 심장 속에 먼저 활기가 생겨나며, 이 활기는 동맥을 통하여 신체의 다른 부분에 전달되는 것이다.

다음으로는 담이다. 이것은 차고 습한 체액으로서 간의 냉한 부분에서 생겨나는 것이다. 이것의 기능은 우리 몸에 영양분을 주고 동시에 몸에 수분을 알맞게 유지시켜 우리의 혀 같은 기관을 항상 축축하게 유지하는 기능이 있다.

다음은 담즙, 이것 역시 간에서 분비되는 체액으로 주로 쓸개에 모여 있다. 뜨겁고 건조하며 쓰디쓴 맛의 액체다. 이것은 우리 신체의 열과 감각을 조절하는 기능이 있다. 우리 체내에서 생겨나는 모든 불순물과 잉여물질을 몸 밖으로 내보내는 역할도 담당한다.

마지막으로 우울증의 원인이 되는 검은 담즙, 즉 '멜랑콜리'가 있다. 이것은 차갑고, 건조하며, 끈적끈적한 검은 빛깔의 액체로 신맛이 난다. 이것 역시 우리 몸에 영양분을 공급하는 간에서 분비되는 체액으로, 비장(지라)에 의하여 다시 정화된다. 이것은 우리 체내의 두 가지의 뜨거운 액체인 피와 담즙이 과다하게 생겨나는 것을 억제하며, 특히 우리의 뼈를 튼튼하게 유지시켜준다.

이상에서 언급한 네 가지 체액들은 우리 우주를 이루고 있는 네 가지 근본 요소, 즉 물, 불, 공기, 흙과 크게 유사하고 연관이 있으며, 동시에 우리 인간의 네 가지 단계, 즉 생, 성, 노, 사와도 밀접한 관계가 있다.

이 네 가지 체액 외에 또 한 가지 첨가할 것이 있다면 그것은 오줌과 땀, 그리고 눈물 등과 같은 배설물의 근본을 이루고 있는 유장(乳漿)이다.

우리의 정신이란 알고 보면 네 가지 체액 가운데서 제일 먼저 언급한 피에서 나오는 가장 예민한 기 또는 김이라고 말할 수 있다. 이것은 영혼의 본질로, 이에 관련된 모든 일을 해낸다. 신체와 영혼 사이에 존재하는 공통적인 연결고리 또는 중매자이기도 하다. 이 정기의 근원지는 심장일 것이라고 알려져 있다. 일단 여기서 생겨나 뇌로 옮겨지며, 뇌로 이동하고 나서부터는 다른 성질을 갖게 된다. 우리 몸에서 가장 중요한 역할을 담당하고 있는 세 가지 부분은 뇌, 심장, 그리고 간이다. 우리의 정신도 이에 따라 자연적인 정신, 생동적인 정신, 그리고 동물적인 정신, 세 가지로 분류될 수 있다. 자연적인 정신은 간에서 생성되어 정맥 혈관을 통하여 몸 구석구석까지 전달되며 우리의 일상적이며 정상적인 임무를 수행한다. 생동적인 정신은 자연적인 정신 내부에서 만들어지며 동맥 혈관을 통하여 우리의 신체 각 부분에 전달된다. 만약에 이 정신이 활동 중단되면 우리가 기절하거나 가사상태에 빠지거나 생명이 끊어지는 일이 벌어진다. 동물적인 정신은 생동적인 정신에서 생성되어 우리의 뇌로 전달되며 신경을 타고 신체의 각 부분으로 분산되어 지각과 운동을 가능하게 한다.

우울증의 정의, 종류, 그리고 차이

일종의 준비 단계로서 이 정도 우리 인간의 몸과 마음을 해부하였으니 나는 이제부터 본격적으로 내가 앞서 제안한 우울증에 관한 논의를 시작하고자 한다. 우선 이 우울증이란 과연 무엇인가에 관하여 명쾌한 정의를 내리고 그 명칭과 차이점을 논하고자 한다. 우선 이 우울증(melancholy)은 그리스어 'melancholia'에서 왔는데, 이는 '검다'는 뜻의 'melania'와 앞서 설명한 '담즙(choler)'의 합성어이다. 즉 '검은색으로 변한 담즙'이란 뜻이다. 명칭은 그렇다 치고 이것이 과연 하나의 병인지, 아니면 병의 원인인지 또는 그 결과인지, 또는 그저 단순히 하나의 어떤 증상인지를 놓고 의견이 분분한 것은 사실이나, 나는 여기서 단정지어 말하지 않겠다. 우울증에도 그 종류와 증상, 그 정도의 심각성 등이 너무나 다양하여 간단히 정의 내리기 불가능하기 때문이다.

프라카스토로[17]는 그의 저서에서 우울증은 우리 몸속에 있는 네 가지 체액 가운데 하나인 담즙에 이상이 생겨 검은색으로 변한 것이 과다 분비되는 경우를 말하며, 이런 사람은 만사에 의욕을 잃거나, 어떤 한 가지 문제에 집착하여 다른 생각을 하지 못하거나, 멍청해지거나, 심한 경우에는

---

17 프라카스토로(Girolamo Fracastoro, 1483~1553) : 이탈리아 출신의 의사, 천문학자, 시인. 현재 매독(syphilis)이란 병명은 그의 『매독 또는 프랑스병』이라는 의학서적의 제목에서 유래하였음.

정신이상이 생기기도 한다고 적었다. 멜라넬리우스는 이 증상이 심해지면 심사가 고약해지고 만사에 심술과 심통을 부리게 되며, 나중에는 짐승의 수준으로까지 퇴화한다고까지 말하였다. 갈레노스는 이 증상은 뇌의 중간에 위치한 세포들이 감염되었거나 소멸되었을 때 나타난다고 말했으며, 이 증상이 발생하면 마음이 항상 불안하고 초조해지며, 한 가지 일에만 매달려 골똘히 그 한 가지만 생각하게 되지만 몸에 오한이 일어나지는 않는다고 말하였다.

이상의 설명과 정의 외에도 수많은 사람들이 이 증상에 대하여 언급하고 있지만 대동소이하다. 결론적으로 정리하자면 이렇다. 우울증은 몸에 열은 나지 않는다. 마치 노인들에게 있는 노망 같은 것으로서 그 원인은 알 듯 말 듯한 것이다. 분명한 사실은 이 증상을 가지고 있는 사람은 주변의 사람들에게 말할 수 없는 고통과 슬픔을 가져다준다는 것이다. 이것이 마음의 병이라는 점에서 노인들에게 흔히 있는 중풍과는 다르지만 그것이 주위의 사람들에게 미치는 효과와 결과에서는 같다고 하겠다.

우울증과 노화

노인들 이야기가 이왕 나왔으니 말이지만 노인처럼 내가 말하고자 하는 우울증의 증상을 우리 주변에서 가장 잘 극명하게 보여주는 경우도 드물다 하겠다. 노인이 된다는 것은 그 자체가 하나의 병이다. 살아 있는 사람이라면 누구도 피할 수 없고 투정할 수도 없고 인정하지 않을 수 없는 이 심신의 노화 현상은 몸이 차지고 건조해지고 신체는 물론 정신과 기백, 용기 같은 것은 점점 줄어드는 반면, 체내에 우울증의 원인이 되는 건조한 체액이 증가한다는 사실에서 우울증의 증상과 일치한다. 그렇기 때문에 멜란히톤은 아리스토텔레스를 인용하여 말하기를, 노인이 노망을 부리는 것은 노인의 체내에 갑자기 증가한 '검은 담즙' 때문이며, 이것은 어쩔 수 없는 자연의 현상이라고 결론지었다. 그래서 아랍의 의사 라제스[18]는 "노망은 나이가 많이 든 허약한 노인에게서는 필요한 동시에 불가분의 현상이다"라고까지 말하였다.

"사람이 칠십 세가 지나면 모든 것이 고통이요, 슬픔이다"라고 시편의 저자 다윗 왕은 적고 있으며, 이 말의 진실성은 이제 나이 들어 늙고 허약한 사람들은 누구나 경험으로 확인할 수 있다. 특히 젊어서는 그 누구보다 활동적인 삶을 살았고, 높은 관직을 지냈으며, 큰 사업을 경영하였고, 전쟁터에서 많은 부하들을 호령했고, 집에서는 수많은 하인들을 부리던 사람이 어느 날 갑자기, 카를 5세가 필리페 왕에게 자리를 물려주고 시골로 물러난 것처럼, 모든 것을 포기하고는 이상한 짓을 하는 경우가 있다. 우울증에 걸린 것이다. 이 병이 지속되는 상태를 우리는 상식적으로 말해서 노망이 들었다고 하는 것이다.

늙으면 사람들은 다시 어린애가 된다. 이제는 자기의 재산도 관리할 수 없게 되며, 몸이 아프고 쑤시고 시리며, 어린애처럼 항상 불평하고 슬퍼하며 운다. 자리에 앉을 때나 일어설 때는 여러 번 끙끙거리고, 혼자 무어라 중얼대며, 걸핏하면 화를 내고, 짜증을 내며, 쉽게 삐친다. 의심이 많아지고, 제멋대로이고, 부끄러움이 없어지고, 욕심이 많아지고, 만사에 무디어진다. 고집이 세어지고, 미신을 숭배하게 되고, 허풍쟁이가 되고, 자기 자랑이 심해지기도 한다.

이와 같은 자연적인 질병은 노인들 가운데서도 늙은 여자들에게서 더

---

18 라제스(Rhazes, 850~923) : 페르시아의 의사. 바그다드 최대 병원의 원장 역임. 140여 권의 의학적 저서를 남김. 그의 중요한 의학서는 라틴어로 번역되어 중세 유럽 의학 발전에 큰 영향을 미쳤음.

드러나는데, 이 가운데서도 특히 가난하고 홀로 사는 여자, 주위에 어떤 사랑이나 존경 또는 돌봄이 전혀 없는 여자, 구걸하는 여자, 소위 마녀라고 불리는 늙은 여자들에게 심하다. 소위 마녀라는 사람들이 말하는 이상한 상상력은 바로 이 우울증을 일으키는 검은 체액과 밀접한 관계가 있다는 것이 많은 의사들의 공통된 주장이다.

이 마녀라는 사람들이 과연 사람들이 말하고 믿는 바와 같이 주문을 외워서 남은 가축들을 죽게 만들고, 빗자루를 타고 굴뚝을 빠져나와 공중을 날아다니고, 마음대로 고양이나 개로도 변신하며, 몸을 분산시켜 동시에 여러 곳에 나타나기도 하며, 사람들을 산속으로 유인하여 함께 춤판을 벌이기도 하며, 악마들과 성교를 한다는 등의 소문들의 진위에 관해서는 논란이 많다. 더구나 이런 행위가 과연 내가 여기에서 말하는 우울증의 원인이 되는 검은 담즙, 즉 '멜랑콜리'의 체내 증가와 연관성이 있는가에 대해서도 의문을 제기하는 사람도 많다. 그러나 분명한 사실은 마녀들이 그런 놀라운 일을 한다는 이야기는 하나같이 거짓이다. 마녀란 단지 이런 저런 이유로 머리가 이상해진 사람들일 뿐이며, 일종의 우울증 환자일 뿐이다.

우울증과 부모의 책임

우리가 태어나서부터 죽을 때까지 걸리거나 앓게 되는 대부분의 질병이 그러하듯이 우울증도 부모로부터 타고나는 기질에 크게 좌우된다는 사실은 부정할 수 없다. 소위 유전적인 질병이 그것이다. 다시 말해서 아버지의 기질이 바로 아들의 기질이요, 아버지가 앓던 병을 아들이 앓게 되는 경우는 주변에서 쉽게 발견할 수 있다. 자식은 부모의 재산 상속자일 뿐만 아니라 질병 상속자이기도 하다. "혈색이 창백하고 신체가 허약한 아버지의 아들 또한 창백한 혈색과 허약한 신체를 타고난다"는 것은 베이컨의 말이다. 히포크라테스에 의하면, 자식은 부모들의 신체적 특징뿐만 아니라 부모들의 행동거지와 마음의 상태도 닮는다고 하였다. 자식은 부모라는 씨앗에서 나온 작물이다.

셀레우코스[19]는 넓적다리에 닻 모양의 반점이 있었는데 그의 자손들도 그랬다고 전해진다. 플리니우스의 기록에 의하면, 레피두스[20]는 생전 대단한 약사였으며 그의 아들도 그랬다. 그 어머니에 그 딸이라는 말도 그 아버지에 그 아들이라는 말처럼 대부분의 경우 사실이다. 어린아이들의 고약한 성질과 성품은 그 근원을 찾아 올라가 보면 부모에게 도달한다. 이런 의미에서 나는 이 우울증도 일종의 유전적 질병이라는 사실을 의심하지 않는다.

사람이 늙어서 자식을 낳게 되면 그 자식들은 대부분 좋지 못한 기질을 타고나며, 자주 질병에 걸린다고 한다. 한 걸음 더 나가 늙은이가 낳은 자식은 대부분 버릇이 없고, 심술궂으며, 항상 우울하고, 명랑한 법이 없다고 주장하는 의사들도 여럿 있다. 아버지가 음식을 너무 많이 먹은 상태에서 본 자식은 병약하거나 정신이 박약하다고 카르다노는 추정하였으며, 만취된 상태에서 본 자식이 머리가 명석한 경우는 거의 없다고 주장하였다. "주정뱅이 아비는 주정뱅이 자식을 낳는다"고 플루타르코스는 말하였다. 부모가 마늘이나 파와 같은 것을 너무 많이 먹거나, 식사를 너무 많이, 너무 빨리 하거나, 공부를 너무 많이 하거나, 어떤 일에 과도하게 슬퍼하

---

19 셀레우코스(Seleucus I, BC 358~BC 281) : 셀레우코스 왕조의 창건자. 알렉산더 대왕의 사후 분열된 제국의 승계권을 두고 싸웠던 디아도코이들 중 한 명으로, 정적들과 치열한 경쟁을 벌인 끝에 가장 넓은 영토를 확보했음. 넓적다리에 닻의 문양이 새겨진 채 태어났는데, 닻은 아폴론의 상징이므로, 그는 아폴론의 아들이라는 전설이 있음.
20 레피두스(Marcus Aemilius Lepidus, ?~BC 77?) : 로마의 귀족, 정치가, 장군. 시칠리아 총독 역임.

거나, 어떤 일에 크게 낙심하여 마음 상태가 크게 흔들렸거나, 당황하였다든가, 어떤 무섭고 끔찍한 일을 보고 큰 두려움을 느꼈다든가 한 상태에서 낳은 자식은 태어난 후 우울증은 물론, 심한 정신병에 걸릴 가능성이 아주 높다는 것은 카르다노는 비롯한 여러 학자들과 의사들의 주장이다.

문제는 똑똑한 부모에게서도 자주 바보가 태어나는 데 있다. 현명한 부모 사이에 어리석은 자식이 있는 경우 또한 그 반대의 경우만큼이나 허다하다. 유명한 문법학자 아리스타르코스[21]는 두 아들을 두었는데, 둘 다 그렇게 바보일 수 없었다고 한다. 에라스무스[22]는 반대로 어리석은 부모가 똑똑한 자식을 낳는다고 주장하였다. 카르다노는 학자들이 공부를 못하는 자식을 두게 되는 이유를 다음과 같이 설명하고 있다. 즉 심장을 비롯하여 신체 각 부분에서 생겨난 학자들의 정신력은 온통 뇌로 집중되며, 이 집중된 정신력은 과도한 공부에 의하여 소진되어 그 결과 그들의 뇌는 동물의 그것과 다름없는 것으로 변한다. 동시에 학자들은 자기들이 좋아서 하는 공부에 모든 기력을 소비하여 아내에 대한 의무는 아주 소홀히 하거나 적당히 하게 된다. 이런 상황에서 태어난 그들의 자식들은 약질이거나 바보, 천치인 경우가 많다.

자식의 기질이나 건강, 질병, 그리고 머리의 명석함과 아둔함에는 아비뿐만 아니고 어미의 영향력 또한 간과할 수 없다. 만약에 어미가 아기를 잉태하는 순간뿐만 아니라 그 아기를 자궁에 가지고 있는 동안 몸과 마음

---

21 아리스타르코스(Aristarchos, BC 220?~BC 150?) : 그리스의 문법학자, 문학비평가. 알렉산드리아 도서관에 살다시피 하면서 호메로스, 헤시오도스, 핀다로스, 아이스킬로스, 소포클레스 등 그리스 작가들의 작품들을 손수 편집. 현재 우리가 읽고 있는 호메로스의 『오디세이아』를 지금의 형태인 24장으로 처음 분류하고 정리함.

22 에라스무스(Desiderius Erasmus, 1466~1536?) : 네덜란드 출신의 인문학자. 세계 각국을 널리 여행했고, 영국에 정착하여 케임브리지대학에서 그리스어를 가르치며 저술에 힘씀. 대표작에 『우신(愚神) 예찬』이 있음. 북유럽 문예부흥의 지도자 중 한 사람.

을 너무 둔하고 무딘 상태로 가지고 있거나, 성을 내거나, 심술궂은 행동이나 생각을 하거나, 과도한 불만을 갖거나, 우울증을 나타내면, 그 어미가 낳은 아이도 필연적으로 그렇게 되거나, 아니면 더 나쁜 상태가 될 것이라고 페르넬은 주장하였다. 어미가 아기를 가진 상태에서 어떤 재난이나 비극을 만나 너무 슬퍼하거나 마음이 크게 흔들리거나, 너무 무섭고 끔찍한 물체를 목격하거나, 그런 이야기를 들어 크게 놀라거나 너무 무서워하게 되면 그런 어미의 심신 상태는 태어날 아기를 위험에 처하게 만들 뿐만 아니라 아기의 기질 내지 성품에 큰 해를 가져올 수 있다. 왜냐하면 어미의 마음 상태는 곧바로 태아의 심신 상태뿐만 아니라 아기의 외모에도 영향을 미치기 때문이다. 내 친구는 독일 비텐부르크시에서 한 시민을 보았는데, 그 사람은 꼭 걸어다니는 시체의 형상이었다고 한다. 나중에 알게 된 사실은 그 사람의 어머니가 그를 임신하고 있을 때 우연히 사람의 시체를 목격하게 되었으며, 그 순간 너무 놀라 기절하고 말았다는 것이다.

이처럼 우리는 우리의 조상들이 저지른 잘못과 실수 때문에 크게 고생하고 억울한 벌을 받는 경우가 허다하다. "우리가 이처럼 심신이 멀쩡하게 태어났다는 사실은 크나큰 축복이며, 오직 심신이 온전한 사람들만 결혼이 허락된다면 이것은 인류 전체를 위하여 참으로 다행한 일일 것이다"라고 말한 페르넬의 말에는 커다란 진리가 있다. 훌륭한 농부는 자기 땅에 가장 좋은 씨앗만을 뿌려 가장 좋은 곡식만을 거두어들인다. 마찬가지로 우리는 자손을 낳는 데 각별한 주의를 기울여야만 한다. 과거 어떤 나라에서는 이 문제에서 아주 까다롭고 엄격하여 만약에 태어난 아이가 심신에 장애가 있거나 불구일 경우에는 부모의 동의 없이도 내다버리기도 하였다. 보이티우스[23]의 증언에 의하면, 과거 스코틀랜드에서는 어느 남자가

---

23 보이티우스(Anicius Manlius Torquatus Sererinus Boethius, 480~524) : 로마의 철학자,

간질이나 정신이상, 통풍, 문둥병 등 자손에게 유전되는 위험한 불치의 병에 걸렸을 경우에는 즉시 강제로 거세되었다고 한다. 여자의 경우에는 아예 남자를 만나지 못하게 하였다. 혹시라도 이런 질병이 있는 여자가 임신을 한 것으로 판명되면 그 여자는 배 속에 있는 아기와 함께 생매장을 당하였다고 한다. 이런 잔인한 일은 공공의 이익을 위하여 온 국민이 병에 걸리지 않도록 하는 조치였다. 지금의 기준으로 보면 너무나 잔인하고 비인간적인 처사임에 틀림없으나 한편 자세히 이 문제를 관찰해본다면 수긍이 가는 면도 없지는 않다.

이 문제에 대하여 별로 심각하게 생각하지 않는 이 시대에 와서 모두가 쉽게 결혼할 수 있는 자유가 있으며, 이런 심각한 유전적인 질병에 대하여 아주 너그럽게 받아들이고 망각해버리는 이 시대에 와서는 어떤 사람도, 어떤 가족도, 이런 끔찍한 질병으로부터 안전한 사람은 없다. 그 사람이 바보이건 얼간이건, 절름발이건 불구이건, 무능력자이건 절제를 못 하는 사람이건, 건달이건 난봉꾼이건. 그 사람이 돈만 많은 부자인 경우에는 들에 나온 종마처럼 얼마든지 씨를 뿌릴 수 있다. 우리 세대가 이처럼 부패하고, 심신이 박약한 사람들이 많이 눈에 띄고, 전에 없던 이름도 알 수 없는 불치의 병이 날뛰는 이유는 알고 보면 모두가 우리의 부모들 때문이다. 우리의 부모들이 우리를 파멸시킬 수 있다. 우리는 우리의 자식들을 더 큰 파멸을 구렁텅이로 처넣을 수도 있다.

저술가, 문필가. 대표작에 『철학의 위안』이 있음. 황제에 대한 반역죄로 재판 없이 처형당함. 아리스토텔레스의 저술을 번역 해설한 외에 철학, 논리학, 수학, 음악, 신학에 관한 독자적인 논문을 많이 남김.

운동, 고독, 그리고 게으름과 우울증

우울증의 원인을 규명함에서 이 기회에 언급하지 않을 수 없는 것이 '게으름'이다. 귀족들의 전유물인 것처럼 되어버린 이 게으름은 신체적·정신적 운동과 활동의 부족을 말하는 것으로, 몸과 마음에는 독약이요, 허황한 놀이나 놀음을 길러내는 유모요, 버릇없는 사람을 만들어내는 의붓어미요, 만 가지 악행의 장본인이요, '죽음으로 인도하는 일곱 가지 죄악' 가운데 하나요, 우울증을 비롯한 만병의 근원이요, 악마가 앉는 방석이요, 악마가 베고 자는 베개요, 악마의 최대 최고의 휴식처다. 왜냐하면 우리 마음이란 것은 어떤 순간이라도 어떤 정직한 일, 어떤 올바른 일, 어떤 유용하고 유익한 일에 종사하고 있지 않으면 혼자서 그런 상태로 가만히 정지하여 있는 것이 아니고, 즉시 우울증으로 달려가기 때문이다.

과도한 심신 운동이 사람에게 해로운 것처럼 과도한 한가로운 생활도 그렇다. 과도한 한가로움은 우리 몸을 가래와 같은 담, 더러운 체액, 카타르성 분비물 등 각종 신체에 유해한 물질로 가득 채운다. 게으름이야말로 가장 큰 우울증의 원인이라는 데 동의하지 않는 의사들은 없다. 과도한 게으름은 체내에 우울증의 원인이 되는 '검은 담즙', 즉 '멜랑콜리'를 가장 많이 생기게 한다. 게으른 생활을 하는 사람들은 어떤 일에 얽매여 있는 사람들보다 우울증에 더 많이 걸린다. 플루타르코스는 게으름의 마음의 병을 일으키는 유일한 원인으로 꼽았다. "마음의 병을 앓고 있는 사람은 게으름 이외에 다른 원인은 없다"고 그는 말하였다. 호메로스는 서사시 『일리아스』에서 싸움을 하지 않고 혼자 속을 태우며 썩이고 있는 아킬레우스[24]의 모습을 우리에게 보여주고 있다.

---

24 아킬레우스(Achilleus) : 트로이 전쟁에서 가장 용맹스러운 그리스 연합군 장수. 트로이

갈지 않고 내버려둔 땅에 고사리를 비롯한 온갖 잡초들이 자라나듯이, 운동이 없는 게으른 신체 내에는 각종 유해한 체액이 생겨난다. 달리지 않고 마구간에 묶여 있는 말이나 날고 싶어도 날 수 없는 새장에 갇힌 매는 병이 나게 마련이며, 게으른 개의 몸에는 더덕더덕 옴딱지가 나는 것처럼 우리 인간들도 마찬가지다. 마음이 게으른 것은 몸이 게으른 것보다 더 나쁘다. 놀고 있는 정신상태는 일종의 병이다. 갈레노스 같은 사람은 그런 상태는 녹슨 영혼이며, 고약한 질병이며, 하나의 지옥이라고까지 말하였다. 흐르지 않고 고여 있는 물에 지렁이와 같은 각종 징그럽고 더러운 벌레들이 생겨나면 결국 그 물도 썩게 된다. 공기도 계속 바람에 의하여 순환되지 않으면 썩게 된다. 마찬가지로 게으른 사람에게 생겨난 타락하고 부패한 생각은 결국 그 사람의 영혼과 육체를 오염시키고 만다.

나라에도 오랫동안 적이 없거나 전쟁이 없으면 내란이 일어나 저희들 끼리 치고 받고 죽이는 사태가 벌어지듯이, 우리의 몸도 너무 할 일이 없어 게으른 상태로 내버려두면 근심과 걱정, 슬픔, 이유 없는 두려움, 초조함, 불만, 그리고 의심 등이 떼를 지어 몰려와 우리의 마음을 괴롭히고 신체를 쇠약하게 만든다. 이런 것들은 우리의 심신을 고문하고 우리의 내장을 갉아먹는다. 우리를 그냥 내버려두지 않는다. 제아무리 부자인 사람이라 하더라도, 혈통이 고귀한 사람이라 하더라도, 운이 좋고 행복한 사람이라 하더라도, 그 사람이 게으른 사람일 경우에는 만사에 즐거움을 느낄 수 없고, 결코 몸과 마음이 건강할 수 없고, 항상 지루함이나 어떤 종류의 병에 걸려 고생하게 되며 무엇인가 싫어하거나 미워하는 것이 생겨나고, 한숨을 짓거나, 울거나, 비관하거나, 의심을 하게 되고, 세상만사가 귀찮고

전쟁에 참전했을 때 총사령관 아가멤논과 크게 다투고 전투에 나서기를 거부하며 막사에 틀어박힌 적이 있음.

역겨워져 죽고 싶어 하거나, 어떤 이상스럽고 어리석은 환상이나 망상에 빠져버리기도 한다. 수많은 부자들이, 위대한 사람들이, 귀족들이, 귀족의 부인들이, 그들의 자녀들이, 도시에 살거나 시골에 살거나, 이 '게으름병'에 걸려 고생하고 있다.

게으름은 귀족의 필연적인 부속물이다. 흔히 귀족들은 일하는 것을 불명예로 여긴다. 그들은 하고많은 날들을 각종 스포츠, 놀이, 오락으로 보내기 때문에 어떤 직업이나 노동에 수반하는 고민이나 고통, 또는 수고에 따른 보람 같은 것은 전혀 모른다. 그들은 마음껏 먹고 놀지만 운동이나 활동은 부족하거나 전혀 없고 직업이나 직장도 없다. 일을 한다는 것이 어떤 것인지 그들은 전혀 모른다. 이런 이유로 그들의 몸속은 악성 체액, 바람, 찌꺼기들로 가득 차게 되며, 이들의 마음 또한 불안하고, 둔하고 무거워진다. 그리고 걱정, 근심, 질투심, 질병에 걸리지나 않을까 하는 두려움, 발작, 경련, 졸도, 때없이 터져 나오는 울음 등이 이들을 엄습한다. 게으른 몸속에서 생겨나지 않는 두려움이 어디에 있겠으며, 쓸데없고 근거 없는 망상치고 그 근원지가 게으른 몸이 아닌 것은 없다.

이집트의 노예가 된 이스라엘 백성들이 노역에 못 견뎌 파라오에게 항의하자, 파라오는 이들이 만드는 벽돌 물량을 두 배로 늘리도록 부하 장교들에게 명령하였으며, 지금까지 이집트인들이 공급해주던 밀짚도 이제부터는 이스라엘 노동자들 스스로 구해 사용하도록 하였다. 왜냐하면 이처럼 불평과 불만을 터뜨리는 이유는 이들이 아직 한가하기 때문이었다. 어디를 가도 만날 수 있는 불평불만을 하는 자들을 바로잡을 수 있는 가장 좋고 확실한 방법은 이들에게 더 많은 일을 시키는 것이다. 다시 말해서 이들을 바쁘게 만드는 것이다. 왜냐하면 이들은 예외 없이 할 일이 없어 빈둥거리는 사람들이기 때문이다. 이런 사람들은 허공에 성을 쌓기도 하고, 그것을 헐기도 하며, 이상하고 기발한 생각을 해내어 잠시 자신들을 위로하고 즐겁게 만들기도 하지만, 이것도 잠시이고 곧 쓸개라도 씹은 듯이 심술을 부리고, 불만을 터뜨리고, 근거 없이 남을 의심하고, 비난하고, 두려워하고, 질투하고, 또 아무런 이유 없이 슬퍼하고, 조바심한다. 게으르고 할 일 없어 하는 사람을 즐겁게 만들기는 불가능하다.

젊은이의 몸은 새로 지은 집과도 같다. 목수는 좋은 재료를 사용하여 그 집을 잘 지었으며 아주 훌륭한 상태로 완성하여 사람을 살게 하였다. 그런데 이런 집에 아주 게으른 사람이 세 들어 살게 되면 그는 비가 들이쳐도, 비가 새어도, 미리미리 방지하거나 고칠 생각을 하지 않고 그대로 방치하여 그 좋은 집을 곧 썩어 무너지게 만든다. 우리의 부모들, 교사들, 친구들은 우리가 젊었을 때 우리에게 좋고 유익한 교육을 받도록 노력을 아끼지 않는다. 그런데 대부분의 젊은이들은 혼자 있게 되면 위에서 언급한 무책임하고 게으른 집주인과도 같이 순전히 게으름으로 우리의 타고난 심신의 장점을 모두 몰아내고 그 속을 텅 비워 나쁜 것들이 마음 놓고 들어와 살도록 허용하는 어리석음을 범한다.

이 게으름과 아주 가까운 친척이면서 우울증을 일으키는 공동 원인을 이루고 있는 것에 과도한 고독이라는 것이 있다. 이것은 우울증의 원인이요 동시에 증상이기도 하다. 고독에는 자기 스스로 택하여 즐기는 고독과, 본인의 의사와는 관계없이 외부로부터 가해지는 강제적인 고독, 두 가지가 있다고 하겠다. 후자에 속하는 사람들은 학생, 수도승, 견습 승려, 견습 수녀 등과 같이 그들에게 부여된 규율과 의무에 의하여 친구들이나 가족들과 떨어져 항상 자기에게 할당된 공간에 혼자 있어야만 하는 사람들이다. 경우에 따라서 이들에게는 육식은 금지되어 있으며, 다른 사람과 말을 하지 말고 항상 입을 꾹 다물어 정숙의 서약을 지켜야만 하며, 규정된 장소 밖으로 나가서도 안 된다. 마치 감옥에 갇힌 죄수들이나 사막 가운데 혼자 떨어져 살고 있는 사람과도 같이 그들에게는 말을 나눌 알맞은 친구가 없다. 그런데 이처럼 친구가 없이 외톨이로 혼자 산다는 일은 쉬운 일이 아닐 뿐만 아니라 심신에 아주 해로운 일이기도 하다.

큰 도시에 살다가 어떤 이유로 시골로 내려와 거대한 저택에서 혼자 살게 된 돈 많은 사업가나 지주, 고급관리, 또는 귀족을 보라. 이들은 친구없이 혼자 살다 보니 외로운 나머지 자기 집을 찾아주는 사람이라면 누구를 막론하고 분에 넘치는 환대를 한다. 말동무가 필요하기 때문이다. 이들은 정 말할 상대가 없을 때는 자기들의 신분이나 지위, 인격, 교양, 학문 등과는 아무런 연관이 없는 사람들─예를 들어 집에서 심부름하는 하인이나 소작인, 외상값 받으러 온 상인, 정원사를 붙잡고 이야기를 하면서 놓아주지를 않는다. 정 사람이 없으면 기르는 개나 고양이에게도 말을 건다. 또 외톨이가 된 어떤 사람은 그의 고독함을 잊기 위하여 품행이나 취미가 아주 나쁜 사람들과 어울려 술집이나 유흥가를 드나들게 되고, 이런 과정에서 법이 금지하는 건전하지 못한 놀이나 놀음, 도박 등에 빠지게 되어 재산을 날리는 것은 물론 자신과 가족들의 운명을 파멸로 이끌기도 한다. 못난 놈에게는 자기의 잘못을 꾸짖어줄 사람이 없는 곳보다 더 좋은 곳은 없다. 진정한 친구가 없는 사람의 가장 큰 약점은 그의 결점을 솔직하게 말해줄 사람이 없다는 것이다.

이처럼 타의적인 고독은 대개 한때 큰 도시에서 명망 있는 가족의 일원으로서 항상 많은 친구들과 어울려 건전한 사교적 모임을 즐기며 잘 떠들고 활발하고 쾌활하게 살던 사람이 어느 날 갑자기 그런 자유를 잃고 일상적인 사회생활과 친구들과 격리되어 도시에서 멀리 떨어진 곳에 위치한 외딴 시골 저택에 감금되다시피 한 처지가 되었을 때 발생하며, 그 증상 또한 가장 빨리 생생하게 나타난다. 이런 사람들에게 고독은 가장 지루하고 대단히 심각한 문제이며, 내가 여기에서 말하는 우울증의 갑작스러운 발병 원인이 될 수도 있다.

이에 반하여 소위 자발적인 고독이라는 것도 있다. 다시 말해서 스스로 고독이 좋아서 혼자 있기를 택하는 사람들도 있다는 말인데, 이런 현상은 우울증을 앓고 있는 환자들에게는 낯설지 않은 아주 친숙하고 흔한 일로서 이것에 빠져들기란 참으로 식은 죽 먹기다. 선천적으로 우울증의 기질이 있는 사람에게 하루 종일 아무 일도 하지 않고 침대 위에 누워 있다거나, 혼자서 방 안에만 있다거나, 사람이 없는 숲속의 외딴 길을 혼자서 거닌다든가, 숲이나 호수, 시냇가에 홀로 앉아 어떤 유쾌하고 달콤한 생각에 잠겨본다는 것을 처음 얼마 동안은 참으로 즐겁고 매력적인 일이다. 누구나 한번쯤 시도하고 싶은 유혹이다. 그러나 이것은 즐거운 노망이요, 우리의 허영심을 살살 부채질하는 망상이다.

이 세상에서 고독해지고 싶어 하는 마음, 다시 말해서 우울해지고 싶어 하는 심리 상태보다 더 큰 달콤한 유혹은 없다. 이런 사람은 앉은자리에서 허공에 수많은 성을 지었다 헐었다 하고, 혼자 미소를 짓거나 중얼거리고, 상상 속에서 자기가 원하는 사람이 되어 자기가 하고 싶은 역할을 마음껏 즐긴다. 때때로 사람이 이런 유쾌한 생각을 해내고 그 속에 빠져 들어가보는 것도 처음 얼마 동안은 유쾌한 일이며 무해한 일이다.

그런데 여기에도 위험과 함정이 있다. 이 고독이라는 장난감이 가져다주는 즐거움이 처음에 너무 큰 나머지 여기에 맛들이면 잠도 자지 않고 여기에 매달려 밤낮을 혼자서 보내며 심할 경우에는 일 년 내내 그런 환상과 망상 속에서 살게 된다. 이런 꿈을 꾸고 있는 사람을 누군가 다른 사람이 억지로 깨울 수도 없고 그런 꿈을 마음대로 깨뜨려버릴 수도 없다. 이런 망상들은 너무나 달콤하여 여기에 빠진 사람들은 일상적인 일이나 필요한 업무, 공부나 사업 등을 제대로 수행할 수 없게 된다. 이들은 계속 명상하고, 이 우울증이 가져다주는 달콤한 환상에서 벗어날 생각을 하지 않는다.

이런 상태로 얼마 지나다 보면 이들은 이런 공상의 세계에 익숙해지고 젖어들어 현실로 다시 돌아오고 싶어도 돌아올 수 없게 된다. 이제는 친구들이 모인 곳에 가기가 싫어지고, 두려워지고, 그런 곳에 가서도 꿰다 놓은 보릿자루마냥 어색함을 느끼고, 혼자의 세계로 돌아갈 생각만 한다. 사람들이 모인 곳에서는 이유 없이 두렵고, 슬프고, 의심스럽고, 부끄럽고, 불만스럽고, 없던 근심과 걱정이 별안간 생겨나 이들을 엄습한다. 눈만 뜨면 나타나고 보이는 것은 지옥과 같은 우울증의 세계다. 끔찍한 형상의 괴물들은 이들의 영혼을 두려움에 떨게 만들며, 아무리 이런 형상들을 머리에서 지워버리려고 해도 소용없다.

물론 고독이, 혼자 있다는 것이, 명상이나 깊은 사색이, 항상 해롭고 위험한 것은 아니다. 여기에도 장점이 있고 그것의 필요성도 충분히 있다. 인류 역사에 큰 업적을 남긴 위대한 철학자, 사상가, 신학자, 시인 모두가 위대한 명상가들이었고 동시에 고독한 사람들이었다. 이들은 이구동성으로 고독의 중요성과 필요성을 역설하였다. 히에로니무스,[25] 크리소스토무스, 키프리아누스,[26] 아우구스티누스,[27] 페트라르카, 에라스무스 등 많은 위대한 사람들은 이 고독한 생활과 이에 수반하는 명상의 생활을 그들의 글에서 아주 높이 추천하였다. 그들은 이것을 제대로 잘 사용하기만 한다면 그것은 하나의 낙원이요 지상에서 누릴 수 있는 천국이라고까지 그 가

---

25 히에로니무스(Eusebius Hieronymus, 340?~420) : 중세 초기 기독교 지도자. 교황 다마소 1세의 비서를 지냄. 베들레헴의 수도원에서 수도와 학문 연구, 그리고 저술에 전념함. 성서를 최초로 라틴어로 번역함. 성자로 추앙됨.
26 키프리아누스(Thascius Caecilius Cyprianus, 200?~258) : 기독교 지도자. 카르타고 주교를 지냄. 발레리아누스 황제의 기독교 박해 때 순교함.
27 아우구스티누스(Augustinus, ?~604) : 교황 그레고리오 1세의 명을 받고 40명의 성직자와 함께 영국으로 건너와 초대 영국 캔터베리 대성당 주교를 역임함. 영국을 기독교화하는 데 절대적인 역할을 하여 '영국의 사도(Apostle of English)'로 불려짐. 성자로 추앙됨.

치를 치켜올렸으며, 우리의 몸에 좋을 뿐만 아니라 우리의 정신에는 더 좋은 것이라고 말하였다. 수많은 수도승들은 이런 기회를 하느님을 생각하는 명상에 사용하였다. 로마 황제 하드리아누스[28]는 틈만 나면 가족들이나 시종들을 대동하지 않고 시골로 내려가 얼마 동안씩 홀로 살았으며, 이런 생활의 장점과 가치를 아주 높게 평가하였다.

나의 스승 데모크리토스나 클레안테스[29]와 같은 뛰어난 철학자들도 그들의 학문을 완성하기 위하여 시골 과수원에 내려가 은둔하였으며, 신을 더 잘 섬기고 그들의 학문에 더 깊이 몰입하기 위하여 시끄럽고 소란한 세상사와 결별하여 플리니우스는 로렌타나 별장에, 키케로는 투스쿨룸의 별장에, 요비우스는 자기의 서재에 파묻혀 살았다. 이런 의미에서 요즈음 기독교를 개혁하겠다고 광분하는 신교도들이 사원이나 수도원 그리고 이와 유사한 목적으로 지어진 유서 깊은 아름다운 건물들을 마구 허물어버리는 일은 잘못된 발상에서 시작된 일이라고 나는 생각한다. 문제는 그런 건물 속에서 살고 생활하는 인간들이 저지른 비행과 악행이며, 이런 부정과 부패를 청소하고 금지하고 제거하고 교정하면 되는 일이지, 경건하고 거룩한 목적으로 공들여 세워져 오랜 세월 동안 우리 조상들의 넋과 혼이 어린 이런 아름답고 유용한 역사적 유물을 무참하게 허물어버리는 일은 야만인들이나 할 일이다.

사람들 가운데는 세상과 결별하여 혼자 살기에 적합한 사람들도 있다. 우선 결혼하여 가정을 꾸려가기에 적합하지 않거나 그것이 바람직하지 않은 사람들이 있는가 하면, 세상일에 서툴러 어디에 가서도 적응하지 못하고, 어울리지도 못하고, 자기가 무슨 일을 해야만 할지 잘 모르는 사람

---

28 하드리아누스(Publius Aelius Hadrianus, 76~138) : 로마의 황제(재위 117~138). 로마 제국의 기초를 놓음. 로마에 수많은 건축물을 세움.
29 클레안테스(Cleanthes, BC 3세기경) : 그리스의 금욕주의 철학자. 제논의 제자.

도 있다. 이런 사람은 차라리 홀로 동떨어져서 사는 것이 모두에게 이로울수 있다. 이런 사람은 과거 진정으로 훌륭했던 승려나 수도승들이 했던 것처럼 혼자서 열심히 그리고 마음껏 공부를 하거나, 그림을 그리거나, 신을 섬기는 명상을 하도록 내버려두는 것이 자신들에게는 물론 우리 모두에게도 유익한 것이다. 이런 사람들은 알고 보면 외톨이도 아니고, 외로운사람도 아니고, 게으른 사람도 아니다.

　친구가 많은 사람이 꼭 부지런한 사람이 아니듯이, 혼자 있는 사람이 꼭게으른 사람은 아니다. 이솝 우화에는 항상 혼자 어떤 생각에 잠겨 있는시인이 나온다. 이 시인이 밭을 갈고 있던 농부로부터 게으르다는 비난을받자, 시인은 대답하였다. "나에게는 친구들과 어울려 있을 때가 가장 게으름을 피울 수 있는 때라오." 키케로는 "그는 홀로 있을 때 가장 외롭지않아 보였으며, 그가 가장 한가해 보일 때는 그가 바로 가장 바쁜 때였다"라고 스키피오 장군에 대하여 말하였다. 플라톤은 그의 글에서 그의 스승소크라테스가 명상하는 태도와 그 진지함에 감탄과 찬사를 아끼지 않고있다. 소크라테스는 한번 어떤 문제에 매달리게 되면 그 생각에 골몰하여주변에서 일어나는 일은 완전히 잊어버리고 오직 그 한 가지 문제의 해답을 얻는 데 혼심을 기울였다. 때때로 그는 앉지도 않고 선 채로 명상을 하였다. 아침부터 선 채로 시작한 명상은 점심 때까지 계속되었으며, 만족할만한 해답을 얻지 못하였을 경우에는 해가 넘어가고 어두워질 때까지도계속되었다. 소크라테스는 당시 전쟁터에 나간 군인이었기 때문에 그의동료 병사들을 소크라테스의 이런 괴기한 행동을 큰 호기심을 가지고 지켜보았다. 소크라테스의 부동자세는 흐트러지지 않은 채로 밤이 새고 해가 떠오른 아침까지 계속되었다. 마침내 해가 떠오르자 소크라테스는 명상의 해답을 얻었는지 회심의 미소를 지으며 태양을 향해 경례를 하고 나서는 마침내 몸을 움직여 걸음을 옮겨 어디론가 가버렸다. 소크라테스가 도대체 어떤 심신의 상태로 이런 일을 할 수 있었는지, 당시 그의 체내에는 어떤 체액이 생성되어 그의 몸을 지배하였는지 나로서는 알 길이 없다. 단 한 가지 분명한 사실은 이런 일은 아무나 할 일이 아니며, 보통 사람이 이런 일을 시도하였다가는 심신에 큰 해를 입을 것이 분명하다.

소크라테스나 기타 위에서 언급한 대철학자나 학자, 예술가, 시인들의 게으름은 이처럼 보통 평범한 사람들의 속이 텅 빈 공허한 고독에 수반하는 게으름과는 전혀 그 종류가 다른 것이다. 누구보다 고독한 시간을 많이 가졌던 세네카는 다음과 같이 말하고 있다. "평범한 사람들에게 고독은 만 가지 악의 근원이다. 이것은 사람을 악으로 이끌고 결국은 그 사람을 망쳐버린다. 그것은 사회생활의 적이다." 이런 고독을 우리는 "파괴적인 고독"이라고 부른다. "혼자인 사람은 악마다"라는 속담도 있다. "혼자인 사람은 성자이거나 악마 둘 중에 하나다"라는 속담도 있다.

분명한 진리는 사람은 누가 뭐라 해도 주변에 누군가가 있어야지 혼자 떨어져 있는 외톨이가 되어서는 안 된다는 것이다. 본래 사람들과 더불어 살게끔 창조된 인간은 혼자 있게 되면 결국은 인간성을 잃게 되고, 인간으로부터 점차적으로 퇴행하여 하나의 짐승이 되어버리거나 바라보기에도 괴로운 괴물로 변한다. 이런 사람들은 다른 사람들을 미워하게 될 뿐만 아니라 결국은 자기 자신들 스스로를 싫어하게 된다. 자연은 우리에게 좋은 성품과 건강한 신체를 주었고 우수하고 신성한 영혼을 부여하였을 뿐만 아니라 유용한 신체의 각 부분과 무한한 능력을 주었다. 그런데도 불구하고 우리는 이런 천부의 혜택과 은혜에 대하여 감사하기는커녕 배은 망덕하게도 불만을 하고, 불평을 하고, 유용하게 써야만 될 것을 과용하거나 남용하고, 이런 것들을 부패시키거나 오염시킨다. 발광으로, 무절제로, 게으름으로, 외로움으로, 사회로부터, 사람들로부터, 가족과 친구들로부터 유리되어 외톨이가 됨으로써 타고난 그 좋은 성품을, 신체를, 재능

등을 발휘하지 못할 뿐만 아니라, 파괴하고, 더럽히고, 헛되게 한다. 이런 사람은 신과 자연에 대한 배신자요, 세상과 자신에게 적이다. 이런 사람은 스스로 자신의 의지를 상실해버린 사람이며, 자기 스스로를 내다 버린 사람이며, 자기 스스로 자신의 비참함에 원인을 제공한 사람이다. 이 모든 것은 당신에게 찾아온 그런 헛된 망상의 유혹을 이겨내지 못하고, 오히려 그런 유혹에 항복해버렸기 때문이다.

학자와 문인들과 우울증

많은 의사들이 공부를 과다하게 하는 데서 오는 학자들의 특유한 병에 대하여 이야기하는 것을 듣다 보면 그 병이 다른 것이 아니고 바로 내가 여기서 말하는 우울증이라는 사실을 알게 된다. 페르넬은 사람이 미치광이에 이르는 주요 원인을 계속되는 공부, 명상, 사색, 그리고 기도에서 찾고 있다. 이 중에서도 과도한 공부를 많은 사람들이 우울증의 제일 첫째의 원인으로 꼽고 있다. 사람이 밤에 잠을 자지 않고 계속 공부를 하면 이 병에 걸리는데, 여기에 가장 노출되기 쉬운 사람들이 바로 학자라는 사람들이다. 이 학자들은 이 병에 걸리기 전에는 모두 똑똑한 사람들인데, 이 병에 일단 걸리면 이상한 소리를 하고 이상스러운 행동을 하며 멍청해진다. 학자들을 괴롭히는 질병에 전형적인 몇 가지가 있지만, 아마도 이 우울증이 가장 대표적일 것이다.

어떤 면에서 이 우울증은 책을 많이 읽느라고 밤샘을 자주 하는 학자들과는 떼려야 뗄 수 없는 친구와도 같은 것이다. 바로[30]는 소위 철학자라는

---

30 바로(Marcus Terentius Varro, BC 116~BC 27) : 로마의 학자, 역사가, 문장가.

사람들이 항상 우울하고 엄숙한 얼굴을 하는 것도 같은 이유라고 말하고 있다. 엄격하고 슬픈 표정을 하고 무미건조하고 성 잘 내는 것이 학자들에게 붙어 다니는 공통된 형용사들이다. 그렇기 때문에 이런 사람들은 나라의 큰일을 하기에는 적당한 인재가 아니라고 말하는 사람들도 많이 있다. 마키아벨리[31]는 공부는 사람의 신체를 약하게 만들고, 정신을 혼미하게 만들며, 힘과 용기를 감소시킨다고 주장하였다. 이어서 그는 말하기를 훌륭한 학자가 훌륭한 군인이 되는 경우는 없다고 말하고 있다. 이와 같은 진리를 잘 깨달은 마케도니아의 한 장군은 그의 군대가 그리스로 진격하여 그리스인들이 가지고 있는 서적들을 모두 몰수하여 불살라버리려고 하였을 때, 그것을 다음과 같은 이유로 엄격히 중지시켰다. "내버려두어라. 그 책이란 병마는 머지않아 그리스인들의 용기와 상무정신을 모두 소진시켜버릴 터이니까." 터키 제국에서는 다음 황제의 자리에 오를 왕자를 그가 너무 책을 읽는 일에 몰두한다는 이유로 황제 후보에서 제외시킨 일도 있었다. 학문이 우리의 정신을 혼미하게 만든다는 사실은 이처럼 하나의 공통된 견해이며, 동시에 우울증을 수반한다는 것도 하나의 정설이다.

이 우울증에 다른 직업의 사람들보다 유독 학자들이 더 많이 걸린다는 데는 두 가지 이유가 있다. 우선 첫째 이유로 이들이 하는 일은 주로 앉아서 그리고 혼자서 하는 것이기 때문이다. 다시 말해서 이들은 다른 사람들처럼 흥겹게 노는 일이나 신체적인 운동 같은 것을 하지 않고 오직 종이 위에 인쇄된 새까만 글자나 항상 들여다보고 있기 때문이다. 여기에 항상 불만과 게으름이 따르기 마련인데, 이 두 가지 요소가 협조하는 날에는 영락없이 그 사람은 우울증의 심연에 빠지게 되는 것이다. 그러나 무엇보다

---

31 마키아벨리(Niccolo Machiavelli, 1469~1527) : 이탈리아 출신의 정치가, 정치철학자. 그의 대표적 저서 『군주론』은 성공적인 통치에 관한 이론과 실제를 적은 명저로서 후세에 큰 영향을 미쳤음.

이 우울증의 원인은 공부를 너무 많이 하는 데 있다. 너무 많이 공부하는 것은 사람을 미치게 만든다. 우울증이 가져오는 최악의 상태가 바로 이것이다. 그 증거로 어느 한 우울증에 걸린 학자는 성경을 모두 통째로 암기하여 머릿속에 넣고 있었다.

소위 학자라는 사람들이 어째서 다른 일반 사람들보다 그렇게 멍하니 한 가지 생각에만 몰두하는 이유에는 여러 가지가 있지만 일반적으로 증명된 공통된 원인은 다음과 같다. 첫째는 그들의 게으름이다. 다른 사람들은 일을 앞에 놓고 우선 그들의 도구부터 챙긴다. 화가는 붓을 물에 빨고, 대장장이는 망치와 모루, 용광로부터 손질한다. 농부는 쟁기와 낫을 조사하여 날이 무디어졌으면 날을 간다. 사냥꾼과 매사냥꾼은 우선 사냥개와 매 그리고 말의 이상 유무를 점검하며, 음악가는 악기의 줄을 여러 번 퉁겨본다. 그러나 유독 학자라는 사람들만이 그들이 매일 사용해야만 하고, 그것을 가지고 온 세상을 돌아다녀야만 하며, 또 너무 많이 사용하면 소실되어 없어지는 그들의 가장 중요한 도구인 머리와 정신을 돌보는 데 소홀하다. 견고한 밧줄도 너무 세게 잡아 비틀면 끊어지게 마련이다.

또 다른 이유는 이 학자라는 사람들은 자고로 시인들과 더불어 가난하다는 사실이다. 가난의 정도가 지나쳐 대부분이 거지에 속한다. 언제부터인지는 확실하지 않지만 학자와 시인은 운명적으로 가난의 형벌을 등에 지고 태어난 사람들이다. 지식의 신 헤르메스는 사람에게 지식은 줄 수 있지만 돈은 줄 수는 없었다. 시의 신 뮤즈도 시인에게 영감은 줄 수 있었지만 돈을 가져다줄 수는 없었다.

다음으로 댈 만한 이유는 깊은 생각을 한다는 것이다. 즉 명상 말이다. 이 깊은 명상이야말로 사람의 두뇌를 고갈시키며 우리의 타고난 열기를 식혀버리는 요인이다. 우리의 모든 정신이 이 명상에 종사하느라 두뇌로 집중되는 동안 우리의 위와 간과 같은 중요한 부분은 필요한 만큼의 기력을 공급받지 못하여 결핍 상태로 방치되며, 여기에서 우울증의 원인이 되는 검은 담즙이 생겨나는 것이다. 동시에 신체의 운동 부족으로 인하여 몸속에 생겨나는 잉여분의 증기가 외부로 방출되지 못하고 체내에 남게 된다. 이와 같은 필연적인 이유로 공부를 과다하게 하는 학생이나 학자들은 예외 없이 통풍, 장염, 류머티스, 소화불량, 결석, 현기증, 폐결핵, 무기력증, 영양 부족, 고혈압 등에 걸려 고통을 받고 있으며, 눈이 나빠져서 잘 보지도 못한다. 이 모든 증상은 몸을 움직이지 않고 한 자리에 너무 오래 앉아 있기 때문에 일어나는 것이다. 이 아무짝에도 쓸 데 없는 공부라는 고통스러운 일을 너무 많이 하는 이런 사람들은 또 예외 없이 몸이 비쩍 말라 있고, 웃음이 없고, 무미건조하며, 얼굴이 창백하고, 가난하고, 정신이 혼미하다. 이들은 자주 생명을 잃기도 한다. 내가 하는 말을 믿을 수 없거든 지금까지 쓰여진 위대한 책들을 한번 들쳐보고, 과연 이들이 거저 쓰여졌겠는가를 생각해보라. 호라티우스[32]의 말이 해답을 주고 있다 :

> 책 한 권 쓰고자 하는 목표를 달성하려 하는 사람은
> 그것을 이루기 전에 더위에 땀 흘리고, 추위에 떨어야만 한다.

다시 말해서 책을 읽거나 쓴다는 일은 노동 가운데서도 중노동이다. 이 문제에 대하여 세네카의 고백을 들어보자. "어느 하루도 나는 한가한 마음으로 보낸 날이 없다. 밤에도 나는 눈을 뜬 채로 누워 있는 것이 예사였으며, 지쳐 눈을 감고 잠이 든다 하더라도 잠 속에서도 그 일은 계속되었다." 키케로의 고백은 또 어떠한가 들어보자. "다른 사람들이 즐거움

---

32 호라티우스(Quintus Horatius Flaccus, BC 65~BC 8) : 로마의 서정시인, 풍자시인. 베르길리우스와 함께 아우구스투스 황제의 총애를 받음. 대표작에 문학 비평, 이론의 시조가 되는 『시의 기교(Ars Poetica)』가 있음.

을 찾아서 놀러 다닐 때 나는 이 일에만 매달려 있었다." 이처럼 학자들의 일이란 힘들고 따분한 일로서 그 대가는 건강의 상실, 재산의 탕진, 정신의 혼미, 그리고 때때로 생명조차 잃는 것뿐이다.

아리스토텔레스와 프톨레마이오스[33]가 철학과 천문학을 한답시고 날려 버린 재산이 얼마나 되는지 아는가? 어느 제왕의 몸값보다 더 많은 돈을 썼다. 테베트 벤코라트라는 사람은 천체의 운동을 발견하느라고 40년 이상을 보냈다고 전해진다. 지식을 얻기 위하여 얼마나 많은 가난한 학자들이 그들의 타고난 온전한 정신을 모두 잃고, 이 세상에서 일어나는 모든 세상사를 무시하고 소홀히 함으로써 바보·멍청이가 되고, 자기의 건강, 재물, 그리고 행복을 희생하고, 급기야는 자신의 고귀한 생명까지 잃는 일을 오늘도 계속하고 있는가? 이렇게 해서, 이 고생과 세상의 비웃음을 사면서도, 그들이 이루어놓은 일에 대하여 세상의 평가는 어떠한가? 한마디로 냉대와 조소뿐이다. 이런 학자들은 어리석은 사람, 바보, 멍청이로 취급받았으며, 사회에서 냉대받고, 멸시받고, 조롱당하고, 미친 사람으로 취급받았다. 정신병자 수용소에 가서 물어보라. 아직도 제정신이 있어 당신의 질문에 대답이라도 할 수 있는 사람은 그 흉악한 몰골 때문에 바보나 걸레 대접을 받고 있을 것이다. 7년 공부에만 매달려 산 학자는 어느 시인의 표현에 의하면 :

이 사람 말 없기는 시장 터에 세워진 동상 같고,
사람들은 이 사람만 보면 허리가 휘도록 웃는다.

---

33 프톨레마이오스(Claudius Ptolemaeos, BC 2세기경) : 알렉산드리아의 천문학자, 수학자, 지리학자. 그의 지동설은 16~17세기에 코페르니쿠스의 천동설이 나오기까지 천문학의 기초가 됨.

왜냐하면 학자라는 자들은 누구나 타고 다니는 말도 탈 줄 모르고, 아름다운 여자를 보고도 구애는 물론 인사도 제대로 건넬 줄 모르고, 접시 위에 놓인 고기도 제대로 썰 줄도 모르며, 재미있는 이야기도 할 줄 모르기 때문이다. 이 얼마나 비참한 일인가, 그러나 이 모든 것이 다른 사람에게 책임이나 비난이 돌아갈 일이 아니다. 바로 자신들의 책임이다. 그런 대접을 받아 마땅하다. 한마디로 말해서 학자는 바보다.

학자라는 작자들은 항상 혼자서 명상에 잠겨 쭈그리고 앉아 있는 사람들이다. 이게 그들의 행동과 자세의 전부다. 아퀴나스[34]의 경우를 들어보자. 이 친구는 프랑스의 루이 왕과 저녁을 하는 자리에서 별안간 벌떡 자리에서 일어서더니, "마니교도들은 틀렸어!"라고 고함을 질렀다고 전해진다. 그러니까 왕과 식사를 하면서도 이 친구의 머릿속에는 읽고 있던 책의 내용이나 아니면 다른 생각이 자리 잡고 있었던 것이다. 왕을 비롯하여 식탁에서 같이 식사를 즐기던 다른 사람들의 놀라움과 당황함을 뒤늦게 깨달은 아퀴나스는 부끄러워 얼굴을 들지 못하였다고 한다. 상식에 어긋난 행동을 함에서는 아르키메데스[35] 또한 예외가 아니다. 히에론 2세의 금관에 과연 얼마큼의 금과 은이 섞여 있는가를 알아내라는 왕명에 따라 이 문제를 푸는 데 골몰하던 아르키메데스는 목욕을 하는 도중 해답을 알아내자 "알았다!"라는 외침과 동시에 목욕탕에서 뛰쳐나와 벌거벗은 채로 그대로 왕에게 달려갔다고 한다. 미친 듯이 겅중겅중 뛰면

---

34 아퀴나스(Thomas Aquinas, 1225?~1274) : 이탈리아 출신의 스콜라 철학자. 나폴리 대학에서 신학을 공부한 후 도미니크 수도회에 입회, 수도. 프랑스 콜론에 신학교를 세움. 스콜라학파의 원조 중 한 사람. 성자로 추앙됨.

35 아르키메데스(Archimedes, BC 287?~BC 212) : 그리스 수학자, 발명가. 기계공학과 유체역학의 기초를 세움. 최초로 나사(screw)를 발명하여 물을 끌어올리는 데 씀. 부력의 원리, 또는 아르키메데스의 원리(물속에 들어간 물체는 그 물체가 밀어낸 만큼의 물의 무게만큼 가벼워진다)를 발견함.

서 "알았다, 알았다. 해답을 찾았다"라고 계속 외치면서.

이 친구는 항상 자기가 하는 공부에 열중해 있었기 때문에 주변에 어떤 일이 벌어지고 있는가 따위에는 전혀 관심이 없었다. 살고 있던 아테네시가 적군에게 함락되고 군인들이 들이닥쳐 자기 집을 수색하였으나 그는 어째서 낯선 군인들이 자기 집 안을 뒤지는지 몰랐으며, 알려고도 하지 않았으며, 아예 아는 체도 하지 않았다. 베르나르두스[36]는 하루 종일 레만 호숫가에 앉아 있다가 지나가는 사람들에게 "이 호수의 이름이 무어요?" 하고 물었다고 한다. 사람들은 내 스승 데모크리토스의 마차만 보면 미친 사람이 왔구나 하고는 그의 병을 치료하기 위하여 얼른 사람을 보내 의사 히포크라테스를 모셔왔다. 때와 장소를 가리지 않고 웃는 것이 그의 병이었다. 반면에 헤라클레이토스는 이유 없이 우는 것이 병이었고, 테오프라스토스[37]의 증언에 의하면 라에르티오스라는 학자는 미친 듯이 길거리를 뛰어다니면서 "나는 마귀들에게 인간이 어떤 짓을 했는가를 알려주기 위하여 지옥에서 온 사자다"라고 외쳐대는 지병이 있었다.

학자들이 아끼고 높이 평가하는 제자들 역시 마찬가지다. 예외 없이 어리석고 융통성이 없으며 외모는 비실비실하고 행동에는 활기가 없다. 남들에게는 웃음거리가 되기 쑤이고 세상사에는 아주 무식하고 서투르다. 이들은 천체의 운행을 연구하고 측정할 수 있으며, 지구상 다른 나라의 풍물에 대해 해박한 지식을 가지고 있으며, 사람들에게 지혜를 가르치기도 하지만, 시장에 나가 물건 하나 사는 데서나 흥정하는 일에서

---

36 베르나르두스(Bernardus Claraevallensis, 1091~1153) : 프랑스 출신의 가톨릭 성직자. 성자로 추앙됨.

37 테오프라스토스(Theophrastos, BC 371~ BC 287?) : 그리스의 철학자, 과학자. 아리스토텔레스의 제자로서 스승의 사후 그의 '소요학파'를 이끌어감. 특히 자연과학 분야에 두각을 나타내어 『식물의 역사』 『이론적 식물학』 등의 저서를 남김. 이 밖에도 『아첨꾼』 『불평꾼』 『야심을 품은 사람』 등의 인간 스케치가 있음.

는 일자무식의 장사꾼만도 못하여 항상 손해를 본다. 이쯤 되면 이 학문을 한다는 사람들, 학자들, 학생들은 모두 정녕 바보들이 아닌가? 그렇지 않고서야 귀가 있어 들을 수 있고, 눈이 있어 볼 수도 있을 터인데 어찌 이다지도 세상물정에 어두울 수 있단 말인가? 그렇다면 어떻게 이런 사람들을 깨우쳐 올바른 생활을 하도록 할 것인가?

나는 아주 우수한 학자들을 많이 알고 있다. 학식은 머릿속에 가득하지만 예외없이 세련되지 못하였고, 상식과 예의가 없고, 가정에 소홀하고, 세상물정에 어두운 사람들이다. 내가 잘 아는 학자 한 분은 이웃 농부가 자기네 암퇘지가 새끼를 열한 마리나 낳았고, 당나귀는 한 마리의 새끼를 낳았다고 말해 자기를 속이려고 했지만 자기는 속아넘어가지 않았다고 자랑스럽게 나에게 말했다. 그는 반대로 당나귀가 열한 마리의 새끼를 낳았고, 암퇘지가 한 마리의 새끼를 낳았다고 하면 오히려 믿을 사람이었다.

이런 사람들이 공통적으로 이 험난한 세상을 살아가는 데서 필연적으로 겪어야만 하는 우울증에 대한 보상으로 어떤 사람들은 이 학자들을 높이 평가해야만 하고 또 크게 존경해야만 된다고 주장한다. 이 학자들이란 사람들은 결국에는 이 세상 사람들을 위하여 어떤 중요한 일을 하느라고 인생의 즐거움, 재산, 총명함은 물론 때로는 생명조차 모두 희생하는 사람들이기에 이들의 노고에 대하여 보통 사람들이 누리지 못하는 어떤 특전을 주어야만 한다는 주장이다. 그런데 유감스럽게도 요즈음에 와서 이 학자들을 위하여 호의를 베푸는 재력가나 권력 있는 보호자의 숫자가 현저하게 감소하고 있다. 시인들에게 주어지는 호의나 특전에 비하면 학자들에게 주어지는 것은 거의 없다고 하겠다. 학자들이 일하는 장소는 주로 대학의 울타리 속이거나 골방 속이며 또 그들의 하는 일이란 것이 남들이 잘 알 수 없는 일이기 때문이기도 하겠지만 아무래도 이들은 하는 일에 대하여 너무 부당한 대접을 받고 있는 것도 사실이다. 돈도 있어야만 하고, 비용도 들고, 위험도 따르고, 손해도 입는 일이지만 이들에게 지원을 약속하고 나서는 후원자는 전혀 없다. 다른 사람들이 모두 즐기는 삶의 즐거움에서 멀어져 조롱 속에 갇힌 새처럼 일생 동안 혼자서 외롭게 살아가는 이 학자들에게 돌아오는 보수란 결국 냉대와 경멸, 비참함과 가난뿐이다. 베르길리우스[38]는 일찍이 이렇게 적었다 :

슬픔, 노동, 걱정, 창백한 병, 비참함,

두려움, 더러운 가난, 아우성치는 배고픔,

차마 눈뜨고 볼 수 없는 이 학자라는 이름의 괴물들.

이쯤 설명으로도 학자들이라는 사람들이 모두 예외없이 우울증 환자라는 사실을 명백해졌다. 이 세상의 다른 직업들은 어느 것이나 7년의 수습기간만 성공적으로 마치고 나면 그런대로 제각기 밥벌이는 할 수 있다. 무역상인은 위험은 따르지만 배를 띄워 해외에서 상품을 수입하여 큰 돈을 번다. 농부의 수입은 거의 확실하다. 다만 이 학자들이 문제다. 이 학자들의 길이란 불확실하고 위험하다. 왜냐하면 책만 손에 오래 들고 있다 해서 모두 학자가 되는 것이 아니기 때문이다. 나무라 해서 모두 대들보 감이 될 수 없듯이 책만 손에 들고 앉아 있다고 해서 모두가 학자가 될 수는 없는 일이다. 7년이 아니라 70년을 붙잡고 앉아 있어도 마찬가지다. 학자가 될 소질과 소양 그리고 성품이 있어야만 한다.

시장이나 관리들은 해마다 새로 갈아치울 수 있다. 그러나 학자는 그렇

---

38 베르길리우스(Publius Vergilius Maro, BC 70~BC 19) : 로마 최고의 명성을 얻은 시인. 아우구스투스 황제의 총애를 받음. 대표작으로 로마 건국을 노래한 서사시 『아이네이스』가 있음. 호라티우스의 친구.

게 되지 않는다. 왕은 기사나 백작, 공작, 자작 등의 귀족들을 마음만 먹으면 만들어낼 수 있다. 박사학위는 대학에서 해마다 생산해낼 수 있다. 당신은 원하는 직업이나 물건을 알맞은 수단이나 방법을 동원하면 얻을 수 있다. 그러나 이 세상 아무도, 어느 것도, 학문을 만들어낼 수 없으며, 철학자를 만들어낼 수 없으며, 예술가를 만들어낼 수 없으며, 웅변가를 만들어낼 수 없으며, 시인을 만들어낼 수 없다. 세네카가 말하였듯이, 우리는 옷을 아주 잘 차려입은 사람을 보고 "참으로 당신은 부자구려", 형색이 좋은 사람을 만나면 "당신은 참으로 건강하시군요", 자녀를 많이 둔 사람에게는 "당신은 참으로 행복한 사람입니다", 불쌍한 사람을 도와주는 사람을 보고는 "당신은 착한 사람입니다", 남의 잘못을 용서해주는 사람에게는 "당신은 참으로 너그럽고 인자한 분입니다"라고 서슴없이 말할 수 있다. 그러나 "당신은 진정 훌륭한 학자이십니다"라는 칭찬의 말을 듣게 되기까지는 많은 시간과 노력 그리고 희생과 대가를 사전에 요구한다.

우선 학문이 깊은 사람, 즉 진정한 학자를 발견하기가 그리 쉬운 일이 아니기 때문이다. 학문이란 그리 짧은 시일 안에 얻을 수 있는 것이 아니다. 학자란 그리 쉽게 만들어지지 않는다. 어떤 사람이 학문의 길에 수반되는 모든 고통을 기꺼이 받아들일 마음의 준비가 되어 있고, 그 길에 대하여 충분히 알고 있고, 여유 있는 부모나 후원자가 있어 그 뒤를 잘 밀어준다 하더라도 정작 진정한 학자가 될 수 있는 사람은 드물다. 성격이 온순하고 고분고분해서 주변 사람들의 부당한 비난이나 조롱도 잘 참고 견디어내는 사람일지라도 머리가 총명하지 못하거나, 애써 어떤 문제를 해결하고 풀어내고야 말겠다는 의지가 없을 때에는 그런 성품도 헛것이다. 처음에는 큰 각오와 정열을 가지고 이 고난의 길로 들어서지만 얼마 지나지 않아 이들의 대부분은 나쁜 친구들의 꼬임에 빠지고, 술과 여자들의 유혹에 빠져 후회하게 되고, 결국은 아무것도 이루지 못하고 중도에 그만두어 자신의 파멸은 물론 그에게 기대를 걸었던 부모와 친구들 그리고 후원자들에게 커다란 슬픔만 가져다준다.

설혹 그 학문의 길에 들어선 사람이 학자로서의 자질을 모두 갖춘 훌륭한 인재라 하더라도-학구적이고, 부지런하고, 머리 총명하고, 인내력이 강하고-그의 앞에서 그의 몸과 마음을 노리고 기다리고 숨어 있는 수많은 종류의 암초와 복병을 생각해보라. 이 세상에서 학자의 노동보다 더 힘든 노동은 없다. 남이 못 해낸 훌륭한 업적을 남기기 위하여 책과 씨름하다 보면 건강, 재산, 멀쩡한 정신, 그리고 귀중한 목숨 등, 결국 모든 것을 잃게 되기도 한다.

이런 가운데서도 다행히 강철 같은 몸을 타고나 무사히 공부를 마치고 당당하게 학자로서 성공하였다고 가정해보자. 그동안 그 어려운 공부를 하였음에도 불구하고 총기도 잃지 않았으며 다행히 시력도 잃지 않았다. 학교에서는 계속 우등만 했다. 그동안 비용도 많이 들었고 이제 직장을 얻어 생활을 시작할 때다. 그런데 이 학자가 갈 곳이 과연 어디인가? 그동안 자그마치 20년간이나 대학에서 썩었지만, 이제 그 바라던 직장을 얻기란 대학에 처음 발을 들여놓을 때나 조금도 다름없이 멀고 아득하기만 하다. 지금부터 과연 어떤 절차를 밟아야만 한단 말인가?

가장 가능성이 높고 동시에 얻기 쉬운 자리는 결국 학교에서 학생들을 가르치는 선생 자리이거나, 대학의 강사 자리일 텐데, 그 일을 하고 받을 수 있는 돈은 고작해야 매 사냥꾼의 수입만도 못한 연봉 십 파운드, 거기에 하루 세 끼 식사와 약간의 시간 외 수당, 그리고 부잣집 아이들의 부모를 기쁘게 하였을 경우 혹시라도 떨어질지도 모르는 몇 푼의 부수입뿐이다. 이 자리도 학부모들이 잘 보아주어야 2~3년 해먹을 수 있다. 시간이 조금 흐르고 나면 게으르다는 이유로 어느 날 느닷없이 해고를 당한다. 이렇게 되면 쫓겨난 하인처럼 별 수 없이 다른 학교를 또 찾아 나서야만 한다. 이렇게 해서 천신만고 끝에 다른 학교에 자리를 얻었다고 하자. 그 대가는 무엇인가? 호라티우스의 말처럼 :

선생의 운명은 아이들 가르치는 일.
어느 촌구석 교실에서 품사나 설명하는 일.

당나귀처럼 그는 먹을 양식을 위하여 시간과 몸을 바쳐야만 한다. 손에는 회초리를 들고 아이들 못 알아듣는 라틴어도 가끔 써먹으며, 낡아빠진 옷을 걸치고 교단에 서야만 한다. 지금까지 공부하느라 고생한 대가로 그가 이제 누리는 것은 중노동뿐이며, 몸이 늙어 비실비실해질 때까지 간신히 그를 지탱해줄 몇 푼의 월급뿐이다. 이것이 전부다. 학자는 행복한 사람이 아니다.

대학을 나온 사람이 학교 선생 자리 외에 얻을 수 있는 자리에 목사 자리가 있다. 그것도 대도시의 번듯한 교회의 목사 자리면 얼마나 좋겠느냐마는, 그런 자리가 주변머리 없는 이 사람에게 돌아갈 리가 있겠는가? 기껏해야 어떤 부잣집 가정교사 겸 개인 목사 자리다. 그러나 이 자리도 지체 높은 주인이나 그 마나님의 마음에 들어야지 그렇지 못할 경우에는 당장 문밖으로 쫓겨난다. 결국 공부를 해서 그것을 가지고 밥벌이를 해보겠다는 사람들은 — 학자, 시인, 수사학자, 역사가, 철학자, 수학자 — 여름 한철 신나게 나무 그늘 속에서 노래 부르고 나서 추운 겨울이 찾아오면 굶어야만 하는 베짱이의 운명과 같다. 그들에게 알맞은 직업이 없으니 말이다. 이와 같은 학자들의 운명은 어제나 오늘의 일이 아니고 아주 오래된 것이라고 소크라테스는 다음과 같은 이야기를 들려준다. 여름 한낮 해가 뜨거워지고 베짱이들이 시끄럽게 울어대기 시작하면 소크라테스는 졸음을 이기지 못하고 꾸벅꾸벅 졸기 시작하는 제자들에게 항상 베짱이 이야기를 들려주었다고 한다. 그의 이야기에 의하면, 시신 뮤즈가 탄생하기 전까지는 학자나 음악가, 시인들은 모두 베짱이처럼 고기나 술을 먹지도 마시지도 않고 살았다고 한다. 그래서 제우스는 이들은 모두 베짱이로 만들어버렸다고 한다.

모두가 허망한 이야기들이다. 그러나 분명한 사실은 예나 지금이나 학자들의 운명은 가난하고 비참하다는 것이다. 항상 자신의 불쌍한 처지를 남에게 호소하여 부유한 후원자의 도움을 바라는 신세다. 그렇게 하다 보니 몇 푼의 돈을 얻어 쓰기 위하여 비난을 하거나 욕을 해도 시원치 않을 아무런 덕이나 자격이 없는 폭군과 같은 후원자를 위하여 거짓말도 해야만 하고, 없는 덕을 칭송하는 글도 써서 이들의 비위를 맞추기 위하여 아첨도 해야만 한다. 결국 조그만 이익을 얻기 위하여 이들은 마치 거리의 악사나 돈 받고 싸움터에 나서는 용병과도 같이 힘 있는 사람들의 심부름꾼이나 노리개가 되기도 한다.

이런 학자들은 황금을 산더미처럼 가지고 있으면서도 그 가치를 모르는 야만인과도 같다. 이들은 이미 최고의 교육기관에서 최상의 교육을 받은 사람들이다. 최고의 자격을 가지고 있으며, 최고의 명예도 갖춘 사람들이다. 우리 보통 사람들에게 이들은 찬사와 부러움의 대상이다. 대시인 호메로스 없이 어찌 장군 아킬레우스가 있었겠는가? 역사가 쿠르티우스[39]와 아리아노스[40]가 없었다면 알렉산더 대왕의 족적을 우리가 어찌 알겠는가? 호라티우스의 다음과 같은 노래에는 참으로 진리가 담겨 있다.

---

[39] 쿠르티우스(Quintus Curtius Rufus, AD 1세기경) : 로마의 역사가. 그의 10권으로 된 알렉산더 대왕의 전기 중 첫 1, 2권은 없어졌고 나머지 8권은 전해지고 있음.

[40] 아리아노스(Flavius Arrianos, AD 2세기경) : 그리스의 역사가. 아테네 시장 역임. 알렉산더 대왕의 전기 『알렉산더 대왕의 생애』와 노예 출신의 철학자 에픽테토스의 철학에 관한 두 권의 책을 남김.

아가멤논 장군 이전에도 수많은 맹장들이 있었다.

그러나 이들을 노래해준 시인이 없었기에

울어주는 사람 하나 없이, 알아주는 사람 하나 없이,

모두 깜깜한 어둠 속에 묻혀버렸네.

역사상 유명한 사람들과 사건들은 참으로 학자들이나 시인들의 덕을 본 사람들이다. 학자들이 있기에 이들도 있다. 그러나 학자들을 알아주는 이는 아무도 없다. 학자들은 자기들이 만들어낸 위대한 역사상 인물들의 무게에 눌려 아무런 소리도 내지 못하고 빛도 보지 못한다. 학자가 백과사전을 통째로 그의 머릿속에 가지고 있고 이 세상의 지식을 모두 알고 있다 하더라도 이것은 오직 학자 개인만이 아는 일이며, 개인만이 혼자 기뻐하는 일이며, 개인만이 남몰래 자랑스럽게 생각하는 일이다. 아무도 알아주지 않는다. 춥고 배고프기는 마찬가지다. 곳간의 생쥐처럼 남이 먹고 남은 빵 부스러기나 먹고사는 신세다. 시인 뷰캐넌은 다음과 같이 말하였다 :

부자 의사와 변호사가 말을 타고 가는 옆에

가난한 학자 걸어간다.

가난하면 떠오르는 사람에 학자 말고 시인이라는 부류의 사람들이 있다. 제우스는 자기의 딸들을 결혼시킬 때 다른 딸들에게는 모두 두둑한 지참금을 주면서도 시신 뮤즈에게만은 지참금으로 가난을 주었다고 전한다. 그래서 올림피아산에 살았던 시신들은 구혼자가 없어 모두들 독신이었다고 전한다. 그때부터 이 시신을 흠모하여 따르는 사람들은 모두 하나같이 가난하여 사람들에게 버림받고 혼자 살게 되었다. 우선 이 시인이란 사람들은 외모만 보면 알 수 있다. 입은 옷만 보면 단번에 그 사람이 시를 써서 먹고사는 사람임을 알 수 있다. 언제 어디서고 간에 유달리 꾀죄죄한 옷을 걸친 사람이면 물어보지 않아도 십중팔구 그 사람은 부자들이 경멸하는 시인이다. 사실인지를 확인하기 위하여 얼마 전 어떤 모임에서 실제로 물어본 적이 있다. 그 사람은 자기가 시인이라고 대답했다. 시인인 것은 좋은데 어째서 이렇게 남루한 옷을 입고 다니느냐고 묻는 김에 내처 물었다. "이 직업으로는 부자가 될 수 없답니다"라고 그는 정직하게 대답하였다. 페트로니우스의 말에 다시 귀를 기울여보자 :

바다로 나가 돈을 버는 상인의 이익은 크지요,
군인도 전쟁에 승리하면 금빛 찬란한 투구와 갑옷을 입지요,
부자의 기분을 맞춰주는 아첨꾼들 역시 화려한 옷을 얻어 입지요.
누더기 옷은 우리 시인들 차지.

대학에서 문학이나 수학, 또는 철학 같은 순수 학문을 공부한다는 것이 얼마나 손해이고, 다른 사람들의 존경도 받지 못하고 후원자도 얻기 힘들고 어리석은 일인가를 일찌감치 알아차린 약삭빠른 학생들 가운데는 예술이나 역사, 철학이나 언어학과 같은 순수 학문들은 그저 식탁에서 식사하는 자리에 알맞은 유쾌한 장난감이나 이야기를 재미있게 꾸미는 장식품 정도로 옆으로 밀어놓고, 그 대신 법률, 의학, 그리고 신학과 같은 현실적이고도 수지맞는 학문을 공부하여 먼저 충분히 돈을 벌고 나중에 자기가 원하는 공부를 하겠다는 사람들도 있다. 그럴 필요는 없다. 돈이 있는 사람은 자기 돈을 계산할 줄 안다면 족하지 따로 수학을 공부할 필요는 없다. 자기가 소유한 토지의 크기를 아는 사람은 이미 지리 공부는 다 한 사람이다. 다른 사람의 성공과 실패를 알고 그들의 잘못된 행동을 보고 자신의 행동을 바로할 줄 아는 사람은 이미 뛰어난 신학자다. 이 세상에서 가

장 훌륭한 망원경을 가진 사람은 다른 사람이 아니고 다른 위대한 사람들이 이루어놓은 업적과 성과에서 나오는 광휘를 자기에게 비출 줄 아는 사람이다. 좋은 일자리를 마련할 도구를 혼자서도 마련할 줄 아는 사람이 바로 훌륭한 기술자다.

요즈음 대학이라는 것은 그 질이 아주 낮다. 좋은 학생이 없기 때문이다. 공부를 하고 나서도 좋은 보수나 대접이 없으니 제대로 된 철학자, 수학자, 고전학자가 있을 리 없다. 그저 너나 나나 하겠다고 나서는 것이 신학인데, 이것은 졸업 후 부유한 마을에 위치한 커다란 교회의 목사 자리가 탐이 나서 하는 짓이지 정작 신학 공부와는 거리가 멀다. 요사이 부모들은 자식들의 적성이나 능력은 아랑곳하지 않고 그저 법률이나 신학을 공부시킨다. 진정한 학문의 탐구는 속세의 이익 앞에 아무런 힘을 쓰지 못한다. 모든 사람들의 눈에 먼저 뜨이는 것은 번쩍이는 황금이지 그리스어나 라틴어로 쓰여진 고리타분한 종이 뭉치가 아니다. 이처럼 돈을 아는 사람들이, 돈을 가진 사람들이, 나라를 차지하여 다스리고 있으며 왕 앞에서 이런 말 저런 말로써 왕의 귀를 즐겁게 하고 있다.

반면 학자들은 무거운 짐을 지고 더위에 헐떡이면서 억울한 운명을 감수하고 이런 사람들을 섬기면서 이들이 주는 쥐꼬리만 한 돈을 받아 연명하면서 하루하루를 살아간다. 비록 이들의 생활이 결코 가치 없는 것이라고는 할 수 없으나, 이들은 가난한 시골 구석이나 대학의 한구석에 파묻혀 일생 동안 아무도 알아주지 않는 가난한 삶을 영위하고 있다. 이름도 없이, 소박하게, 겸손하게, 조용히, 그리고 가난하게, 이제부터 나는 더 이상 이 학자들에 대한 슬픈 이야기는 하지 않으련다. 눈물이여, 이제 그만 가거라. 시신들이 상복을 입고 있다고 더 이상 눈물을 흘릴 이유는 없다. 교회도 이제는 조소와 경멸의 대상이며, 성직도 이제는 성직이 아니니까.

우울증의 직접 원인과 증상

우울증에 걸려 시달림을 받고 있는 사람들에게 어떤 만족감을 주기 위해서는 나는 다른 일은 할 수 없고, 이 증상이 어째서 생기느냐 하는 그 원인을 밝혀주는 일 말고는 다른 방법은 없다고 생각한다. 우선 말하고 싶은 것은 이 우울증은 흔히 사람들이 생각하는 바와 같이 악마의 장난도 아니고 신들렸다거나 신의 버림을 받아 일어나는 증상이 아니라는 사실이다. 자연스러운 내적 원인에서 발생하는 것이다. 그러니까 이 증상에서 자유롭기를 원하는 사람은 더 많은 인내력을 가지고 이 증상에 걸리지 않도록 노력하거나 일단 그런 증상이 발생하더라도 참고 견디어야만 한다. 이 우울증의 가장 흔하고 전형적인 경우는 두려움과 슬픔인데, 이 두려움과 슬픔이 어느 날 느닷없이 평소에 아주 현명하고 신중한 사람에게 엄습하는 것이다.

그 이유에 대하여서는 지금까지 많은 전문가들이 제각기 그럴듯한 설명을 시도하고 있으나 확실한 것은 불행하게도 없다. 일반적으로 알려진 설명에 의하면 검은 냉기가 주범이다. 이 출처를 알 수 없는 검은 냉기는 몸속에 침입하게 되면 우리의 정신을 어둡게 만들고 우리 뇌 속의 중요한 부분을 어둡고 희미하게 만들기 때문에 우리 시야에 나타나는 모든 물체와 현상을 두렵고 처량하게 보이도록 만든다. 이처럼 우리 체내의 네 가지 체액 가운데서 검게 변한 담즙, 즉 멜랑콜리에서 나오는 검고 눈에 잘 보이지 않고 또 걸쭉한 김은 우리 마음조차 우울하게 만든다. 이렇게 되면 우리의 뇌는 해괴한 형상의 환상으로 가득 차게 되고 우리의 눈은 없는 것과 있는 것을 혼동하게 된다. 앞서 이야기한 바와 같이 몸속에 침입한 냉기가 곧 우리의 마음속에 두려움과 슬픔을 만들어내며 이 냉기는 우리 마음속의 즐거움이나 유쾌함과는 거리가 먼 것으로 우리의 마음을 멍하고 무겁게 만들며, 이런 사람은 혼자 있고 싶어 하거나 말이 없어진다. 이런 이유로 우울증이 있는 사람들 가운데는 가끔 혼자서 어둠 속에 있거나 혼자서 사람이 없는 산속이나 들판을 걷는 이들도 있다.

반면에 몸에 냉기 대신 열기가 든 사람도 있다. 냉기가 든 사람이 두려움과 슬픔에 빠지게 된다면 이 열기가 있는 사람은 우선 쾌활하다. 이 열기가 조금 그 강도를 더하게 되면 이 사람은 두려운 것이 없어짐은 물론 쾌활한 정도가 아니고 우리가 자주 미친 사람의 경우에서 보듯이 아주 난폭하고 사나워진다.

결론적으로 이들을 종합해보면 다음과 같다. 우리가 만사에 절제를 어기거나 잃었을 때 우리 몸속에는 검은색의 체액이 생긴다. 이것은 곧바로 우리의 맑은 정신을 혼탁하게 만들며 이렇게 혼탁해진 정신은 우리 마음속에 공포심과 슬픔을 만들어낸다. 이 검은 체액은 우리 몸속에 있는 횡격막을 공격하며, 그 결과로 태양이 구름에 가려 그 빛을 잃듯이 우리의 마음은 동시에 크게 영향을 받게 된다. 이와 같은 갈레노스의 견해에 거의 대부분의 그리스와 로마 그리고 아랍의 의사들은 동조하고 있다. 그러니까 이 두려움의 원인이 되는 물질을 몸속에 가지고 다니기 때문에 이 우울증 환자들은 마치 어린아이들이 어둠을 두려워하듯이 어두운 곳에 가면 무서워한다. 결국 우울증의 원인이 되는 것은 체내에 생성되는 검은 기체가 되는데, 이 검은 기체 또는 기운이 과연 신체의 어느 부위에서 나오느냐에 대하여서는 정확하거나 통일된 해답이 없고 의견이 분분하다. 어떤 사람은 이것은 심장 주변에 생긴 검은 피에서 나온다고 주장하고 있으며, 어떤 사람은 위장, 어떤 사람은 쓸개, 어떤 사람은 횡격막이라고 주장하고 있다. 또 어떤 사람은 위에서 언급된 모든 부분이 다 해당된다고 주장하고 있는데, 모두 크게 도움이 되는 설명은 아니다.

중요한 것은 어디가 어떻게 고장이 났느냐가 아니고, 이 우울증이 가져오는 결과다. 우울증은 그것에 걸린 사람의 마음을 어둡고 침침한 동굴 속에 가두어두며, 계속해서 공포심과 조바심 그리고 슬픔으로 그 사람의 마음을 괴롭힌다. 이와 같은 무기력하고 나약한 사람을 보고 웃어넘길 수 있는 건강한 사람들에게는 이 병은 아무것도 아니다. 오히려 이런 사람들의 증상을 가진 사람과 어울리면서 이들이 앓고 있는 병의 증상을 들으면서 재미있는 장난감을 처음 갖게 된 어린아이와도 같이 즐거워하고 또 신기해한다. 그리고 그런 병이라면 간단히 그리고 쉽게 이겨낼 수 있는 것이 아니냐고 코웃음친다.

그러나 이런 사람들도 너무 자만해서는 안 될 일이다. 아무리 성격이 쾌활하고 근심 걱정을 하지 않는 사람이라 하더라도 어느 날 갑자기 그가 가장 좋아하고 아끼는 친구가 죽었다는 소식에 접해보라. 그 사람이라고 슬퍼하지 않을 수 있겠는가? 아무리 용기가 있고 담이 큰 사람이라고 하더라도 아래가 보이지 않을 만큼의 높은 절벽 위에 서 있게 해보라. 한 발자국만 잘못 디디면 천 길 만 길 낭떠러지 밑으로 떨어져 죽을 위험 앞에서 그 사람이라고 두려움을 느끼지 않겠는가? 당연히 그의 심장은 두려움에 떨리고 머리는 현기증으로 핑핑 돌 것이다. 이런 경우와 내가 여기에서 말하는 우울증에 걸린 사람과의 차이는 전자는 두려워하거나 슬퍼할 충분한 이유가 있는 반면에 후자는 구체적으로 그런 이유도 없는데도 항상 그렇다는 것이다. 다시 말해서 전자의 경우 두려움과 슬픔을 가져온 외부 원인을 제거하면 다시 본래의 쾌활하고 용기 있는 사람으로 되돌아가는 반면 우울증에 걸린 사람은 항상 체내에 그 원인을 가지고 있기 때문에 그 원인을 제거하기가 불가능하다. 그것은 마치 우리 몸과 그림자와 같이 분리하기가 사실상 불가능하다. 이 세상에 자기의 그림자를 떼어버릴 수 있는 사람이 있는가? 이 세상에서 그림자를 앞지를 수 있는 사람이 있겠는가?

이유 없는 두려움과 슬픔이 우울증의 가장 두드러진 증상이라면 여기 뒤따라오는 것이 바로 의심이다. 이 의심은 두려움에서 나오는 것인데 남을 믿지 못하고 항상 누군가가 자기에게 해를 끼칠 계획을 세우고 있다거나, 어떤 종류의 음모나 책략을 꾸미고 있다는 생각에 빠지는 것이다. 그 결과 우울증에 걸린 사람은 항상 초조하고 불안해 보인다. 동시에 밝은 곳을 싫어하게 되고 항상 혼자이며 자기의 삶에 지루함을 느끼게 되고 세상을 혐오하게 되는데, 이 모든 것이 결국은 같은 원인에서 출발하는 것이다.

이는 멜랑콜리 때문이다. 이것이 체내에 많이 쌓이게 되면 우리 몸 속의 모든 기와 체액이 빛을 싫어하게 되며, 빛을 싫어하게 되면 마음속에 두려움이 생기며, 두려움은 친구들이 자기를 이용하지나 않을까, 친구들이 자기를 욕하지나 않을까, 자기를 제쳐놓지나 않을까 하는 의심을 일으켜 친구들을 기피하게 만들며, 친구들을 의심하게 된다. 걸핏하면 성을 내기 일쑤이고 이유 없이 분통을 터뜨리기도 한다. 이 모든 것이 이미 언급한 바와 같이 멜랑콜리, 즉 검게 변한 담즙의 과다한 분비에서 오는 일인데, 이것은 악몽을 꾸게 만들고 그 사람이 잠잘 때나 깨어 있을 때나 그 사람의 마음을 심히 괴롭히고 크게 흔들어놓는다. 이 사람은 자기의 머리가 없어진 것이나 아닌가 하는 착각에도 빠지고, 때로는 자기가 공중을 날고 있거나, 바닷물 속으로 가라앉고 있다는 환상에도 빠지며, 때로는 자기가 사람이 아니고 단지 하나의 둥그런 항아리 또는 길쭉한 유리병이라는 망상을 하기도 한다. 머리에 바람이 들었기 때문이다. 또 어떤 사람은 자기의 머리에 뿔이 있다는 생각도 하며, 어떤 사람은 자기의 코가 별안간 다섯 자나 크게 자라났다고 믿기도 하며, 또 어떤 사람은 자기가 새라고 생각하고, 어떤 사람은 자기가 짐승이라고 생각하며, 더 나아가 정도가 심한 사람은 자기가 바로 이 나라의 왕이라고 굳게 믿기도 한다. 한마디로 미친 사람이 된다.

어째서 많은 사람들 가운데서 유독 학자와 (학생 포함) 사랑에 빠진 연인들이 이 우울증에 빠지게 되는가? 다시 해서 좀 돌았다거나 미친 사람들이 바로 이 우울증을 앓게 되느냐 하는 원인에 대하여 어느 고명한 철학자는 다음과 같은 설명을 늘어놓았다. 이들은 어째서 자기들이 이런 마음의 상태에 이르게 되었는가에 대하여 불철주야로 맹렬하게 생각하고, 또 생각하다 보니 그들은 그들의 체내에 있는 모든 기운들을 자연히 두뇌 속으로 집중시키게 된다. 이 뇌 속에 집합한 모든 기운들은 협소한 장소에 모이게 되니 자연히 열을 발산하게 된다. 그런데 뇌는 더 이상 그 발생한 열을 지탱하거나 제어하지 못할 지경에 이른다. 결국 뇌 세포의 일부는 이 열을 받아 파괴되고 말며 뇌는 그 본래의 기능을 하지 못하는 지경에 이른다. 참으로 명석하고도 믿을 만한 설명이다.

아리스토텔레스가 주장한 바와 같이 어째서 유독 우울증이 있는 사람이 대개 머리가 명석하고, 어째서 이 세상의 모든 학자들이, 유명한 철학자들이, 그리고 현자들이 이 우울증에 시달리는 사람들인가에 대한 설명은 많이 있지만 각양각색이다. 이들 가운데 가장 많은 사람들의 공감을 얻고 있는 설명은 자연발생적이라는 이론이다. 어째서 사람이 멍청해지고, 무겁고 어두워지고, 재미 없는 사람이 되고, 냉하고, 건조하고, 겁이 많아지고, 바보가 되고, 남과 어울리지 못하여 외톨이가 되는가 하는 문제는 간단한 설명으로는 그 해답을 얻기가 불가능하다.

우울증의 예후 진단

그런데 크게 다행한 점은 이 우울증은 결코 그 사람을 죽음으로 이끄는 병은 아니라는 사실이다. 다시 말해서 우울증 그 자체가 원인이 되어 죽는 사람은 없다. 또다시 말하면 우울증을 시름시름 앓다가 죽는 사람은 없다는 것이다. 다만 자살하는 사람은 흔히 있다. 사람이 스스로 자기의 목숨을 끊는 이 자살이야말로 이 세상에 존재하는 비참하고 끔찍한 재난 가운데 아마도 가장 큰 것 가운데 하나인데, 불행하게도 이런 일은 우리가 주변에서 자주 접하는 일이며, 이 자살을 택하는 사람들 가운데는 우울증의 증상을 갖고 있는 사람들이 많이 있다. 의사 히포크라테스가 관찰한 바와 같이, "인간은 죽음을 가장 두려워하면서도 적지 않은 사람들이 자살을 한다." 동서고금의 이름난 의사들도 이 자살을 예방하거나 고치는 약이나 치료 방법을 갖고 있지 않다. 죽음의 공포가 그렇게 무서워도 사람은 스스로 목숨을 끊는다. 빛을 두고 스스로 어둠 속으로 들어간다. 가슴속의 슬픔과 두려움을 끝장내고 아픔을 누그러뜨리려고 스스로 목숨을 끊는다.

어떤 사람에게는 그가 느끼는 비참함과 비통함이 극도에 달하여 삶에서는 일말의 기쁨이나 위안을 얻을 수 없게 되어 현재 그가 당하고 있는 견디어내기 어려운 고통에서 해방되기 위한 하나의 방편으로 자기 스스로 자기의 목숨을 끊게 되는 처지에 이르고 만다. 프라카스토로의 말에 의하면, 사람은 때로는 극도의 분노를 이기지 못하여, 그러나 그보다는 훨씬 더 많은 사람들이 절망에서, 슬픔에서, 공포심에서, 고통과 고민, 분통에서 벗어나기 위하여 자기 목에 칼을 댄다고 하였다. 왜냐하면 그의 삶이 불행하고 비참하기 때문이다. 이런 사람은 밤에도 잠을 잘 수가 없고, 휴식을 취할 수도 없으며, 혹시라도 잠이 들면 악몽에 시달린다. 이런 사람의 눈에는 대낮에도 무서운 형상이 보이며, 의심과 공포, 슬픔, 불만, 근심과 걱정, 수치심, 고민 등으로 온몸이 조각조각으로 찢겨나감을 느낀다.

이런 사람들은 마치 야생마들처럼 단 한 시간도 아니, 단 일 분도, 조용하고 편안한 마음으로 가만히 있지 못한다. 이들은 자기들의 의지나 의사와는 관계없이 긴장하고, 죽음에 대하여 골똘히 생각하게 되고, 그것을 잊어버리지 못하고, 죽음의 그림자는 밤낮으로 그들의 영혼을 쫓아다닌다. 이렇게 되면 이들은 언제 어디에 있으면서도 쉴 사이 없이 고문에 시달리며, 자기 몸이 자기 자신에게 하나의 짐으로 변하며, 구약성서에 나오는 욥처럼 먹지도 못하고, 마시지도 못하고, 잠도 잘 수 없게 된다. 구약성서 「시편」에 있는 바와 같이, "이들의 영혼은 이제 고기를 먹기도 싫어하게 되었으니 이제 죽음의 문턱에 이르게 된다." 욥처럼 이들은 자신들이 처한 옴짝달싹할 수 없는 억울한 처지와 운명을 저주하고, 자기들이 이 세상에 태어난 날을 원망하고, 마침내 차라리 죽기를 원하게 된다. 피네다를 비롯한 여러 의사들은 이구동성으로 욥의 경우가 바로 우울증이 심화된 절망의 상태이며, 그 정도라면 미친 사람이나 다름없다고 말하고 있다.

이들은 분노와 실망, 억울함과 절망 속에서 이 세상, 친구들, 동지들, 인간 전체, 심지어 신에게까지 자주 습관적으로 불만과 실망, 원망을 터뜨리면서, 살기를 원하지도 않고 죽지도 못하면서 얼마 동안 시간을 보낸다. 마침내 이런 더럽고 추하고 괴로운 나날을 보내는 비참한 생활에서 자기를 구원해줄 어떤 위안이나 위로, 수단이나 방법을 발견하지 못하였을 때, 이 사람은 죽음을 택함으로써 이 모든 고통에서 벗어나기로 결정하여 실행에 옮긴다. "모든 생명체는 자기에게 가장 좋은 것을 희구한다. 비록 그것이 외형적이나마 자기가 희망하는 것을 추구한다. 어떤 사람은 죽는 것이 더 큰 고통이나 악으로부터 벗어나는 더 좋은 길이라고 생각하였을 때는 이 길을 선택한다." 이것은 히포크라테스의 말이다.

그렇지만, 기름이 펄펄 끓는 프라이팬에서 뛰어나와 활활 타는 불 속으로 뛰어든 이솝 우화 속 물고기처럼, 고통에서 해방되기를 바라고 하는 극단적인 방법인 이 자살이 자살한 사람의 희망대로 그 결과가 나타난다는 보장은 없다. 자살하는 사람은 자살하기 얼마 전부터 이 극단적인 행동을 생각하면서 참으로 지루하고 두려운 하루하루를 보낸다. 마침내 그는 물속에 뛰어들거나, 목을 매거나, 기타 끔찍한 방법으로 자기 생명을 끊는다. 우리는 이런 끔찍하고 슬픈 자살 소식을 거의 매일 접하고 있다. 어떤 사람은 자기 집 대들보에 목을 매어 죽고, 어떤 사람은 주인의 심한 질책이 두려운 나머지 이를 미리 피하기 위해 지붕 위에서 뛰어내려 죽고, 어떤 사람은 귀양살이에서 풀려나 돌아오기가 싫어서 자기 가슴에 칼을 꽂아 죽기도 한다. 자살의 이유는 각양각색이다. 사랑 때문에, 슬픔 때문에, 분하고 원통해서, 미친 나머지, 그리고 수치심에서, 가난 때문에, 빚에 시달려 등 이루 다 열거할 수 없다. 이 숙명적인 병에는 약도, 의사도 없다.

소크라테스는 극약을 스스로 마시고 죽었고, 미녀 루크레티아[41]는 단도로 자기 가슴을 찔렀다. 티몬[42]은 올가미를 만들어 스스로 목을 매달아 죽었다. 카토와 네로[43]가 자살에 사용하였다는 칼은 뒤에 남아 후세에 전해진다. 클레오파트라[44]는 독사에 스스로 젖가슴을 물려 죽었다.

---

41 루크레티아(Lucretia) : 로마 초기 전설적인 미녀. 루키우스 타르퀴니우스 콜라티누스 장군의 부인. 섹스투스 타르퀴니우스에게 능욕당한 후 자결함. 셰익스피어는 이 사건을 장편시 「루크레티아의 능욕」에서 다룸.

42 티몬(Timon of Athens) : 셰익스피어의 희곡 「아테네의 티몬」의 주인공. BC 5세기 말, 소크라테스와 페리클레스와 동시대에 살았던 아테네 사람으로 셰익스피어는 그를 인간혐오주의자가 될 정도로 인간에 대해 깊은 환멸을 가지는 인물로 묘사함.

43 네로(Nero Claudius Caesar, 37~68) : 로마의 황제(재위 54~68). 철학자 세네카의 제자였고 클라우디우스 황제의 양자가 되어 황제의 딸 옥타비아와 결혼, 황제를 독살하고 황제가 됨. 어머니의 살해를 교사함. 왕비 옥타비아와 그의 여동생 안토니아를 살해함. 사비나와 결혼, 얼마 후 죽임. 로마에 불을 질러 도시 대부분을 폐허로 만듦. 수많은 기독교도들을 학살함. 스승 세네카를 비롯하여 수많은 귀족들을 살해함. 자살함.

44 클레오파트라(Cleopatra Ⅶ, BC 69~BC 30) : 고대 이집트 아울레테스 왕국의 여왕. 아버지 프톨레마이오스 12세의 유언에 의하여 오빠이자 남편 프톨레마이오스 13세와 함께 왕국의 지배자가 됨. 오빠에 의해 왕위에서 축출되었으나 로마의 율리우스 카이사르가 프톨레마이오스 13세를 패배시켜(왕은 도주하는 도중 익사함) 다시 왕위에 오름. 왕권을 두 번째 남편이자 남동생) 프톨레마이오스 14세에게 넘겨주고 카이사르의

카르다노가 말한 바와 같이, 자살을 생각하는 사람의 고통스러운 하루는 그 길기가 수백 년에 해당한다. 영혼의 발작이요 마비 상태다. 그것은 살아서 경험하는 지옥이다. 지상에 지옥이 있다면 그것은 바로 우울증이 심화되어 자살의 지경에 이른 사람의 가슴속에서 발견할 수 있다. 이 세상에 수없이 많은 종류의 고문이 있지만 자살을 강요하는 우울증보다 더 괴로운 고문은 없다. 지상의 어떤 폭군도 이보다 더 사람에게 아픔을 주는 고문 방법이나 도구를 만들어내지 못하였다. 어떤 형틀도, 시뻘겋게 달군 쇠꼬챙이도, 산 채로 사람의 사지를 찢거나 절단하는 방법도 이것이 가져오는 고통에 미치지 못한다. 심지어 신의 분노보다 더 가혹하게 인간을 괴롭히고 고문하는 것이 자살로 이끄는 우울증의 고통이다. 제우스의 분노도 어떤 악마의 장난도 이 최악의 상태에 이른 우울증만큼 인간을 괴롭히지는 못한다.

다시 한번 강조하여 말하지만, 중증의 우울증 환자야말로 인간이 겪을 수 있는 고통과 고뇌, 번뇌의 정상이요, 정수요, 핵심이요, 결말이요, 종점이다. 이런 상태의 우울증에 비하면 이 세상에 존재하는 모든 다른 질병들은 벼룩에 물려 고생하는 것에 지나지 않는다. 우울증에 걸린 사람이 겪는 고통은 인간에게 하늘의 불을 최초로 가져다준 죄로 코카서스 얼음산 절벽에 묶여 독수리에게 창자를 뜯어 먹히는 벌을 받았다는 프로메테우스의 고통에 비할 수 있다. 다른 질병에 걸린 사람은 의사를 찾아가거나 약을 구하여 그 병을 고칠 수도 있고 아픔을 완화시킬 수도 있다. 실제로 우

애첩으로 2년간 로마에 가서 삶. 다시 이집트로 돌아와 아들을 왕으로 만들기 위해 프톨레미오스 14세를 죽임. 로마 장군 안토니우스를 만나 사랑에 빠짐. 안토니우스에게 버림받았다가 다시 결합하여 그와 함께 1년간 이집트에서 동거함. 안토니우스를 도와 악티움 해전에 참가. 옥타비아누스에게 패배. 알렉산드리아로 도주. 옥타비아누스를 유혹하려 했으나 실패함. 로마로 끌려가 개선식에 전쟁포로로 취급받아야만 한다는 사실을 알고 음독자살함. 독사에게 자기 가슴을 물게 하여 죽었다는 전설도 있음.

리는 다리나 팔이 아플 때, 몸에 열이 나거나 심한 상처를 입었을 때, 기타 어떤 병에 걸렸을 때, 이 아픔에서 헤어나기 위하여, 그 병을 퇴치하기 위하여, 본래의 건강 상태를 다시 회복하기 위하여, 장래의 건강을 위하여, 때로는 큰 돈도 아끼지 않고, 쓰디쓴 약도 서슴없이 마시고, 구린내 나는 환약도 목구멍으로 넘기고, 살을 지지기도 하고, 신체의 일부를 절단하는 고통도 감수한다. 왜냐하면 이 세상에 존재하는 귀하고 소중한 것들 가운데서 가장 고귀하고 소중한 것은 단연 우리의 생명이기 때문이다.

생명이야말로 우리가 유지하고 싶어하는 가장 큰 소망 가운데 하나이며, 오래 살고 행복한 나날을 보내고자 하는 욕망은 인간의 욕망 가운데 가장 강렬한 소망이다. 인간이면 누구나 더 오래 살기를 원한다. 그런데 이 우울증이 깊어져 자살을 생각하는 사람에게는 살아가는 것처럼 지루한 것이 없고 지겨운 것 또한 다시 없다. 그는 자기가 그렇게도 혐오하고 있는 죽음이란 것을 남몰래 혼자서만 간직하고자 한다. 삶의 고통이 너무나 크고 감당하기 어렵기 때문이다.

사람들은 육체의 병과 마음의 병 가운데서 어느 것이 더 견디기 어려운 것인가에 대하여 질문한다. 물론 간단히 비교할 성질의 것이 아니지만, 다른 병이 아니고 이 자살의 문턱에 이른 우울증의 경우에서만은 분명 마음의 병이 더 견디기 어려운 아픔을 준다고 단언할 수 있다. "이 경우 마음과 몸 모두 병이 든 것은 분명하지만 더 심하게 병이든 쪽은 마음이다"라고 카르다노는 지적하고 있다. 슬픔을 치료하는 데는 시간이 약이라는 진리는 다른 병에는 어느 정도 통할지 몰라도 이 중증의 우울증 환자의 경우와 같이 불행한 사람에게는 해당되지 않는 말이다. 이런 사람은 회복의 가능성이라고는 전혀 없는 불치의 병에 걸려 있는 사람이며, 더 살면 살수록 상태는 더 악화되며 결국 죽음만이 이들의 고통을 완화시켜줄 수 있다.

이와 같은 극도의 고통과 슬픔에 처한 사람이 자기 스스로 목숨을 끊는 일을 저지르는 것이 과연 합당한 일이냐, 아니냐 하는 문제를 놓고 철학자들의 의견은 분분하다. 다시 말해서 자살한 사람을 비난할 것이냐, 아니면 이해하고 동정할 것이냐 하는 문제가 제기된다. 플라톤학파의 여러 학자들은 그런 경우 자살을 인정하며 찬성하고 있다. 꼭 필요한 경우 자살을 택하는 것은 합당하다는 견해다. 소크라테스도 자살을 옹호하였다고 그의 제자 플라톤은 다음과 같이 기록하고 있다. "불치의 병에 걸려 고통을 받아야만 할 때, 그렇게 하는 것이 자신에게 좋다고 판단될 때 사람은 스스로 자신의 목숨을 끊을 수도 있다."

향락주의 철학자 에피쿠로스[45]와 그의 제자들, 냉소주의 철학자들, 그리고 금욕주의 철학자들은 일반적으로 자살을 긍정적으로 인정하고 있으며, 이들 가운데서도 특히 세네카와 에픽테토스[46]와 같은 철학자는 "어떤 길이든 간에 인간을 자유로 인도하는 길은 허용되어야만 한다"고 말하면서, "이 세상 그 누구도 자기의 의사에 반하여 강제로 살지 않아도 된다는 사실에 대하여 우리는 신에게 감사해야만 한다"고 자살의 행위를 인정하였다. 탈출의 길이 바로 우리 눈앞에 열려 있는데 우리가 우리의 자유를 가로막는 창살이나 감옥을 두려워할 이유가 어디에 있겠는가? 죽음은 언제라도 우리를 맞이할 준비가 되어 있다. 당신의 눈에 저 험준한 바위와 저 강물, 저 구덩이와 저 나무가 보이는가? 그곳에 바로 자유가 대기하

---

45 에피쿠로스(Epicuros, BC 342?~BC 270) : 그리스 철학자. 향락주의 철학의 창시자. 아테네에서 제자들을 가르침. 오직 즐거움만이 선이요 도덕의 궁극적인 목표라고 가르침. 그러나 진정으로 삶의 즐거움을 얻기 위하여서는 만사에 신중해야만 하고, 명예와 정의를 존중해야만 된다고 가르침.

46 에픽테토스(Epictetos, AD 1세기경) : 그리스의 스토아 철학자. 본시 노예였으나 로마 귀족인 주인이 로마로 데리고 와 노예의 신분에서 해방시켜주었으며, 철학을 가르침. 도미티아누스 황제에 의하여 다른 철학자들과 함께 로마에서 추방당함. 그의 저서는 전해지는 것이 없고, 그의 제자 플라비우스 아리아노스의 저서 『토론』과 『엔케이리디온』을 통하여 그의 철학적 사상을 알 수 있다.

고 있고, 고통과 번민의 노역으로부터 탈출할 수 있는 탈출구가 있다. 적의 포로가 되어 노예가 될 처지에 처한 스파르타의 한 청년은 "나는 노예가 되기 싫다"고 외치면서 절벽 아래로 몸을 던져 죽었다. 노예의 비참함에서 벗어나기 위함이었다. 이처럼 자살은 고통으로부터 벗어날 수 있는 어려운 탈출구이긴 하지만 그것이 하나의 탈출구임은 분명하다.

자살하지 말고 기다려 끝을 보는 방법은 어떤가? 이 의견에 대하여서는 반대 의견이 지배적이다. 사람이 구태여 비참함 속에서 살아갈 필요는 없다. 극도의 궁핍 속에서 산다는 것은 악한 일이며 또 그런 가난과 궁핍 속에서 살아갈 필요는 없다. 이유 없이 자살을 하는 사람은 겁쟁이요 비겁한 사람이다. 그러나 고통 속에서 연명을 하는 사람은 더 어리석은 사람이요 바보다. "어째서, 무슨 목적으로, 지구 위에는 그렇게도 많은 종류의, 수량의, 독극물이 있겠는가?"라고 플리니우스는 질문하였으며, 이어 다음과 같이 대답하였다. "고통 속에 살게 된 사람들로 하여금 쉽게 자살할 수 있게 하기 위함이다." 과거 제왕들 가운데는 상당수가 항상 먹고 죽을 수 있는 독약을 준비해 가지고 있었다고 리비우스[47]는 기록하고 있다. 철학자 디오게네스가 어느 날 친구 스페우시포스[48]를 길에서 만났다. 친구는 병이 들어 하인의 등에 업혀 가고 있었다. 그는 신음을 하면서 디오게네스에게 아픔을 호소했다. 디오게네스는 말했다. "나는 조금도 당신이 불쌍하지 않소. 당신이 그 꼴을 해가지고 죽는 소리를 내는 것은 더 오래 살기 위하여 아픔을 견디기 때문이오. 당신이 원하기만 하면 언제라도 당신은 고통

---

47 리비우스(Titus Livius, BC 59~AD 17) : 로마의 역사가. 아우구스투스 황제의 후원하에 총 142권의 방대한 저서 『로마인들의 역사』를 남김. 그 일부가 현재 전해지고 있음.

48 스페우시포스(Speusippos, BC 4세기경) : 그리스의 철학자. 플라톤의 조카이자 제자. 아테네에서 살았음. 플라톤이 임종할 때 자기의 후계자로 정함. 그의 저술 가운데 『피타고라스의 숫자들』만이 남아 있음.

에서 벗어날 수 있으니까." 이처럼 디오게네스는 자살을 감행하지 못하는 친구를 불쌍하다고 동정하였다. 세네카는 카토, 디도,[49] 루크레티아, 클레오파트라, 한니발, 브루투스[50] 등이 더 큰 재난으로부터 벗어나기 위하여, 고통과 슬픔에서 해방되기 위하여, 명예를 지키기 위하여, 자기의 정당함을 입증하기 위하여, 좋은 이름이 더럽혀지는 것을 방지하기 위하여, 스스로 목숨을 끊어 자살을 감행한 그 용기를 크게 칭찬하고 있다.

테미스토클레스[51]는 조국을 배반하라고 강요당하자 이에 항거하여 황소의 피를 마시고 죽었으며, 데모스테네스[52]는 독약을 마시고 죽었다. 크라수스[53]의 아들 푸블리우스,[54] 감찰관, 플란쿠스는 적의 손에 붙잡혀 포로

---

49 디도(Dido) : 베르길리우스의 서사시 『아이네이스』에 나오는 카르타고의 여왕. 티로스 왕국의 공주. 남편 시카이오스가 형제인 피그말리온에게 살해당하자 충직한 신하들과 함께 북아프리카로 도피, 그곳에 카르타고를 세우고 여왕이 됨. 트로이 전쟁에서 패한 아이네아스가 유민들을 이끌고 그곳에 잠시 머물렀을 때 디도는 그와 사랑에 빠짐. 아이네아스가 떠나자 불 속에 뛰어들어 타죽음.

50 브루투스(Marcus Junius Brutus, BC 85?~BC 42) : 로마의 정치가. 율리우스 카이사르를 암살하는 데 가담한 주동자 가운데 한 사람. 마케도니아에서 군사를 일으켰으나 안토니우스와 옥타비우스의 연합군에게 패배, 자살함.

51 테미스토클레스(Themistocles, BC 527?~BC 460?) : 아테네의 정치가, 장군. BC 480년 살라미스 해전에서 아테네 해군을 지휘하여 페르시아 해군을 완전히 격파함. 반역죄에 연루되어 국외로 망명, 국외를 전전하다가 마침내 페르시아까지 감. 페르시아에서 환대를 받았으나 결국 자살함.

52 데모스테네스(Demosthenes, BC 385?~BC 322) : 아테네의 정치가. 그리스에서 가장 뛰어난 웅변가로 일컬어짐. 마케도니아 필리포스 왕의 아테네 침공에 맞서 웅변으로 아테네 시민들을 궐기시킴. 아테네와 테베의 연합군이 케로니아 전투에서 필리포스 왕에게 패하고 아테네가 함락되자, 포로가 되는 치욕을 당하지 않기 위하여 음독자살함.

53 크라수스(Marcus Licinius Crassus, BC 115?~BC 53) : 로마의 정치가, 장군. 집정관을 지냄. 스파르타쿠스 반란을 진압함. 율리우스 카이사르, 폼페이우스와 함께 제1차 삼두정치의 한 사람. 시리아 총독을 지냄. 파르티아 정벌에 나섰으나 카레 전투에서 참패하여 포로가 되고 처형당함.

54 푸블리우스(Publius Licinius Crassus, ?~BC 53) : 로마 공화정 말기의 군인이다. 마르쿠스 리키니우스 크라수스의 아들. 카이사르의 갈리아 전쟁에서 큰 활약을 하고 아버

가 되느니 차라리 죽음을 택하였다. 역사상 수많은 연약한 여자들이 순결을 지키기 위하여 목숨을 끊었다는 사실은 역사에 기록되어 있다. 키케로의 친구였으며 명망 높은 로마 원로원 의원이었던 아티쿠스[55]는 현명하고 슬기롭기로 널리 알려진 인물이었다. 그는 자기가 불치의 병으로 오래 고생하게 되자 치료와 회복의 희망과 가능성이 없는데도 막연히 생명을 더 연장한다는 것은 고통을 그만큼 더 증가시킬 뿐이라고 생각하고는 고통에서 벗어나기 위하여 스스로 굶어 죽기로 결정하고 그것을 실행에 옮겼다. 아그리파[56]를 비롯하여 그를 아끼는 많은 친구들이 울면서 그의 결심을 번복할 것을 간청하자 그는 단호한 태도와 목소리로 친구들에게 자기의 좋은 의도를 이해하고 받아줄 것을 요청하였으며 자기의 결심을 흔들지 말아달라고 간청하였다. 그리고 그는 곧바로 죽었다.

사람이 전시에 전쟁터에 나가 위험과 죽음을 무릅쓰고 적진에 뛰어들어 적도 죽이고 자신도 목숨을 잃게 되는 일은 흔히 있는 일이며, 이런 경우 저질러지는 살인과 자살 행위는 용맹과 용기의 표상이요 명예로운 일로서 사람들의 칭송을 받고 무공훈장도 받는다. 과거 마사게타이족[57]이나 바르비키안족 사람들은 누구든 70세가 넘으면 그 나이에 필연적으로 수반되는 심신의 장애나 고통으로부터 그 노인을 해방시켜주기 위하여 목을 눌러 질식시켜 죽였다. 코아섬의 주민들도 그랬다. 이 섬은 공기가 특별히 좋았기 때문에 일반적으로 사람들이 장수를 누렸으며 이 장수하는

지를 따라 시리아 원정에 나섰다가 파르티아 군대와 전투 중 전사함.

55 아티쿠스(Titus Pomponius Atticus, BC 109~BC 32) : 로마의 귀족. 문인들의 후원자. 특히 키케로의 친구로서 서신 교환. 키케로의 편지들을 편집함.

56 아그리파(Marcus Vipsanius Agrippa, BC 63~BC 12) : 로마의 장군, 정치가. 아우구스투스 황제의 보좌관. 악티움 해전에서 안토니우스를 격파하는 데 결정적인 공을 세움.

57 마사게타이족 : BC 7세기~BC 4세기 사이에 카스피해 북동부 연안, 시르다리야강 하류 지역에 걸쳐 거주하던 유목민 집단.

노인들에게 심신의 장애가 발생하여 비참해지기 전에 이 섬에 많이 자라는 양귀비나 독미나리에서 채취한 독약을 사용하여 잠들게 하였다. 모어도『유토피아』에서 삶이 그 사람 자신에게 혹은 다른 사람에게 크나큰 고통을 줄 때는 (특히 산다는 것이 그 사람에게는 하나의 큰 고문일 경우에는) 자살을 해도 좋다고 썼다. 이런 경우 그런 지겨운 삶으로부터 그 사람을 해방시켜 주는 것은 감옥에 갇힌 사람에게 자유를 주는 것과 같으며 이 일을 스스로 할 수 없을 때는 다른 사람이 도와줄 수도 있다고 하였다. 플라톤, 타키투스[58], 플루타르코스, 아우구스티누스 등은 모두 하나같이 노환이나 불치의 병, 극도의 고통과 가난, 불명예, 치욕 등에서 벗어나기 위하여 자살하는 것을 하나의 정당한 권리로 인정하고 있다. 파비우스[59]는 사람이 어떤 종류의 고통을 필요 이상으로 오래 겪는다면 그것은 그 사람의 잘못이라고 말하였다. 마테오 리치[60]에 의하면, 중국에서는 어느 사람이 한때 크게 잘 살다가 몰락하여 절망에 빠지거나, 가난과 고통, 그리고 큰 불행에 처하게 되어 고통을 받게 되면 자기에게 불운을 가져온 사람을 저주하기 위하여 바로 그 원수의 집 대문에 목을 매어 자살하는 일은 자주 있는 일이었다고 기록하고 있다.

이 세상에 죽지 않고 영원히 사는 사람은 없다. 자살을 하지 않는 사람도 조만간 죽는다. 어떤 방법으로든지 한 번 생명이 끝나면 두 번 다시 죽는 일이 없다. 그렇다면, 어떻게 어떤 방법으로 죽든 거기에 과연 어떤 차이가 있을 수 있단 말인가? 사람이 아무런 이유 없이 스스로 목숨을 끊거

---

58 타키투스(Cornelius Tacitus, 55?~117?) : 로마의 웅변가, 정치가, 역사가.

59 파비우스(Quintus Fabius Pictor, BC 3세기경) : 로마의 역사가, 장군.

60 마테오 리치(Matteo Ricci, 1552~1610) : 이탈리아 출신의 예수회 선교사. 인도를 거쳐 1601년 중국 북경에 머물면서 중국에 최초로 기독교를 전파함. 중국의 지리와 역사, 풍습에 관한 많은 저서를 남김.

나 죽는 일은 없다. 그러나 사람은 결국 언젠가는 죽어야 하며, 사람이 생명을 유지하고 살아 있는 동안에는 언제 어떻게 기습해 올지 알 수 없는, 일일이 열거할 수 없이 많은 재난과 비극에 노출되어 있다. 그렇다면 그 모든 재난에 대한 두려움 속에서 그런 비극과 고통을 참아가며 오래 살아갈 것이 아니라 단 한 번의 죽음을 겪는 것이 차라리 낫지 않겠는가? "쓰디쓴 삶보다는 차라리 죽음이 낫다"라는 말은 구약의 「전도서」에 있는 격언이다. 알고 보면 두려움 속에서 살기로 결정하는 일은 한 번 죽음으로써 만 가지 두려움과 걱정으로부터 자유로워지는 것을 선택하는 일보다 더 어려운 선택일 수도 있다. 암브라키오테스는 생전 그를 따르는 제자들에게는 물론, 그의 설교를 듣고자 몰려온 수많은 청중들에게 그의 능란한 화술과 웅변으로써 이승에서 구차스러운 삶을 살아가는 고통과 저승에서의 행복을 설파하여 많은 사람들이 그 자리에서 죽음으로 달려가도록 설득하는 데 성공하였으며, 자신도 만인이 지켜보는 앞에서 절벽 아래로 몸을 던져 죽었다. 그는 플라톤의 제자로서 항상 스승의 「영혼에 대하여」라는 글을 탐독하였으며 이것을 그대로 실행에 옮겼다. 그의 자살을 놓고 시인 칼리마코스[61]는 다음과 같이 적었다 :

> 낮을 밝히는 햇빛에 마지막 작별을 고하고,
> 암브라키오테스는 마침내 저승으로 몸을 던졌다;
> 그를 죽음으로 달려가게 만든 것은
> 그가 저지른 어떤 흉악한 범죄도 아니었고,
> 견디기 어려운 슬픔도 아니었다;

---

61 칼리마코스(Callimachos, BC 3세기경) : 그리스의 학자, 시인. 세계 최초 최대의 알렉산드리아 도서관의 관장을 역임함. 약 800여 편의 작품을 썼다고 하지만, 그 가운데 6편의 찬송가와 64개의 경구, 기타 몇 개의 작품만이 그의 것으로 전해짐.

인간의 영혼에 관한 플라톤의 훌륭한 글을 열심히 읽었을 뿐.

칼레누스섬의 인디언 부족들은 사람이 늙어 죽는 것을 하나의 불명예로 알고 싫어하였다고 한다. 키르쿰켈리온 교도들과 도나티스트 교도들은 삶이 싫어지면 동료들에게 자기의 목숨을 끊어달라고 부탁하였으며, 이런 요구에 그의 동료들은 기꺼이 응하였다고 한다.

그러나 자살을 옹호하고 합리화하고 미화하는 이 모든 이론과 주장, 관행과 관습들은 잘못된 것이며 거짓이며 야만적인 태도이며, 생명을 경시하는 불경스러운 금욕주의 철학자들의 모순이며 역설이며 억지이며 사악한 사례들이다. 철학자들이 이 자살을 부추기는 취지로 한 말들은 아무런 소용이나 가치가 없다. 그런 사람들은 불경한 사람들이었으며 혐오스럽고 잔인하기 이를 데 없고 무지하고 무식한 사람들이었다. 시작부터 잘못된 길로 들어선 사람들이었다. 어쩌면 사람이 아니었다. 짐승이나 다름없는 존재였다. 아니, 인간의 형상을 한 짐승이었다. 예수와 성경이 자살에 반대할 뿐만 아니라, 신은 물론 모든 선량한 정상적인 사람은 자살을 거부한다. 다른 사람의 몸에 칼을 꽂는 사람은 그 사람의 몸만을 죽일 수 있다. 그러나 자기 스스로 자기 몸에 칼을 꽂는 사람은 자기 몸뿐만 아니고 자기의 영혼도 죽이는 것이다.

"구걸하는 거지에게 돈을 주는 사람은 결코 그 거지에게 좋은 일을 하는 것이 아니다"라고 말한 어느 유명한 시인이 있다. 이런 자선 행위는 그 구걸하는 사람의 비참한 삶을 연장시킬 뿐이라는 것이 그 이유다. 그러나 락탄티우스[62]는 이런 생각은 참으로 동정받아 마땅한 아주 잘못된 덜 익은 이기적인 생각이라고 통렬하게 반박하였다. 아우구스티누스와 히에로니

---

62 락탄티우스(Firmianus Lactantius, 4세기 초) : 기독교 호교론자. 대표작은 『신적 교리』.

무스도 자살이 크게 잘못된 생각이며 행위임을 지적하였다. 이들은 자살하는 사람들이야말로 "어리석은 철학의 희생물"이라고 불렀다. 키프리아누스는 말하기를 "자살이란 방법으로 생을 마감하는 사람들은 예외 없이 질병이나 야망 또는 광증에 굴복한 사람들이다. 자살은 한마디로 미친 짓이다. 이들은 죽음이 너무나 두려운 나머지 자살을 할 만큼 미친 사람들이다." 아리스토텔레스도 『윤리학』에서 같은 취지의 말을 하였다.

자기 몸에 스스로 해를 가하여 목숨을 끊는 경우나, 부상을 입힌 경우나, 아니면 어떤 어쩔 수 없는 심리 상태에서 다른 사람을 칼로 찌른다거나 하여 죽이거나 부상을 입힌 경우, 그런 행위를 한 사람이 정신이 미친 상태에 있다거나 정신이상의 상태에 있었거나 오랫동안 심한 우울증에 시달림을 받았을 경우에는 그 행위에 대한 형벌이나 비난이 완화되거나 감소할 수밖에 없다. 이런 심신의 상태에 있는 사람은 이성이나 판단력을 상실하였기 때문에 마치 선장이 없는 배가 바위에 충돌하거나 모래 위에 좌초하여 난파를 당하듯이 무슨 일이라도 저지를 수 있다.

포레스투스는 심한 우울증으로 자살한 두 사람의 이야기를 들려주고 있다. 이 두 사람이 끔찍하게도 자살을 하자 마을 사람들은 이들의 행동을 크게 비난하였으며 앞으로 있을지도 모르는 이와 같은 자살을 방지하고 동시에 다른 사람들에게 경고하는 뜻에서 이들에게 정중한 장례식을 허용하지 않았을 뿐만 아니라 매장을 하지 않고 그대로 길거리에 방치하기로 결정하였다. 그러나 이들이 생전에 겪고 있었던 심적 고통과 심한 정신이상의 상태가 사람들에게 알려지자 사람들은 비난을 중지하고 처음의 결정도 번복하여, 다윗 왕이 사울[63]을 묻어주었듯이, 이들의 시체를 정중

---

63 사울(Saul, BC 1100년경) : 이스라엘의 초대 왕. 처음에는 다윗의 보호자, 후에는 경쟁자가 됨. 길보아산 전투에서 블레셋인들에게 패하여 전사함. 다윗 왕이 그의 뒤를 이음.

하게 매장하였다고 한다. 살인을 저지르고 붙잡혀 사형을 당한 살인범의 시체에 대하여 세네카는 다음과 같이 말하였다. "이자는 살인자였기에 이 사람을 미워하는 것은 당연하다. 그러나 이제 그는 죽었으니 불쌍히 여기자."

이처럼 우리는 자살한 사람의 재산이나 신체는 처분할 수 있다. 그러나 이자들의 영혼은 어찌되는 것인가? 여기에 대한 해답은 신만이 알고 있다. 신의 자비심과 은총이 다리와 강물 사이에, 칼과 목 사이에, 내려주기를 우리는 간절히 기도할 뿐이다. 어느 누구에게 어제 일어난 일은 내일 당신에게도 일어날 수 있다. 당신이라고 자살이라는 그 유혹에 빠지지 말라는 보장이라도 있는가? 그의 경우가 당신의 경우가 될 수 있다. 우리는 남을 비난함에서 너무 엄격하거나 경솔해서는 안 된다. 자비로움, 동정심, 긍휼로 심판할 것이며 최후까지 희망을 잃지 않도록 하자. 신이여, 우리 모두에게 자비를 내리소서!

제2부

우울증의 치료법

사이비 치료법을 배격하라

우울증이라는 이름의 고질병, 항상 어디에서나, 언제나, 누구에게서나 발견되는 병, 떨쳐버리려 해도 떨쳐버릴 수 없는 고약한 병, 불치의 병, 환자를 따라 그의 무덤까지 동행한다는 병, 그러나 몬타누스의 증언에 의하면, 이 병도 결코 불치의 병만은 아니고, 방법에 따라서는 고칠 수도 있으며, 비록 그 증상이 아주 심해진 경우라 하더라도 적어도 그 증상을 완화시키거나 누그러뜨릴 수 있다. 그러니 절망하지 말자. 물론 그 치료가 쉽지는 않다. 그러나 아무리 그 증세가 중하다 하더라도 그 환자가 우울증에서 회복하겠다는 의지가 있을 때는 그 치료가 결코 불가능한 것만은 아니다.

우선 이런 희망의 토대 위에 나는 이 우울증의 치료 방법으로 들어가겠는데, 그 방법은 내가 이미 이 병을 일으키는 원인들을 열거하면서 설명하였던 방식을 사용하여 우울증의 종류와 그 증세의 경중에 따라 일반적인 치료법에서 세부적인 치료법으로 들어가겠다. 이런 치료 방법들 가운데는 합법적인 것이 주가 되겠고, 흔히 사용되어 우리에게 잘 알려지고 익숙한 방법들이지만 그 방식과 효과에서 항상 의문과 비난 그리고 의견이 분분한 비합법적인 것들도 열거하여 설명하고자 한다.

초자연적인 치료법에 관하여

우선 먼저 후자, 즉 우리의 정신 속에 파고드는 이 우울증을 치료하기 위하여 교회의 신부나 무당, 마녀, 또는 점쟁이들이 사용하는 기도, 주술, 주문, 마술, 굿, 부적, 이상한 문자나 그림, 끈, 미약, 자석 등의 치료 효과에 대하여 논하기로 한다. 과연 이런 방법이나 물건들이 우울증의 치료에 효과가 있는가? 효과가 있다면 과연 이런 방법을 사용하는 것은 합법적인가? 우리가 이런 방법을 택하는 것이 과연 현명한 일인가?

이런 방법이나 물건이 우울증을 치료하는 데 효과가 있느냐 없느냐 하는 질문에 대하여서는 의견이 갈린다. 어떤 사람은 효과가 있다고 말하고 어떤 사람은 그 효과를 부정한다. 히포크라테스나 이븐 시나[1]와 같은 의사들은 어떤 악마나 귀신이 우리의 몸과 정신을 사로잡는 일은 있을 수 없는 일이라고 단정하고 있기 때문에 간단히 그런 방법과 효과를 부정하며, 우울증의 발병을 자연스러운 원인과 체내에 있는 체액의 변화에 돌리고 있다. 반면에 카르다노와 같은 사람들은 이런 치료 방법의 효과를 인정하였다. 우선 이들은 보통 사람들이 할 수 없는 기적과 같은 일을 해내는 특수한 초자연적 능력을 타고난 사람들의 존재를 인정하였다. 이런 사람들은 활활 타는 불길 속에 손을 넣어도 데거나 다치지 않으며, 앉은 자리에서

1 　이븐 시나(Ibn-Sina, 980~1037) : 아랍 출신의 의사, 철학자. 세계를 널리 여행함. 약 100여 권의 저술을 남겼으며 그 가운데 『정전(*The Canon*)』은 당시 의학적 지식의 체계적 정리로서 가장 권위 있는 의학 교과서로 인정됨. 그 외에 신학, 형이상학, 논리학, 수학에 관한 저서가 있음.

도난당한 물건을 회수할 수 있으며(물건을 훔쳐간 도둑도 함께), 자리에 없는 도둑의 얼굴을 거울 속에 나타나게 할 수 있으며, 독사들도 얌전히 누워 있게 만들 수 있고, 흐르는 피를 멈추게 할 수 있고, 통풍의 고통을 완화시킬 수 있고, 지랄병, 광견병, 치통, 그리고 우울증 등 이 세상의 모든 질병을 고칠 수 있다. 또 이들 가운데는 인간이 죽지 않고 영원히 살게 만들 수도 있다. 스페인의 어느 나이 많은 후작부인은 신통력이 있는 그녀의 노예 덕분에 다시 젊어졌다고 한다.

타우렐루스[2]와 같은 사람은 우울증의 원인이 악마와 같은 존재의 장난 때문에 발생하는 것이 아닌 한 이 병의 치료를 위하여 악마를 불러들인다는 것은 아무런 효과가 없다고 잘라 말하였다. 그렇지만 놀랍게도 어떤 신통력이 있는 사람은 악마나 귀신을 불러오는 기적 같은 일을 행하며, 이들이 불러온 눈에 보이지 않는 존재들은 자유자재로 우리의 신체 각 부분을 파고 들어가 우리는 도저히 이해할 수 없는 방법으로 병을 치료한다는 사실은 우리가 주변에서 흔히 경험하고 목격하는 일이다. 우리 주변에 얼마나 많은 무당들이 있는가? 또 이들에게 찾아가 고통을 호소하는 사람들 또한 얼마나 많은가? 솔로몬도 주문, 주술, 부적 등을 사용하여 사람들의 마음의 병을 치료하였다고 한다. 이런 사람들의 치료법은 현재 어디서나 매일 행해지고 있으며, 사람들은 악마도 하나의 훌륭한 의사이며, 신도 이런 무당이나 마법사 또는 마녀와 같은 사람들에게 이런 능력을 주었다고 믿고 있다.

무당이나 마녀가 주술이나 부적을 통하여 마음의 병을 고칠 수 있다고 하였을 때 남는 문제는 과연 이것이 올바른 우리의 선택인가 아닌가라는 점이다. 다시 말해서 우리 주변에 정신이 이상해진 사람이 있어 다급해진

---

2 타우렐루스(Nicolaus Taurellus, 1547~1606) : 네덜란드의 철학자이며 의학자.

나머지 무당이나 점쟁이를 찾아가 도움을 구하는 것이 과연 합당한 일인가? 이런 경우 우선 무당이나 점쟁이를 먼저 찾아가고 그다음 의사를 찾아가는 것이 일반적인 관습이다. 사람은 먼저 하늘 위에 있는 신에게 호소하여 응답이 없을 때 비로소 땅 아래를 휘젓는다. "병을 낫게만 해준다면 그것이 하느님이든 악마이든, 천사이든 도깨비이든, 무슨 문제가 되겠는가?"라고 파라켈수스[3]는 옳은 질문을 하였다. 그는 계속해서 말하기를, "사람이 물에 빠져 허우적거리며 죽게 되었을 때 그를 구해주는 사람이 친구면 어떻고 적이면 어떤가? 내가 내일 그런 병에 걸리면 상대가 누구이든 가리지 않고 내 병을 고쳐줄 사람에게 달려갈 것이다." 그는 무당이나 점쟁이들을 하느님의 심부름꾼, 사자, 목사, 대리인이라고까지 치켜올려 호된 비난을 받기도 하였다. 그러나 그는 자신의 신념을 굽히지 않고 틈만 나면 환자들로 하여금 무당들의 굿이나 주술을 굳게 믿고 따르도록 격려하였다. "굳게 믿고 따르면 효과를 본다. 교회의 신부나 목사 또는 의사들이 무어라 반대를 해도 개의치 말라. 이런 병에는 다른 치료법이 있을 수 없다. 주술에 걸린 병은 주술로만 고칠 수 있다."

그러나 위와 같은 의견은, 최근에 와서 모든 기독교 성직자들과 신도를, 신학자들, 그리고 의사들에 의해 그런 것을 신에 대한 모독으로, 하나의 미신으로, 근거 없는 헛된 노력으로, 한 걸음 더 나아가 아주 유해한 것으로 여겨지고 있다. 성경은 여러 곳에서 그것을 절대적으로 금지하고 있으며, 하나의 용서받을 수 없는 죽을 죄로 기록하고 있다. "선을 얻기 위하

---

3 파라켈수스(Philippus Aureolus Paracelsus, 1493?~1541) : 스위스 태생의 의사, 연금술사. 광부들의 병을 연구하여 질병 치료에 일가견을 이룸. 당시까지 주장되어온 '체액설'(질병의 원인을 몸속에 있다는 4가지 체액에 돌리는 가설)을 부정함. 질병의 치료에서 관찰과 경험의 가치를 강조함. 질병의 치료에 유황 온천목욕, 아편, 수은, 납, 철, 비상, 구리 등을 사용함. 질병의 치료에 미신과 비법도 인정함.

여 악을 행하여서는 안 된다. 영혼의 병이 든 환자는 그 병을 고치기 위하여 자신의 영혼을 악마에게 맡겨 영구히 그 영혼의 건강을 위태롭게 하느니 차라리 죽는 것이 낫다. 이런 병은 그 고통을 참고 견디며 살아가는 방법 외에는 다른 도리가 없다"라고 델리오는 충고하고 있다. 그러나 인간의 몸속에 깃들인 악마를 추방하는 의식은 초기 기독교에서는 물론, 한때 스페인의 살라만카대학이나 폴란드의 크라코비아대학 등에서 공공연하게 실행되었으며, 현재도 가톨릭교회에는 그 잔재가 남아 있다. 요즈음 사람들이 세례의식을 행할 때 물을 사용하는 것처럼, 한때 사람들이 예수의 이름으로 악귀가 든 사람에게서 악귀를 몰아내는 의식을 시행할 때는 불, 연기, 빛, 약초, 향기 등을 사용하기도 하였다. 당시 행하여졌던 이런 귀신을 몰아내는 의식에는 수없이 많은 종류가 있었으며, 이 가운데는 도저히 용납될 수 없고 견디어내기 어려운 잔인하고도 야만적인 미신도 많았다.

의사, 의술, 그리고 환자

이상과 같이 비합법적이고 비정상적인 방법들을 고찰하였으니 이제는 합법적이고 동시에 정상적인 치료 방법에 대하여 말할 차례다. 여기에 속하는 것이 첫째는 기도하는 것이요, 두 번째는 의사에게 찾아가는 것이다. 이 두 가지를 따로따로 나누어 하는 것이 아니라 동시에 함께 하는 것이다. 도와달라고 기도만 드리고 의사에게 가서 의논하지 않는다면 그것은 마치 이솝 우화에서 자기의 마차가 수렁에 빠져 움직이지 않게 되자 길에 벌렁 드러누워 "헤라클레스여, 와서 좀 도와주소서!"라고 외치는 사람의 경우가 같다고 하겠다. 아무도 도와주지 않는다. 그 사람은 친구가 시키는 대로 바퀴에 어깨를 대고 힘껏 밀면서 한 손으로는 채찍을 잡고 말 엉덩이를 힘껏 때려 마침내 그는 수렁에서 마차를 꺼낼 수 있었다. 예수도 눈먼 사람을 치료할 때 진흙과 침을 사용하였듯이 하느님도 어떤 일을 행하시는 데 심부름꾼을 요구한다. 우리는 우리의 몸과 마음의 건강을 위하여 열심히 기도해야만 하는 만큼 우리의 건강을 유지하고 보존하기 위하여 최대한 노력해야만 한다. 우리 몸에 숨어든 어떤 악마는 금식과 기도만으로는 나가지 않는다. 의사의 조언과 약도 필요하다. 그러나 의사의 처방이 제아무리 적절하고, 그가 조제해주는 약이 아무리 우수하고, 그가 주문하는 섭생을 제아무리 정성으로 따른다 하더라도, 하느님의 축복이 없이는 만사가 다 무효다. 잠을 못 이루는 환자를 보라. 맛있는 음식도, 새의 노랫소리도, 가야금 소리도, 이 잠 못 이루는 사람을 달래어 달콤한 꿈나라로 인도하지 못한다. 거대한 저택이 있어도, 장원이 있어도, 전답이 있어도, 황금이 있어도, 돈이 무진장으로 있어도 주인의 병은 깊어만 간다.

그러니까 병을 치료하기 위하여 우리는 의사와 기도 두 가지 모두를 동시에 사용해야만 한다. 구약성서 「열왕기」에 나오는 히스기야도 그랬고, 「누가복음」의 기록자 누가도 그랬다. 그런데 이 병을 고치는 일에는 환자에게만 이런 의무가 있는 것이 아니다. 의사도 환자를 치료하기 위해서는 마찬가지다. 예수의 탄생이 있기 전에 살았던 히포크라테스나 갈레노스 같은 명의들은 스스로 그렇게 행하였고 또 많은 환자들과 제자들에게 그렇게 가르쳤다. 히페리우스와 같은 사람은 모든 의사들이 진정으로 갈망하는 환자들의 쾌유에 관하여 말하는 글에서 다음과 같이 말하였다. "의사들 자신이 신의 도움이 없이는 환자를 낫게 할 수 없다는 깊은 믿음이 없이는 치료는 불가능하다는 사실을 알아야 하며 환자들에게도 그것을 가르쳐야만 한다." 약이 제아무리 많아도 기도가 없이는 건강은 없다.

그러나 질병에 관한 한 하느님이 우리 인간에게 주신 선물 가운데 우리에게 가장 필요한 것일 뿐만 아니라 유익한 것은 역시 의술이요 그것을 실시하는 의사들이다. 의사는 하느님의 손이다. 그 손을 가지고 의사는 하느님의 기적과 영광을 대신 행한다. 병이 들었을 때 훌륭한 의사를 찾아가야만 하는 것은 당연한 일이며, 그 의사가 진정으로 자격을 갖춘 훌륭한 의사인 경우에는 틀림없이 좋은 결과를 얻을 수 있다. 그러나 세상에는 항상 엉터리와 가짜가 있듯이 이 의사들 가운데는 이 고귀하고 인간에게 무한한 선을 행할 수 있는 기술을 더럽히고 훼손하는 무식하고 부정직하고 몰인정하고 자격 없는 돌팔이 의사들도 많이 있다는 사실도 우리는 알고 있다.

의사들은 대부분이 양처럼 순하고 약하고 불쌍한 환자들 앞에서 오만하고 자기본위이며 너무나 권위적이며 때로는 아주 위압적이다. 그런데 그 분야에 아무런 지식이 없는 환자들로서는 이런 횡포를 당해도 속수무책이다. 색깔을 구별할 수 없는 장님 격이다. 그저 내가 의사들에게 간절히 바라는 바는 의사의 정직함이다. 제발 환자에게 너무 몰인정하거나 무관심하게 대하지 말고, 그리고 환자만 보면 참새를 잡아먹는 매처럼 탐욕스러워지지 말아달라는 것이다. 몸에 이상이 생겨 고통 속에 있는 환자에게 거액의 치료비를 요구하는 의사는 그의 자질로 보아 차라리 도살장의 백정이 되는 것이 더 알맞은 일이다. 외과의사들 가운데는 환자가 수술비를 넉넉히 낼 처지에 있지 못하거나 아예 낼 수 없는 경우에는 수술을 거절하거나 수술을 하다가 중도에 그만두기도 한다고 하는데, 이런 의사는 우리 몸에 찰싹 달라붙어 배가 불러 터질 때까지 우리의 피를 빨아먹는 거머리와 같은 놈들이다.

또 어떤 의사들은 순전히 자기의 수입을 늘리기 위하여 그럴 필요가 없는데도 불구하고 무조건 약을 조제해주고 돈을 받는다. 그저 환자에게 좋은 충고를 해주고, 안심시켜주고, 자연의 법칙에 어긋나는 일을 삼가라는 충고 정도면 될 정도의 경우에도, 큰 병이라도 되는 듯이 겁을 주고 약을 판다. 이들은 없는 병도 만들어낸다. 멀쩡한 사람을 환자로 만든다. 이런 의사들의 처신을 경고하면서 아르날두스[4]는 그의 제자들에게 다음과 같이 가르쳤다. "지혜로운 의사는 꼭 필요한 경우가 아닐 때는 찾아온 환자에게 약을 주어서는 안 된다. 약으로 환자를 치료하기 전에 먼저 의학적인 섭생을 시도해야만 한다." 그는 의사들이 약을 써서 우울증이나 몸에 침입한 악마를 퇴치할 수 있다고 믿는 사람들을 경멸하였다. 그리고 그는 또 병의 원인을 결정하는 진단에서 실수의 가능성을 크게 경고하였다. 의사들은 비슷한 증상에 속아 넘어가 정반대되는 약을 쓰는 일도 자주 있다. 체액을 순화시켜야 하는데 반대로 휘저어놓아 병을 고치기는커녕 오히려 악화시키는 경우가 허다하다.

환자들 가운데도 문제가 있는 환자들이 있다. 의사를 싫어하는 환자도 있고, 의사의 충고나 권고를 한쪽 귀로 듣고는 한쪽 귀로 흘려보내는 환자도 있고, 치료를 거부하는 환자도 있다. 그렇다고 의사가 이런 환자를 소홀히 하거나 마음대로 하라고 내버려둔다면 그 의사는 진정한 의사가 아니다. 진정한 의사라면 이런 경우도 하나의 질병으로 간주하여 인내심을 가지고 그 환자를 돌보겠다는 의지와 사랑을 가져야만 한다. 그러나 이런 경우는 아주 드물고 문제는 항상 의사가 불필요한 약을 너무 많이, 너무 오랜 기간 동안 환자에게 투여하여 환자의 심신을 지치게 하고 약하게 만드는 데 있다. 의사가 처방해주는 약을 오랫동안 사용해도 차도가 없어 복용을 그만두고 나자 병이 저절로 나았다는 이야기는 지어낸 이야기가 아니다. 우리 몸은 스스로 회복하는 신기한 능력이 있다. 황무지도 내버려두면 비옥한 땅으로 변하듯이 우리 몸에게도 정작 필요한 것은 휴식이다.

---

4 아르날두스(Arnaldus de Villa Nova, 1235?~ 1312) : 스페인 태생의 의사, 점성술사, 연금술사. 바르셀로나와 파리에서 의학과 철학을 가르침. 인류 최초로 연탄가스와 부패한 소고기의 위험성을 발견함.

환자의 태도에 관하여

아무리 양심적이고 유능한 의사를 만났다 하더라도 환자가 그 의사의 말이나 치료에 절대적으로 신뢰하고 복종하지 않을 때는 의사의 모든 노력은 좋은 결과를 낳을 수 없다. 병의 효과적인 치료를 놓고 의사와 환자 사이에 지켜져야만 될 여러 가지 필요한 조건들 가운데 두 가지만 든다면 다음과 같다.

첫째, 환자는 치료비를 아껴서는 안 된다. 나의 스승 데모크리토스가 살았던 아브데라 마을의 주민들은 명의 히포크라테스를 부를 때는 그가 원하는 만큼의 보수를 약속하였다. 자기들이 가진 황금 모두를 사례금으로 주겠다고 약속하였으며, 아브데라 마을 전체가 황금덩이라면 히포크라테스는 마을 전체를 가져도 좋다고 말할 정도로 그들은 히포크라테스의 치료를 받는 데는 손이 컸다. 시리아 사람 나만은 자기가 앓고 있던 문둥병을 치료받기 위하여 이스라엘에 살고 있었던 엘리사를 찾아갔을 때 은화 십 달란트와 황금 육천 조각, 새 옷 열 벌을 사례금으로 가지고 갔다.

둘째, 병을 부끄러워하여 그 고통이나 증상을 숨기지 말아야만 한다. 자기를 괴롭히는 질병에 대하여 솔직하게 의사에게 털어놓아야만 한다. 어리석은 사람의 잘못된 부끄러움은 곪아터지고 있는 상처를 감추어 나중에는 큰 재앙으로 키운다. 화재는 초기에 진화해야 하듯이 병도 초기에 잡아야 한다. 사람들은 자기에게 찾아온 병의 위험성을 채 깨닫지 못하고는 그 증상을 무시하거나, 의사를 찾아가는 일을 계속 연기하거나, 치료를 게을리하거나, 공연히 짜증을 내거나, 절망하거나 하여 일을 아주 어렵게 만든다. 지금 나는 그 도시의 이름은 기억할 수 없지만 그 도시의 사람들은 적국이 그 마을을 향하여 진격하고 있다는 소식이 전해졌지만 애써 그런 소식을 들으려 하지 않았다. 전염병이 도시의 여기저기서 발생했지만 시장을 비롯한 그의 부하들은 그 사실을 발설하지 못하도록 명령했으며, 시민들도 그 명령에 따랐다. 마침내 적군이 시내로 진입하게 되자 그때서야 부랴부랴 수비대를 편성하고 저항하려 하였으나 그때는 이미 너무 늦었다. 전염병이 전국으로 번져 이제 더 이상 사실을 감출 수 없게 되자 시민들은 모두 그간의 태평함과 태만함을 크게 뉘우치고 후회하였지만 소용없는 일이었다. 병에 걸린 사람들도 이런 경우와 크게 다르지 않은 경우가 허다하다. 순전히 어떤 잘못된 고집에서, 편견에서, 병원에 가기가 싫어서, 약 먹기가 싫어서, 의사에 대한 불신에서, 어떤 사람은 치료를 거부하여 병을 악화시키거나 차라리 죽는다. 멜란히톤은 이것을 "야만적인 고집"이라 불렀으며, "개탄해 마지않을 어리석음이며, 건강의 기본원리와 좋은 약, 그리고 의학 자체를 무시하고 경멸하는 오만한 태도이며, 수많은 질병을 자초하는 행위이며, 결국은 스스로 자신을 죽음으로 끌고 가는 행위다"라고 하였다.

이와는 정반대의 경우도 만만치 않게 많다. 항상 자신의 건강만을 생각하고 관심을 갖는 사람들도 있다. 이들은 자신의 건강을 중요시한 나머지 항상 자신의 건강에 대해 의심하고, 다른 사람의 건강을 부러워하고, 시기하고, 질투한다. 이런 사람은 아무렇지도 않은 작은 심신의 불편에도 사소한 이유를 가지고 걸핏하면 병원으로 달려가 없는 고통을 호소한다. 기분이 조금 상해도, 발가락이 가려워도, 잠이 부족하여 졸음이 와도 큰일이라도 난 듯이 의사에게 달려간다. 이런 사람은 손가락이 조금 아파도 즉시 의사에게 달려가거나 하인을 시켜 의사를 즉시 오도록 명령하기도 한다. 이런 사람은 병이 아닌 것도 병으로 상상하거나 만들기를 좋아한다. 특히 우울증의 증세가 있는 사람들의 가장 일반적이고 공통적인 특징은, 이들은 자기가 앓고 있는 병의 증세를 항상 실제보다 더 심하다고 생각하거나 불치의 병으로 생각한다는 것이다. 그렇기 때문에 의사에게 이 우울증 환자들은 다른 일반 환자들보다 더 어렵고 귀찮은 환자들이며, 이들은 의사와 약을 자주 바꾸는 것이 특징이다.

마지막 세 번째로 환자에게 요구되는 것은 명랑한 마음과 건강 회복에 대한 자신감을 갖는 일이며, 담당 의사가 자기의 병을 틀림없이 고쳐줄 것이라는 확신을 갖는 일이다. 이런 조건은 의사에게도 똑같이 적용된다. 의사는 자기에게 찾아온 환자의 병을 자기가 치료할 수 있다는 자신감을 가져야 하며, 그렇지 못할 경우 그의 의술과 그가 처방하는 약은 효과를 보지 못할 것이다. 의사는 환자에게 자기가 틀림없이 병을 낫게 해주겠다는 약속을 하여 환자로 하여금 적어도 그렇게 믿도록 만들어야만 한다. 갈레노스는 또 이렇게 주장하였다. "질병을 치료할 때 자신감과 희망은 어떤 약보다 더 효과가 크다." 의사는 자기가 치료할 수 있다는 자신이 있는 환자를 더 잘 치료할 수 있다. 생전 히포크라테스를 높이 존경하고 흠모하던 악시오코스라는 사람은 병이 깊이 들어 죽음의 일보 직전에까지 이르렀으나 히포크라테스의 왕진을 받고는 즉시 그 자리에서 건강을 회복하였다고 한다. 파라켈수스는 어째서 히포크라테스가 의사로서 그처럼 높은 명성을 얻고 있었는가에 대하여 다음과 같이 설명하였다. "그것은 히포크라테스가 다른 의사들보다 어떤 특별한 의학적 기술이 뛰어나서가 아니었다. 그것은 순전히 수많은 사람들이 그의 의술에 대하여 갖게 된 절대적인 신뢰의 결과였다."

이 의사에 대한 신뢰 외에 환자로서 필요한 것은 인내심과 복종 그리고 항심, 즉 변함 없는 일관된 마음가짐이다. 다시 말해서 뚜렷한 이유 없이 걸핏하면 의사를 바꾼다든가 담당 의사를 싫어한다든가 하는 것은 좋은 결과를 가져오지 않는다는 사실을 명심하는 일이다. 왜냐하면 그렇게 하는 환자는, 다시 말해서 이 의사 저 의사 너무 많은 의사를 찾아다니는 사람은 많은 실수에 빠질 염려가 있으며, 이 약 저 약 너무 많은 종류의 약을 사용하게 된다. 세네카가 문병차 친구 루킬리우스를 찾아갔을 때 친구에게 충고한 말은 의사를 바꾸지 말라는 것과 약을 바꾸지 말라는 것이었다. "그것처럼 건강을 해치는 것은 없다네. 고약을 여러 가지 쓰면 상처는 낫지 않는다네." 특히 우울증 환자들은 치료를 받아도 쉽게 병이 낫지 않기 때문제 자주 의사를 바꾼다. 새로운 의사를 계속 찾아다니는 동안 수백 가지 종류의 새로운 치료 방법도 시도해보며 동시에 수천 가지의 새로운 약도 복용해본다. 그러나 결과는 병을 악화시켜 치료를 더 어렵고 불가능하게 만드는 것이다.

의술에 관하여

병을 치료하는 데서 약의 중요성은 그 우선 순위가 맨 마지막 자리다. 왜냐하면 성경에 있듯이, "하느님은 지상의 모든 약재를 창조하셨으며, 현명한 사람으로서 약을 마다할 사람은 없으며, 이 모든 약재를 사용하여 약제사들은 필요한 약을 만들기 때문이다." 이런 약재의 종류는 무한정하다고 말할 수 있다. 식물과 동물은 물론, 금석 등 한량없다. 그 성질 또한 각양각색 끝이 없다. 어떤 것은 이 사람에게는 좋으나 저 사람에게는 해롭고, 어떤 것은 자체로는 독성이 있어 생명에 치명적이지만 잘 가공하여 조제하면 좋은 약으로 변하며, 좋은 의사에 의하여 잘 사용되면 난치의 병도 치료될 수 있다.

히포크라테스의 정의에 의하면, 약이란 별것이 아니고 더하기와 빼기다. 즉 부족한 것을 보충해주고 넘쳐나는 것을 삭감해주는 것이다. 한 가지의 약으로 모든 병을 치료할 수 있다는 주장, 즉 만병통치약이 있다는 주장은 하나의 소망이요 희망일 뿐이다. 내가 이제부터 본격적으로 이야기하고자 하는 우울증이라는 독특한 질병만 하더라도 그 치료 방법과 치료약만 하더라도 한두 가지가 아니다.

식사 조절 요법에 관하여

그런데 자고로 내로라하는 의사들이 마치 만병통치의 약처럼 들고 나오는 것에 '식사 조절'이라는 것이 있다. 기아네리우스와 같은 사람은 이것을 '으뜸가는 치료 방법'이라 불렀다. 몬타누스, 크라토, 메르쿠리알리스, 알토마루스 등도 "모든 질병의 치료에 앞서 시도할 일"이라고 말하였다. 렘니우스[5]와 같은 사람은 이 식사를 통한 치료 방법에 대하여 말하기를, 이 먹는 일이야말로 "건강이 걸려 있는 돌쩌귀로서 이 식사 조절 없이는 어떤 치료도 건강 회복의 희망도 없다"라고 말하였다. 스페인의 한 젊은 여인은 심한 우울증에 걸려 사람들을 만나기 싫어했으며 식구들이나 친한 친구들과도 함께 식탁에 앉기를 거부하였다. 이 환자에게 솔레난더라는 의사는 약을 처방하기에 앞서 이 식사 조절을 실시하였다. 이것이 없이는 다른 처방은 효과가 없다는 것이 그의 주장이었다. 아레투스도 말하기를, 병이 오래되어 그 정도가 심하지 않은 경우라면 식사의 조절 이상 더 좋은 치료 방법은 없다고 말하였다. 그것이면 족하다라는 의견을 제시하였다. 크라토는, 한 공작의 병을 치료하게 되자, 그 귀족이 자기가 먹으라는 음식과 음식의 양을 준수하겠다는 약속만 한다면 자기는 그 공작의 건강을 병이 나기 전의 상태로 회복시켜주겠다는 약속을 하겠다고 말하였다. 몬타누스도 어느 프랑스의 귀족을 치료하게 되자 식사 조절이 없이

---

5 렘니우스(Levinus Lemnius, 1505~1568) : 네덜란드의 의사, 작가.

는 어떤 명약도 별 소용이 없을 것이니 식사에 각별한 주의를 하도록 충고하였다.

결론적으로 말해서 자연에 어긋나는 일을 하면 병이 나는 법이다. 식사를 너무 많이 하는 것도 반대로 식사를 너무 적게 하는 것도 자연에 어긋나는 일이며 이렇게 해서 생긴 병은 자연에 순응하는 일을 함으로써 고칠 수 있다. 이솝 우화에서 창고에 숨어 들어가 너무 많이 먹은 결과 살이 너무 쪄서 이제는 들어간 구멍으로 나올 수 없게 된 족제비가 여우에게 나갈 수 있는 방법을 물었을 때 여우가 말해준 충고는 진리다. "너는 네 몸이 비쩍 말랐을 때 그 구멍으로 들어갔으니 다시 몸이 비쩍 말라야만 그 구멍으로 나올 수 있단다."

식사의 분량에 관하여

지상의 수없이 많은 생물들 가운데서 인간만이 별로 먹고 싶은 강렬한 욕망이 없어도, 꼭 먹지 않아도 되는데도 불구하고 습관적으로 먹고 마심으로써 정작 식사의 즐거움을 낭비할 뿐만 아니라 이런저런 불필요한 병도 유발하는 유일한 존재다. 고기(육류)만 해도 그렇다. 고기가 우리 건강에 좋다는 사실은 부인할 수 없는 일이다. 그러나 요리가 잘못되었다든가 너무 많이 먹었을 때는 위장이 그것을 제대로 감당하지 못하며, 위장 내에 찌꺼기를 남기게 되고, 결국 우리에게 해로운 것으로 변한다. 그래서 크라토는 그의 환자들에게 하루 두 차례만 식사를 하도록 권장했으며, 그것도 식욕이 없다거나 배가 부를 때는 억지로 먹지 말도록 했으며, 식사와 식사 사이에 일곱 시간의 간격을 유지하도록 하였다. 기아네리우스처럼 하루 세 번 식사를 하는 것을 권장한 의사도 있기는 하지만 대부분의 의사들은 하루 두 끼를 엄격하게 지시하였다. 한 가지 공통된 의견은 과식을 엄격하게 금하는 것만큼 금식도 몸에 아주 해로운 것으로 금지하였다는 것. 과식으로 위장이 팽창하는 것만큼 금식으로 위장이 텅 비는 것도 몸에 해로운 일이다. 항상 극과 극은 통하는 법이다.

우울증이 있는 사람들 가운데는 식욕이 왕성하여 특히 많이 먹는 사람들이 많다. 그런데 문제는 소화를 시키지 못하는 데 있다. 이런 사람들은 어떻게 해서든지 배고파 죽지 않을 정도로, 목말라 죽지 않을 정도로만 먹어야 한다고 히포크라테스를 비롯한 유명한 의사들은 하나같이 충고하고 있다. 우리가 흔히 저지르듯이, 배가 몹시 고플 정도로 먹은 것이 없는 사람이 갑자기 자기의 소화 능력을 훨씬 초과하여 게걸스럽게 먹는 것보다 몸과 마음에 해로운 일은 다시 없다고 해도 틀린 말은 아니다. 항상 진수성찬으로 과식하는 일은 자연의 법칙에 어긋나는 일이며, 타고난 심신을 과용 내지 오용하는 일이다. 이 사람은 오래 살지 못하고 일찍 죽는다. 이런 사람이 차라리 운이 나빠 가난한 집에 태어나 항상 부족하게 먹고 살거나, 노역에 처해진 노예처럼 항상 배의 노를 저어야만 하는 힘든 일을 하였더라면 아마도 수명을 훨씬 길게 연장할 수 있을 것이다.

우리는 매일 식탁 위에 각종 고기를 얹어놓을 수 있을 정도로 부유한 사람이 되기를 바라며, 또 그런 사람을 복 많은 사람으로 부러워한다. 그러나 의사는 당신의 귀를 잡아당겨 속삭인다. "그렇게 많은 종류와 많은 양의 음식보다 당신의 건강에 해로운 것은 없다." 절제란 황금으로 만들어진 재갈이며, 이 절제를 잘하는 사람은 인간이기를 이미 초월하여 신의 경지에 이른 사람이나 다름없다. 절제는 짐승을 다시 인간으로 돌려놓으며, 나아가 인간을 신의 경지에까지 올려놓는다. 그대의 명예와 건강을 보존하기 위하여서는 물론, 또 과식에 필연적으로 수반하는 모든 불필요한 팽창과 고문, 방해, 불순물, 그리고 각종 질병을 방지하는 데 가장 좋은 방법은 소식, 즉 조금 먹는 일이다.

식사와 관련하여 내가 결론적으로 하고 싶은 한마디 말은 우리 각자의 경험이 가장 좋은 의사라는 사실이다. 어느 한 사람에게 좋은 식사 방법이나 습관 또는 음식의 종류는 다른 사람에게는 종종 해로울 수도 있다. 그것은 사람마다 입맛이 다르고 체액이 다르고 체온이나 체질이 다르기 때문이다. 그렇기 때문에 사람들은 각자 자기의 체질에 알맞은 것을 잘 선택하여 그것을 스스로 준수하는 것이 상책이다. 티베리우스는 나이 삼십 세가 넘은 사람이 이 식사 문제에 관하여 어떤 것이 좋은 방법이냐고 진지하게 문의한다면 자기는 그저 웃어넘기겠다고 말하였다. 나도 동감이다. 나이 삼십 세가 되도록 자기에게 어떤 식사가 알맞고 좋은 것인지를 모르는 사람이 있다면 이 사람은 확실히 어리석은 사람이다.

먹고 싶은 음식을 조절하는 것만이 아니라 만사에서 자기의 욕망을 누르고 삼가는 절제란 말하기처럼 쉬운 일은 아니다. 이 절제를 보통 이상으로 잘하여 명성을 얻은 사람들도 적지 않다. 이들 가운데는 은둔자, 수도승, 금욕철학자뿐만이 아니고, 많지는 않지만, 귀족, 군주, 왕, 그리고 황제들도 있다. 이들은 모두 병난 후가 아니라 건강한 상태에서 자발적으로 절제를 생활화하여 다른 사람들의 칭송을 받았다. 말이 쉬운 일이지 먹고 싶은 음식을, 식욕이 왕성한데도 불구하고, 엄격하게 제한하여 먹는다는 것은 참으로 어려운 일이다. 속담에 있는 대로, "의사가 지시한 대로 사는 삶은 비참한 삶이다." "먹고 싶은 음식을 마음대로 먹지 못한다면 차라리 죽어 땅속에 묻히는 것이 낫다"라는 말을 하는 사람은 우리 주변에 많다. "병보다 약 먹기가 더 괴롭다"라는 환자의 불평도 우리는 자주 듣는다. 여기에 우리는 동의하고 공감하기도 한다.

그러나 자신을 진정으로 사랑하는 사람은 더 큰 불행을 예방하고 방지하기 위하여서라도 이런 작은 불편을 참고 견디는 것이 현명한 일이다. 우리의 일생은 여러 개의 약 가운데서 가장 작은 약을 선택하는 것이다. 작은 약을 선택하는 것이 더 큰 약을 선택하는 것보다 낫다. 그리고 키케로가 주장하였듯이, "개망나니 젊은이가 되는 것보다는 절제할 줄 아는 노인이 되는 것이 더 좋다." 그는 계속해서 말하였다. "항상 절제를 해서 늙어서는 젊게 살고, 젊어서는 너무 모험하지 말고, 늙어서나 젊어서나 절제 있고 분별 있는 사람이 된다는 것은 참으로 아름다운 일이다."

전지요양에 관하여

우리의 건강과 질병을 논의할 때 빼놓을 수 없는 것에 우리가 항상 들이마시면서 사는 공기가 있다. 공기는 본래 좋은 것이지만 그 공기를 바꾸는 일, 즉 전지요양의 효과 또한 무시할 수 없다. 특히 그 환자가 우울증 환자일 경우에는 살던 곳을 떠나 멀고 낯선 곳을 여행하면서 새로운 풍물을 접하고 구경하고 감상하는 동시에 새로운 장소의 새로운 공기를 호흡하는 것보다 더 효과적인 치료약은 없다. 레오 아페르는 약을 전혀 쓰지 않고서도 이 전지요양을 통하여 수많은 환자들을 치료하였다고 증언하고 있다. 자기가 알고 있는 한 고장은 공기가 너무나 좋아서 사람들을 그곳으로 보내기만 하면 즉시 건강이 회복되거나 병이 완치되어 돌아왔다는 것이다. 립시우스는 이제 막 전지요양을 떠날 준비를 하고 있는 그의 환자에게 보내는 편지에 다음과 같은 의견을 적었다. "이 세상 먼 곳을 여행하면서 지금까지 보지 못하였던 생소한 풍경과 도시, 마을, 사람들, 풍속, 아름다운 강들을 보고도 아무런 감흥을 느끼지 못한다든가, 즐거움을 느끼지 못한다면 그 사람은 사람이라기보다는 나무 막대기나 돌덩어리다."

근엄하기로 유명한 로마의 철학자 세네카도 린테르눔 근처에 있는 스키피오 장군의 저택과 오래된 건물들, 저수지, 목욕탕, 무덤 등을 보고 크게 놀라고 무한정 감탄하였다. 키케로도 처음 아테네를 방문하였을 때 그 오래되고 아름다운 건축물들을 보고 그 도시에 살았던 수많은 훌륭한 시민들을 기억하고는 눈물을 흘리면서 기뻐하였으며 또 한없이 감격하였다고 한다. 로마의 유명한 장군 아이밀리우스는 마케도니아의 왕 페르세우스를 정복하고 난 후 다시는 그 참혹하고 잔인한 그리고 지루하기 짝이 없는 전쟁에서는 손을 떼기로 결심하고는 그동안 지휘하던 군대의 지휘권을 갈루스 장군에게 넘겼다. 그는 이미 상당히 오랜 기간 로마를 떠나 외지에 있었으며 로마에서는 모두가 그가 돌아오기를 바랐지만 그는 로마로 돌아가지 않고 아들과 함께 그리스 전역을 순회 여행하기로 마음먹었다. 테살리아를 지나 델포이까지 갔으며, 거기서 또 메가리스, 아울리스, 아테네, 아르고스, 라케다이몬, 그리고 메갈로폴리스까지 두루 즐거운 여행을 하였다. 그는 이 여행에서 아주 큰 만족감을 경험하였으며 지금까지 맛보지 못한 삶의 즐거움을 발견하였다. 말이 났으니 말이지, 어떤 힘든 일이나 무거운 의무에서 벗어나 세상 구경을 하러 다니면서 즐겁고 행복하지 않은 사람이 어디에 있겠는가? 그리고 마음이 즐겁고 행복한 것이 어찌 우리의 건강에 도움이 되는 보약이 아니겠는가?

이런 의미에서 어떤 사람이 어떤 이유나 사정 때문에 일생 동안 먼 곳에 여행을 한 번도 하지 못하고 태어나 자란 곳에서 항상 같은 사람들만 보고, 만나고, 같은 산이나 강물만 바라보고, 같은 집이나 건물들을 드나들면서 일생을 마치게 되었다면 그 사람은 참으로 불행한 사람이며 우리의 동정을 받아 마땅하다. 그래서 라제스는 그의 환자들에게, 특히 우울증 환자들에게, 여행을 권장한 정도가 아니고 여행을 강요하였다. "여행을 떠나서 이런 여관에서도 자보고, 저런 여관에서도 자보면서, 낯선 사람들과 어울려보라"고 그는 주문하였다. 고메시우스는 우울증 환자에게는 좋은 경치를 바라보는 것 하나만도 좋은 약이 될 수 있다고 주장하였다.

멀리 여행을 할 수 있는 행운을 타고나지 못한 나로서는 내가 태어나 자란 고향 마을에 있는 언덕 위에 올라가서 마을을 내려다보거나 사방을 바라보는 것만도 커다란 기쁨이다. 어떤 사람은 유럽에서 가장 좋은 경관을 바라볼 수 있는 곳으로 런던의 그리니치성을 손꼽았다. 거기서는 한편으로 런던을 바라볼 수 있고, 템스강, 그리고 그곳에 출입하는 수많은 아름다운 선박들, 그리고 다른 쪽에 펼쳐져 있는 드넓은 초원을 한눈에 볼 수 있기 때문이다. 또 누구는 베네치아의 산마르코성당의 첨탑을 꼽는 사람들도 적지 않다. 그러나 나에게 있어서 이들은 너무나 먼 곳에 있다. 가까운 우리 주변에도 우리의 눈을 매료시키고, 우리의 관심을 사로잡고, 우리에게 새로운 즐거움을 주는 자연과 인공의 대상물들이 얼마든지 있다. 큰길에 나가 오가는 낯선 사람들과 강 위에 떠 있는 크고 작은 배를 바라보는 즐거움, 사람들이 북적거리는 장터나 시장을 두루 돌아다니면서 구경하는 즐거움, 이 층의 창가에 편안한 자세로 앉아서 지나가는 행렬을 내려다보는 즐거움 등, 우리 주변에도 구경거리는 얼마든지 있다.

요지는 이렇다. 여행에 따른 장소의 변화, 공기의 변화, 새로운 사람들이나 풍속과의 접촉, 새로운 경험, 아름답고 장엄한 경치의 감상 등은 환자에게는 물론이거니와 건강한 사람에게는 물론, 심지어 짐승들에게도 아주 유익하다는 것이다. 특히 우울증 환자에게 있는 여러 가지 치료법이 있지마는, 이 전지요양, 즉 여행보다 더 좋은 약은 없다고 명의 에규비누스는 말하였다. "물론 다른 약들도 효험이 없는 것은 아니었지만 가장 효과를 본 것은 전지요양이었다."

운동과 건강에 관하여

질병의 치료에는 물론 우리의 건강을 유지하는 데 가장 해로운 것이 있다면 고독함과 게으름이다. 이에 못지않게 해로운 것에 과도한 운동이 있다. 우리의 몸도 하늘에 떠 있는 천체와 같은 것이다. 어느 것 하나 움직이지 않는 것은 없다. 계속 운동을 한다. 정해진 궤도를 따라 일정하게 회전한다. 태양은 떠서는 지고, 달은 커졌다 작아졌다 하며, 별들도 정해진 운동을 계속한다. 공기는 바람에 의하여 움직이고 바닷물은 들어왔다가는 나가고 나갔다가는 또 들어온다. 이 모든 운동은 의심할 여지 없이 자기보존을 위한 것이며, 우리 인간들에게도 가만히 있지 말고 계속 일하라, 움직이라, 노력하라고 가르치고 있는 것이다. 성자 히에로니무스가 수도승 제자 루스티쿠스에게 "악마는 할 일 없어 지루하다고 느끼는 사람을 찾아다닌다"라고 말하면서, 항상 무슨 일에든지 골몰하라고 지시하였다. 세네카도 비록 뚜렷한 목적이 없더라도 무슨 일을 하는 것은 아무것도 하지 않는 것보다는 낫다고 말하였다. 크세노폰[6]은 정할 일이 없으면 장기나 바둑을 두거나, 카드놀이를 하거나, 주사위 던지기를 하거나, 농담을 해서 남을 웃기는 일이라도 하라고 충고하였다.

한 고대 이집트의 왕은 수많은 전쟁을 통하여 거대한 제국을 건설한 후 모든 국민들에게 각자에게 알맞은 직업을 갖도록 하였으며, 노동과 운동을 하도록 명령하였으며, 이렇게 보낸 시간을 적어 매일 보고하도록 명령하였다. 그 이유는 간단하다. 사람들이 게을러지는 것을 사전에 방지하기 위함이었다. 사람은 게을러지면 불평과 불만을 가지게 되며, 불평과 불만

---

6 크세노폰(Xenophon, BC 434?~BC 355) : 그리스 역사가, 수필가, 장군. 아테네에서 출생. 소크라테스의 제자. 그의 저서 『기억』을 통하여 소크라테스의 삶과 인간, 그리고 사상을 알 수 있음.

을 가진 사람들은 결국 어떤 중대한 일을 꾸미고 그것을 실행에 옮기게 되기 때문이다. 성경에도 쓰여 있다. "여물과 채찍과 무거운 짐은 나귀의 몫이요, 고기와 질책과 일은 하인들 몫이니라." 고대 터키의 한 황제는 누구에게나 어떤 종류의 기술을 연마하도록 명령하였는데, 거기에는 왕자들도 예외가 아니었다. 그가 그리스를 정복하고 나서 최초로 외국의 사신들을 접견하는 자리에서도 그는 나무를 칼로 깎아 수저와 어떤 형상물을 만드는 데 골몰해 있었다고 한다. 그가 만들고 있던 것에는 활 고자(활의 맨끝 머리)도 있었다.

자고로 시간을 아껴 잘 쓰는 데는 유대인을 당할 사람은 없다. 그런데 우리 영국에서 소위 귀족이라는 사람들은 바로 게으름의 표상이다. 일정한 직업도 없고 어떤 일도 하지 않는다. 직업을 갖거나 힘든 일을 하는 것은 자신들의 출신과 지위에 불명예가 된다고 생각하기 때문이다. 그러니 항상 구경꾼이요, 빈둥거리면서 놀고 먹는 수벌이요, 일생 동안 남이 장만한 식량이나 축내도록 태어난 사람들이다. 아주 극소수의 사람들을 제외하고 대부분의 이 귀족이란 사람들은 교회에서나 국가에서나 필요하고 알맞은 할 일이 없다. 알맞은 일을 찾으려 하지도 않는다. 그래도 아침이 되면 먹기 위하여 자리에서 일어나고, 아침을 먹은 다음에는 매나 개를 데리고 사냥에 나서 하루를 보낸다. 이런 운동이 아닌 운동과 휴식 아닌 휴식이 지나치다 보니 심신이 지치고 피로해져서 많은 귀족들은 지독한 증세의 우울증에 빠지게 된다. 이들은 시간을 어떻게 쓰는 줄 모른다. 무슨 일에 손을 대어야 하는지도 모른다. 이들은 정직한 노동으로 땀 한 방울을 흘릴 줄은 모르면서도 하찮은 일로 결투를 벌여 한 말이 넘는 피를 흘리는 일을 서슴없이 한다. 이들은 자기들이 그저 그렇게 일생 동안 게으름 속에서 살도록 태어난 것으로 알고 있다. 참으로 동정을 받아 마땅한 사람들이다.

열심히 일하고 부지런하지 않으면 부자가 될 수 없고, 공부 없이 학식이 있을 수 없듯이, 우리의 건강도 신체적인 운동 없이는 유지될 수 없다. 이 신체적인 운동은 부드러운 것이 좋으며 아침마다 식전에 하는 것이 좋다. 신체적인 운동은 적당해야만 하며, 이 적당한 운동은 우리의 건강을 유지하는 것은 물론 우리 몸에 힘과 활력 그리고 탄력을 주며, 소화력을 증진시켜 영양분을 신체의 각 부분에 원활하게 공급하며 신체에 남아 있는 불순물이나 노폐물을 몸밖으로 내보내는 데 크게 공헌한다. 갈레노스 같은 사람은 운동이 식사 조절과 더불어 가장 좋은 약이라고 말하였다. 신체적인 운동이야말로 멍하고 잠들어 있는 자연을 일깨우는 박차와 같은 것이며, 우리 신체 각 부분을 위로해주는 것이며, 허약한 부분을 튼튼하게 만들어주는 강장제이며, 병을 죽여주는 약이며, 우리 몸을 괴롭히는 모든 장난들을 물리쳐버리는 싸움꾼이다.

신체적 운동을 어느 정도 하는 것이 좋으냐에 대하여서도 의견이 분분하다. 갈레노스는 사람은 "몸이 열을 받아 땀이 나기 시작할 정도"가 적당하다고 말하였다. 또 어떤 사람은 땀을 흘릴 때까지 운동을 하는 것은 몸에서 수분이 빠져나가 메말라지기 때문에 해롭다고 경고하기도 한다. 또 어떤 사람은 따로 별다른 운동을 할 필요는 없고 정원에서 땅을 파고 나무를 옮겨 심는다든가, 물을 준다든가, 쟁기로 밭을 간다든가 하는 등 필요한 일을 하면 족하다고 말하였다. 어떤 사람은 이런 시시한 운동은 운동이 아니며 매일 일정한 시간을 내어 톱질 같은 힘들고 격렬한 일을 오랜 시간 계속해야만 운동의 효과가 있다고 주장하였는데, 히포크라테스는 이를 부정하였다. 물론 사람에 따라서는 이런 격렬한 운동을 좋아하는 사람도 있고, 또 그것이 그 사람에게 유익할 수도 있을 것이다. 그러나 이 문제에서 대부분의 공통된 의견은 운동을 시작해서 몸에 땀이 나기 시작할 때까지가 적당하며 그 이상 계속하는 것은 무익하거나 오히려 위험할 수도 있다는 것이다.

각종 운동이나 힘든 일 그리고 레크리에이션 가운데는 어떤 것은 우리의 신체에 좋고, 어떤 것은 우리의 마음에 좋고, 어떤 것은 하기 쉽고, 어떤 것은 하기 어렵고, 어떤 것은 할 때 즐겁고, 어떤 것은 지루하고, 어떤 것은 실내에서 하는 것도 있고, 어떤 것은 야외에서 해야만 되며, 어떤 것은 자연적이며, 또 어떤 것은 인공적이다. 우리의 몸을 단련하는 데 가장 유익한 운동으로 갈레노스는 지금의 테니스와 비슷한 구기운동을 추천하고 있다. 그는 이 운동은 신체의 모든 부분을 골고루 운동시켜주며, 땀도 심하게 흘리지 않아도 되고, 그래서 우리의 몸에 아주 좋다는 것이다. 이 구기운동은 호메로스, 헤로도토스[7], 그리고 플리니우스 등이 그들의 저서에서 언급하고 있듯이, 고대 그리스인들과 로마인들은 물론, 그 이전의 야만인들도 가장 애용하였던 운동이었다.

그러나 이 세상에 수없이 많은 종류의 운동과 레크리에이션 가운데서 내가 가장 좋아하고 즐기며 다른 사람에게 추천하고 싶은 것이 있다면 그것은 산책이다. 나만 그런 줄 알았는데, 알고 보니 이미 오래전에 아레타이오스[8] 같은 의사도 같은 의견을 피력하였다. 아름다운 자연의 경치 사이를 천천히 조금씩 거닐면서 즐기는 것, 때때로 좋은 친구들과 더불어 친구를 찾아 나서기도 하고, 도시나 성, 그리고 마을을 구경하는 일, 아름다운

---

7 헤로도토스(Herodotos, BC 5세기경) : 그리스의 역사가. 당시 지구상에 알려진 곳을 모두 여행하였다고 전하여짐. 『역사』(『페르시아 전쟁사』라고도 함)을 저술함. 체계적인 사료의 취급과 명쾌한 필체로 인하여 '역사의 아버지'의 칭호를 얻음.

8 아레타이오스(Aretaeos of Cappadoca, AD 2세기경) : 그리스의 의사. 로마와 알렉산드리아에서 진료했으며, 히포크라테스의 가르침을 부활시켰고, 의술을 행할 때 세밀한 관찰과 윤리를 강조했기 때문에 히포크라테스 다음가는 의사로 여겨짐. 그는 프네우마(Pneuma)라고 하는 '생명의 공기'에 의해 생명이 유지된다고 믿었기 때문에 프네우마학파의 의학원리를 고수했음.

들판과 수정 같은 샘물을 바라보고, 산언덕 위에 올라 부드러운 공기를 들이마시는 즐거움이야말로 운동이기 이전에 삶 그 자체다.

과수원, 화원, 정원, 수목원, 잔디밭, 샛강, 강, 샘물, 연못, 개울, 숲, 초원 등을 가로질러 걸어가거나, 그 주변을 산책하면서 새들의 노랫소리를 듣고, 각양각색의 꽃들을 감상하고, 푸른 초원을 바라다보는 즐거움은 그대로 우리의 심신에 보약이 된다. 넓은 풀밭이나 공원을 즐겁게 돌아다닌다든가, 언덕 위로 올라간다든가, 나무 그늘 아래 앉아 쉰다든가 하는 일은 참으로 상쾌한 레크리에이션이요, 운동이요, 즐거움이 아닐 수 없다. 숲과 산, 그리고 연못으로 이루어진 아름다운 정원은 하나의 병원이요, 휴양소다. 이런 곳에서 일정한 시간을 보내는 것은 가장 효과적인 치료와 보양이 될 수 있다. 허약하게 태어난 한 페르시아의 왕자는 '낙원'에서 얼마간의 생활을 한 후 아주 강건한 군주로 일생을 마쳤다. 전설적인 페르시아의 '낙원'이라는 것도 알고 보면 잘 만들어진 공원이다. 성자 베르나르두스는 자기가 거처하던 수도원의 아름다움과 즐거움에 매혹되어 있었음을 고백하고 있다. 우리 영국에서도 여기저기 흩어져 있는 거대한 정원들을 처음 대하는 사람들은 제아무리 감각이 무딘 사람이라 하더라도 최소한 처음 얼마 동안은 벌어진 입을 다물 수 없을 것이며, 순간적이나마 눈과 귀에 감사할 것이며, 평소 심신을 괴롭히고 있었던 어떤 괴로움으로부터 해방될 것이다.

플루타르코스는 날씨가 아주 좋은 날 저녁 물 위에 배를 띄우고 음악을 들으면서 노를 저어나가는 즐거움을 즐거움 가운데 으뜸으로 꼽았다. 곤돌라에 몸을 싣고 베네치아의 널따란 물길을 따라 지나가면서 그 주변에 서 있는 화려한 궁전들을 바라보고 있노라면 근심과 걱정, 그리고 가슴속에 들어 있는 온갖 슬픔도 잊게 되고, 그 사람이 우울증 증세를 가지고 있는 경우 그 사람의 마음에 기쁨과 위안을 준다. 아름다운 건물들이 많이 들어선 도시와, 그런 도시의 거리, 극장, 수도원, 그리고 오벨리스크와 같은 조형물이나 조각품들을 바라보기만 하여도 우리의 영혼은 새로워진다.

토머스 모어는 그의 이상향 '유토피아'에서 사람이 게으름을 피우는 것을 허용하지 않았지만, 그렇다고 해서 사람이 항상 말이나 노예처럼 일만 하는 것도 찬성하지 않았다. 그의 유토피아에서는 사람들은 하루의 절반만 일하는 데 쓰게 되어 있었으며, 나머지 절반은 개인의 취향이나 능력에 맞는 건전한 오락을 하도록 되어 있다. 하루의 절반은 고사하고 일주일에 반나절만이라도 우리 주변의 그 몰인정한 주인들이 집안에서 부리는 하인들에게 자유롭게 놀도록 허용하기만 하여도 하인들은 그 나머지 시간에 더 신나게 열심히 일하게 될 것이며, 주인도 하인도 모두 만족하는 결과를 얻을 수 있을 것이다. 그러나 이와 같은 내 제안에 반대하는 사람도 있을 것이다. 왜냐하면 사람들 가운데는 일주일 내내, 아니, 일 년 내내 아무 일도 하지 않고 빈둥거리며 그냥 시간만 보내는 사람도 있기 때문이다.

내가 이 글을 쓰는 목적도 바로 여기에 있다. 일을 너무 많이 하는 사람도, 반면에 일을 너무 하지 않는 사람도, 마음이 불안하기는 마찬가지다. 이런 불안한 마음을 달래고 가라앉혀주는 일을 하고자 나선 사람이 바로 나다. 너무 일만 하여 마음과 몸이 지치고 무거워진 사람에게는 생기를 불어넣어주고, 너무 할 일이 없어 지루해하는 사람은 바쁘게 만들어야만 한다. 이런 사람에게는 적당하게 바쁘게 만들 일거리를 주고, 저런 사람에게는 알맞은 휴식과 운동, 그리고 레크리에이션을 주는 일이다. 밤낮으로 놀고 먹기만 하는 우리 영국의 상류계층에 속하는 사람처럼 되어서도 안 된다. 알맞고 적당한 일로 우리의 심신에 활력소를 주어야만 한다.

학문의 즐거움과 독서에 대하여

일에도 여러 가지가 있지만 우리에게 기쁨과 행복을 주는 것에 학문이라는 것이 있다. 천체의 신비로운 법칙을 발견한다든가, 자연의 비밀을 캐어낸다든가, 우주의 질서를 알아내는 일 같은 것은 비록 달성하기는 쉽지 않은 어려운 일이기는 하지만 그 일 자체는 이 세상의 어떤 다른 일이 줄수 없는 즐거움을 그 일에 매달린 사람에게 제공한다. 이론적이든 실제적이든 토지를 측량하고, 지도를 만들고, 모형을 만들고, 숫자 판 등을 만드는 데 사용되는 수학보다 더 즐거운 학문이 또 있을까? 나는 누구보다 이수학 공부에 한없는 매력을 느낀다. "공부가 가져다주는 즐거움은 너무나커서 돈이 가져다줄 수 있는 모든 화려한 장식품이나 유치한 물거품 같은것과는 비교가 될 수 없다"고 플루타르코스는 말했다. 그는 계속하여 말하였다. "나는 지식의 탐구와 습득, 그리고 이에 따른 명상 속에서 돈이나명성 그리고 어떤 높은 지위, 즐거운 운동이나 놀이가 가져다줄 수 있는즐거움이나 만족보다 훨씬 더 크고 만족스러운 참된 즐거움을 얻는다. 나는 공부하는 속에 살고 공부하는 속에서 죽고 싶다." 카르다노도 플루타르코스의 말을 뒷받침하는 말을 하였다. "학문을 하는 즐거움을 이해하고깨닫는 일은 큰 고을을 다스리겠다는 소망이나 젊고 돈 많은 미남이 되어보겠다는 소망보다 훨씬 더 명예롭고 영광스러운 일이다."

학문을 하는 즐거움이 이렇게 크고 강력한 것이기 때문에 여기에 빠져중독되어 헤어나지 못하는 경우도 적지 않다. 공부의 달콤한 맛은, 마치키르케[9]가 오디세우스의 부하들에게 먹여 돼지로 만들어버린 마력이 감

---

9 키르케(Circe) : 그리스 신화에 나오는 마법사. 태양신 헬리오스와 바다의 요정 페르세의 딸, 약물과 주문을 사용하여 인간을 늑대, 사자, 멧돼지로 변신시킬 수 있음.

추어진 술처럼 학생의 정신을 마비시키며, 한번 이것에 맛을 들인 사람은 그 습관을 떨쳐버리지 못하고, 우리가 주변에서 흔히 보게 되듯이, 새까만 글자로 가득 찬 두꺼운 책들 속에 머리를 처박고는 밤낮을 잊은 채 길고 힘들고 지루한 시간을 보낸다. 스칼리거는 하도 많은 시를 읽고 감동한 나머지 다음과 같이 자신의 심정을 토로하였다. "나는 독일의 황제가 되는 것보다 루카누스의 시 20여 편, 또는 호라티우스가 쓴 송시 한 편의 저자가 되고 싶다." 니콜라우스 게르벨리우스[10]라는 노인은 새로 발견되어 빛을 보게 된 그리스 시인들의 작품에 너무나 크게 매료된 나머지 다음과 같이 외쳤다. "이제 나는 아라비아나 인도의 모든 제왕들보다 더 부자가 되었다." 그에게 이 그리스의 문학작품들은 그 내용과 가치에서 지상의 어떤 재화나 영화와도 비교할 수 없는 귀중한 것이었다. 세네카도 스토아철학자 제논과 크리시포스[11]의 저서들에 너무나 반한 나머지 자기는 어떤 제왕이나 위대한 장군보다 그 두 사람이 되기를 바란다고 말했다. 수학자 오론티우스[12]는 위대한 수학자 아르키메데스를 너무나 숭배한 나머지 그를 한 인간이 아닌 신이라고 불렀다. 그도 그럴 수 있는 것이 아르키메데스가 누리고 있는 명성이나 가치를 따져볼 때 당연한 일이기도 하다. 어디 아르키메데스뿐인가, 테베의 시인 핀다로스[13]의 명성은 천하장사 헤라클레스, 술의 신 디오니소스[14]에 못지않으며, 아리스토텔레스의 명성은 알렉산더

---

10 니콜라우스 게르벨리우스(Nikolaus Gerbellius, 1485?~1560) : 독일의 인문주의자, 법학자.

11 크리시포스(Chrysippos, BC 280~BC 209?) : 그리스의 스토아학파 철학자.

12 오론티우스(Orontius Fineus, 1494~1555) : 프랑스의 수학자. 여러 가지 수학적, 천문학적 기구를 만들었음. 1525년 프랑스 역사상 최초로 프랑스 지도를 만들어 인쇄함. 유클리드의 수학을 비롯한 다른 수학적 논문들을 책으로 출판함.

13 핀다로스(Pindaros, BC 522?~BC 443) : 그리스 시인. 테베에서 태어남. 많은 작품이 후세에 전함.

14 디오니소스(Dionysos) : 그리스 신화에서 풍작과 식물의 성장을 담당하는 신. 특히 술

대왕을 능가하고 있지 않는가?

1605년 영국의 제임스 1세가, 내가 몸담고 있었던 옥스퍼드대학을 구경하기 위하여 내방한 적이 있었다. 여러 훌륭한 건물들을 둘러본 후 왕은 알렉산드리아에 있는 도서관을 모방한 대학 도서관에 들렀다. 당시 옥스퍼드대학 도서관은 토머스 보들리 경[15]의 헌신적인 노력에 의하여 새로운 모습을 하고 있었다. 도서관을 둘러본 국왕 제임스는 떠날 때 다음과 같은, 진심에서 우러나온 연설을 하였다. "내가 왕이 아니라면 나는 분명 대학에서 일하는 사람이 되고 싶습니다. 내가 감옥에 갇히게 된다면 나는 그 감옥이 이 대학에 있는 도서관과 같기를 바라겠습니다. 내가 쇠사슬에 묶여야만 한다면 나는 이 속에 있는 이 수많은 좋은 책들과 그 훌륭한 저자들과 함께 묶이기를 바라겠습니다."

이처럼 학문을 하는 즐거움은 달콤하기 때문에 공부란, 수종증이 있는 환자가 물을 마시면 마신 만큼 더 목이 마르듯이, 하면 할수록 더 많이 배우고 알려고 탐을 내게 된다. 이소크라테스[16]는 "학문은 그 시작이 어렵고 그 뿌리는 쓰지만 그 열매는 매우 달다"고 말하였다. 네덜란드의 라이덴에 있는 한 도서관 관리자였던 하인시우스라는 사람은 일 년 내내 도서관 일에 얽매여 항상 그 속에서 살아야만 했다. 사람들은 그 사람이 자기의 처지를 한탄하리라고 생각했지만 하인시우스의 생각은 전혀 달랐다.

과 황홀경을 주관하는 신으로 알려짐. 출생과 죽음 및 원래 크레타의 여신인 아리아드네와의 결혼에 얽힌 이야기는 그에 대한 숭배가 헬레니즘 시대 이전 미노스 문명의 자연 종교로 복귀한 것임을 암시하는 것으로 보임.

15 보들리(Sir Thomas Bodley, 1545~1623) : 영국의 학자. 외교관. 제네바에서 어학과 신학을 배웠으며, 1660년경 옥스퍼드대학 도서관을 재건. 이 도서관은 1602년 다시 문을 열면서 보들리 도서관으로 개칭되었고, 영국의 비대여 도서관 중 가장 유명하고 오래된 것이며, 영국에서 발간되는 모든 도서를 기증받아 소장하고 있음. 특히 동양 문서, 영국 문학 모음집. 지방역사 초기 인쇄본 등이 풍부하게 갖추어져 있음.

16 이소크라테스(Isocrates, BC 436~BC 338) : 아테네의 웅변가, 수사학자.

그는 다음과 같이 말하였다. "내가 도서관 안으로 들어와 문을 닫는 순간은 게으름의 유모요, 무식과 무지의 어머니요, 우울증의 아버지인 정욕, 야망, 탐욕 등 제반 불순물들이 모두 나의 마음속으로부터 빠져나가고, 내자신의 마음에 문을 닫는 순간이지요. 그리고 나서 나는 높은 이상과 달콤한 만족감을 느끼면서 인류가 낳은 수많은 훌륭한 사람들 가운데 영원의 무릎 위에 편안히 자리를 잡고 앉아서 이런 행복을 모르면서 이 짧은 한세상을 살아가는 이 세상의 모든 위대하다는 사람들과 권력자들 그리고 돈 많은 부자들을 동정하고 불쌍하다고 생각하게 되지요."

그 사람이 누구든, 어떤 위치나 지위에 있든지, 그 사람이 할 일이 없거나 적당한 할 일을 못 찾아 방황하거나, 그런 이유로 쓸데없고 근거 없는 근심과 걱정으로 휩싸이게 되고 고독감과 심하지 않은 우울증 그리고 공연한 허영심에 시달리게 되는 사람에게 나는 그 치료 방법으로 다른 방법을 모두 제쳐놓고 공부를 하라고 당부하겠다. 즉 책을 읽어서 철학이나 문학, 역사, 또는 과학을 공부하라는 말이다. 마음을 진정시키고 삶의 의미를 찾는 데는 배워서 알고 익히는 일보다 더 좋은 약이 없다. 단 그의 현재의 병적 증상이 공부를 너무 많이 한 데서 나왔을 경우는 제외하고 말이다. 공부를 너무 많이 해서, 다시 말해서 책을 너무 많이 읽어서 생긴 우울증의 경우에 책을 더 많이 읽는다는 것은 불에 기름을 붓는 격으로 이보다더 위험한 일은 없다. 사람은 공부를 하더라도 정신을 과도하게 혹사하거나, 몸에 살은 모두 없어지고 뼈만 앙상하게 남아 해골바가지처럼 되지 않도록 각별히 주의해야만 한다.

또 공부를 한답시고 쓸데없는 책을 너무 많이 읽는 데 귀중한 시간을 소비해서도 안 된다. 쓸데없는 책을 많이 읽게 되면 결국 돈키호테처럼 미친사람이 되고 만다. 공부가 필요한 사람은 공부를 하지 않으면 다른 할 일이 없거나, 다른 일은 잘 하지도 못하는 사람으로 마음이 불안하고 평소에

허황한 생각이나 상상을 하는 사람이다. 이런 사람은 공부를 함으로써 그런 헛된 망상을 깨뜨려버리거나 마음속에서 몰아낼 수 있으며, 자신의 상상력을 다른 유익한 곳으로 돌리거나 그런 것에 집중할 수 있다. 공부는 사람의 마음을 쓸데없는 세상의 근심과 걱정으로부터 해방시켜주며 마음을 평화롭고 조용하게 만들어준다. 아우구스티누스도 말하기를, "학문을 통하여 얻는 지식은 꿀보다 달고 포도주보다 사람을 즐겁게 한다." 공부는 근심과 걱정을 잊게 만드는 가장 성능이 좋은 약이며, 강장제이며, 가장 먹기에 편한 체질변경약이며, 그리고 구하기 쉬운 기분전환제다.

크리소스토무스는 첨가하여 다음과 같이 말하였다. "햇볕이 불같이 뜨거운 여름 한낮 거대한 나뭇잎들이 서로 엉켜 큰 그늘을 만들어 그 아래 소들이 쉴 곳을 만들어주듯이, 성경을 읽는 일은 슬픔과 괴로움 속에서 고통받고 있는 영혼을 어루만져주고 위로해준다." "고기가 육체에 유익하다면, 독서는 영혼에 유익하다. 나에게 책이 없이 한가한 시간이 주어지는 것은 지옥이나 다름없다. 산 채로 땅속에 묻히는 것이나 다름없다"는 세네카의 말이다. 카르다노는 도서관을 영혼의 병을 고쳐주는 의사라고 불렀다. 훌륭한 책의 저자들은 하늘이 낸 사람들이다. 이들이 쓴 책은 우리의 마음을 든든하게 무장시켜주며, 독자들에게 삶에 대한 용기를 주며, 우리의 마음과 행동이 흔들리지 않도록 붙잡아준다.

좋은 책을 읽는 것이 우울증의 치료에 도움이 된다는 사실은 많은 구체적인 증거를 가지고 있다. 우울증에 걸린 아라곤의 왕 페르디난드와 시칠리아의 왕 알폰소에게는 백약이 무효였으나 아라곤의 왕은 쿠르티우스가 쓴 역사책을 읽고, 시칠리아의 왕은 리비우스가 쓴 역사책을 읽고 병이 나았다. 에픽테토스, 플루타르코스, 세네카 등 철학자들은 이구동성으로 우리의 고통받는 마음을 달래주고 위로해주는 데서 말과 글의 중요성과 필요성을 역설하였다. 세네카의 글을 읽을 때마다 나는 내가 인간의 희로애

락을 초월하여 존재한다는 생각을 하게 되며, 높은 산 정상에 서서 모든 인간들을 내려다보고 있다는 생각을 하게 된다. 호메로스의 서사시 『일리아스』와 『오디세이아』를 읽고 플루타르코스도 같은 말을 하였다.

문학이나 철학 또는 역사책들이 우리에게 이런 효과가 있다면 과연 성서를 비롯하여 아우구스티누스, 키프리아누스, 그레고리우스, 베르나르두스 등과 같은 성자들이 남긴 글과 이들의 입에서 나온 말들은 과연 우리에게 무엇을 줄 수 있는가? 한마디로 성서는 그 속에 모든 종류의 마음의 병을 고쳐주는 각종 특효약으로 가득 찬 약국이다. 거기에는 치료제, 설사제, 강장제, 완화제, 체질변경제 등 없는 약이 없다. "성서 속에는 모든 종류의 정신병을 낫게 해주는 신기한 약이 들어 있다"고 아우구스티누스는 말했다. 그는 계속하여 "환자는 이미 하느님이 조제해놓은 이 약만 먹으면 된다"고 하였다. 성자 그레고리우스는 성서를 "우리의 모든 질병을 들여다볼 수 있는 유리창"이라 불렀다. 오리게네스[17]는 성서를 "하나의 주문(呪文)"이라고 불렀다. 그래서 성자 히에로니무스는 제자 수도승 루스티쿠스에게 "쉬지 말고 계속해서 성서를 읽을 것이며, 읽고 나서는 읽은 부분에 대하여 명상하고 숙고하라. 고기는 많이 오래 씹어야만 그 맛도 나고 몸에 이로운 것처럼 독서한 내용은 명상해야만 그 참뜻을 깨닫게 된다"고 주문하였다. 이런 이유가 있기 때문에 나는 우울증이 있는 사람에게 좋은 철학자들이나 시인들의 글과 더불어 성서를 읽는 일을 스스로 하나의 일과로 정하고 읽음으로써 우울증 환자에게 항상 찾아와 그를 괴롭히는 망상들로부터 해방되기를 바란다.

여성들을 위하여서도 한마디 해야만 하겠다. 여자들은 남자들처럼 힘

---

17 오리게네스(Origenes Adamantius, 185?~254?) : 알렉산드리아 태생의 초창기 기독교 지도자, 문장가, 성서 연구가.

든 공부는 하지 않아도 되고 그들이 하기 좋아하는 또 잘하는 그들만의 일이 있기에 별 문제가 없다고 생각된다. 여자들은 바느질, 뜨개질, 물레질, 빨래, 집 안 청소와 정리, 정돈, 장식 등의 일은 물론, 손님들을 맞이하기 위한 방석 만들기, 카펫 청소하기, 식탁과 의자를 배치하는 일 등과, 각종 음식을 마련하고, 준비하고, 보관하는 일들로 한가할 새가 없다. 성서에 쓰여 있는 바와 같이 "여자들은 게으름의 빵을 먹지 않는다." 그렇기 때문에 여자들에게는 우울증이 별로 없다.

이렇게 집안일로 바쁘게 지내지 않아도 되는 지체 높은 귀족이라도 여자들 가운데는 정원을 가꾸는 일에 각별한 흥미를 가지고 이 일에 골몰하는 사람도 있다. 이 여자는 자기의 정원에 각종 식물들을 심어놓고 물도 주고 가지도 치고 거름도 주는 일을 즐겨 한다. 여자들은 누구나 향기로운 냄새를 풍기는 형형색색의 꽃들로 가득 찬 정원을 갖고 싶어 하며 이것을 다른 사람들에게 보여주고 자랑하고 싶어 한다. 그리고 여자들이 특별하게 좋아하는 것은 나들이다. 집을 나가 다른 집을 찾아가거나 다른 집의 아낙네들을 자기 집에 초청하여 즐겁게 이야기를 나누는 일이다. 이들은 이처럼 모이면 대단히 대담해져서 평소 못 하고 지낸 말들을 서슴없이 쏟아놓는다. 이야기의 대부분은 저질의 험담이며, 음담패설도 서슴없이 나눈다. 또 나이 든 여자들이 시간 보내기에 알맞은 것에 묵주 굴리기가 있다. 이 묵주는 이제 나이가 들어 친구도 없고 나들이 할 기력도 없어진 노인들이 무료함을 달래는 데 아주 효과적이다. 더군다나 그 노파가 천성적으로 우울증이 있는 여자일 경우에는 묵주를 굴리면서 주기도문이나 성모 마리아에게 올리는 성모송, 또는 사도신경 등을 암송하거나 기타 다른 세속적인 염원이나 소망이라도 그것이 특별히 불경하다거나 미신적이 아닐 경우에는 기원하여도 무방하다.

결론적으로 말해서 운동은 우리의 몸과 정신에 모두 필요한 것이다. 그러니까 우리가 운동을 할 때는 몸과 마음 모두 해야 하지 어느 것 하나만 해서는 안 된다. 그리고 적당히 해야만 한다. 그렇지 않을 때는 틀림없이 우리의 심신에 어떤 장애를 일으킨다. 운동이 너무 지나쳐 몸이 너무 지치면 그것은 곧바로 정신에 영향을 미쳐 정신도 지치게 만든다. 반대로 자주 공부만 하고 몸을 돌보지 않는 학생의 경우에서 자주 보듯이 피로한 정신은 육체에 영향을 미친다. 한 주인을 섬기는 소와 낙타 사이에 일어난 이야기는 좋은 예가 된다. 짐이 너무 무거워 지친 소가 자기 짐의 일부를 나누어 운반하자고 등에 아무것도 싣지 않고 가는 낙타에게 요청하였다. 낙타는 거절하였다. 소는 말하였다. "머지 않아 너는 나의 짐의 일부가 아니고 전부를 등에 싣고 가게 될 거야. 그리고 이 짐 전부만이 아니고 거기에 첨가하여 나의 가죽, 고기, 뼈 모두를 싣고 가야만 할 것이며 결국은 너도 쓰러져 죽게 될 거야." 소의 예언대로 소는 곧 쓰러져 죽었으며 주인은 낙타의 등에 소의 짐을 모두 옮겨 실었으며 죽은 소도 실었다. 낙타도 오래 견디지 못하고 죽었다.

잠의 중요성에 대하여

이처럼 우리의 몸은 휴식을 모르고 일만 하는 영혼에게 제발 휴식을 달라고 간청을 한다. 이 간청을 못 알아듣고 무리하게 일을 계속하면 그 사람에게는 오한, 현기증, 기진맥진 등의 증상이 발생하여 일도 계속할 수 없는 지경에 이르며 결국은 병이 나 자리에 눕게 된다. 그러니까 건강을 원하는 사람은 항상 한 손에는 몸, 다른 한 손에는 마음을 조절하는 두 개의 고삐를 잡고, 둘 중에 어느 하나만이 앞으로 나가는 것을 허용해서는 안 된다. 몸과 마음이 항상 같은 무게의 짐을 지도록 하는 것이 건강의 첩

경이다.

잠자리에 들어도 잠을 못 이루고 깨어 있는 상태처럼 몸에 해로운 것이 없기 때문에 우리는 어떻게 해서든지 이런 상태가 오지 않도록 하거나 회피해야만 한다. 이 말은 바꾸어 말하면 잠을 푹 잘 자는 것만큼 우리 몸에 좋은 것은 없으며 그렇기 때문에 우리는 어떻게 해서든지 잠을 잘 오래 잘 수 있도록 방법을 강구해야만 한다. 잠은 우리 몸을 촉촉하게 만들어주며, 몸에 살이 오르게 만들어주며, 우리가 섭취한 음식물을 혼합 조화시켜 우리의 소화를 도와준다. 이와 같은 사실은 알프스산에 살면서 겨울에는 눈 밑에서 내내 잠을 자는 산쥐를 보면 알 수 있다. 겨울잠을 자는 산쥐치고 버터 덩어리처럼 살이 통통 찌지 않은 놈은 없다. 잠은 우리를 괴롭히는 걱정과 근심을 추방하여 주며 흔들리는 마음을 안정시켜주고 길고 힘든 하루의 일로 피로에 지친 우리의 팔다리에 새로운 힘을 넣어준다. 파라켈수스는 잠을 "약 중의 약"이라 불렀다. 크라토는 우울증이 있는 사람은 하루에 적어도 일곱 내지 여덟 시간 잠을 자도록 하라고 충고하고 있다.

마음의 동요를 잠재우고 평온을 찾기 위한 방법에 대하여

우리 몸을 촉촉하게 적셔주는 달콤한 잠을 자기 위하여서는 그런 잠을 방해하는 요소나 원인을 먼저 제거하도록 해야 하며, 다음으로는 그런 잠이 오도록 유도하는 내적, 외적 약을 써야만 한다. 많은 사람들이 어떤 괴상하고 두려운 환상 때문에 잠을 자지 못한다. 소위 악몽이란 것이 그것이다. 그러나 가장 흔한 경우는 몸에 열이 있거나 몸이 너무 건조한 경우로서 우선 이런 상태부터 제거해야만 한다. 또 우리의 잠을 방해하는 것은 무엇보다도 슬픔, 두려움, 걱정, 근심 등과, 또 여기에 첨가하여 큰 기대

감, 초조함, 크게 벌인 사업 등이다. 깊고 편안한 잠을 자기 위해서는 우선 위에 열거한 여러 가지 이유로 크게 흔들린 마음의 동요를 진정시켜야만 한다. 낮에 잠을 자는 사람이나, 공포심이나 긴장감 등으로 마음이 크게 흔들린 사람이나, 음식을 너무 많이 먹어 배가 부른 사람은 밤에 잠자리에 들더라도 좋은 휴식을 기대하기는 어렵다. 낯선 곳의 여관과 같은 생소한 장소도 역시 좋은 잠을 잘 곳은 못 된다.

우울증이 있는 사람에게 흔히 그렇듯이 쉽게 잠들지 못하고, 어찌어찌 하여 잠이 들더라도 꿈을 꾸게 되고, 그 꿈은 예외 없이 악몽이어서 크게 고생하는 사람에게 가장 좋은 충고는 저녁식사를 아주 가볍게 하고, 고기를 먹더라도 아주 소화하기 쉬운 것을 먹을 것이며, 토끼고기나 사슴고기, 소고기 등은 가급적 피하는 것이 좋고, 등을 침대에 붙이고 눕지 말 것이며, 낮에 가급적이면 꿈에 나타날 수 있는 끔찍한 사건이나 물체에 대하여 오래 골똘히 생각하거나 명상하지 말 것이며, 특히 막 잠자리에 들기 전에 그런 것들에 관하여 이야기하지 않는 것이다. 키케로의 말과 같이, "악몽이란 대부분의 경우 우리가 낮에 지껄인 말이 잠잘 때 우리의 상상력에 영향을 주어 생겨나는 것이다." 에니우스의 말과 같이, "사냥개가 꿈속에서도 산토끼를 보듯이 사람도 골똘히 생각한 것은 오래 지속되며 꿈에 보게 된다." 꿈속에 나타나 우리를 우롱하는 것들은 신들의 궁전에서 오는 예언이니 증조가 아니고 우리 스스로 만들어내는 그림자들이다.

매일 밤 악몽에 시달리던 한 이집트의 왕은 70명의 해몽가들을 두고 자기가 꾼 꿈을 해석하게 하였다고 한다. 어느 날 그는 한 해몽가에게 밤에 편안한 잠을 잘 수 있는 비결을 물었다. 그의 대답은 간단했다. "항상 좋은 생각을 하십시오. 그리고 낮에는 정직한 행동을 하십시오." "조용하고 편안한 마음은 그 자체가 아니라 하나의 커다란 즐거움이다. 지고의 선이다"라고 에피쿠로스는 말하였다. 세네카도 같은 말을 하였다. "먹고 마시는 일에 탐닉하지 말고, 불평불만을 품지 않고, 걱정과 근심을 하지 않고, 조용한 마음을 갖는 것이 이 세상에서 가장 큰 즐거움이다."

마음의 동요를 잠재우는 방법과 친구의 중요성

분노는 우리 몸속에 존재하는 체액 가운데 하나로서 우울증의 원인이 되는 담즙을 휘저어놓으며, 피와 기타 중요한 기들을 뜨겁게 만든다. 반면 슬픔은 우리 몸을 차갑게 만들며, 체내의 필요한 열을 식혀버리며, 식욕을 떨어뜨리고 소화와 영양분의 원활한 공급을 방해하며, 체내의 수분을 증발시켜 몸을 건조하게 만들고, 판단력과 이해력을 뒤흔들어놓는다. 공포심은 정신을 혼란시키며, 심장에 나쁜 영향을 미치고, 영혼을 흐리멍덩하게 만든다. 이런 이유로 분노와 슬픔 그리고 공포심은 마음의 병을 일으키는 3대 주범으로 마땅히 제일 먼저 제거해야만 한다. 특히 마음의 병인 우울증 환자의 경우에는 더욱 그렇다.

그런데 문제는 마음의 평정을 유지하기가 그렇게 말처럼 쉽지 않다는 데 있다. 오히려 사람이 마음의 평정을 잃는 것이 더 자연스러운 일이라고 말할 수 있다. 마음의 평화를 유지하는 일이야말로 어려운 일 가운데 어려운 일이다. 그것을 유지하지 못하는 것이 인간의 가장 큰 약점이요, 가장 개탄해야만 될 질병이요, 가장 강력한 적이기도 하다. 왜냐하면 인간은 누구나 감정과 우울증의 원인이 되는 멜랑콜리라는 강력한 제왕의 별 수 없는 신하이기 때문이다. 지금까지 내로라하는 알려진 역사상의 현자들, 위대한 철학자들, 지식인들, 종교인들, 시인들도 마음의 평정을 유지하는 일이 말처럼 쉽지 않음을 솔직히 인정하고 있다. 몸과 마음에 이상이 없는 사람들도, 금욕주의자들도, 영웅들도, 호메로스의 시에서는 심지어 신들조차도 예외 없이 아주 감정적이며 때때로 이 불같은 감정의 노예로 변한다. 하물며 평범한 인간들이야 말해 무엇하며, 몸과 마음이 이미 병든 사람일 경우는 상상하고도 남음이 있다. 당신도 이 문제에 대하여 사람은 누구에게나 좋은 충고를 줄 수는 있지만 자기는 스스로 실행하지는 못한다. 문제는 실행이다.

나는 우리 인간이 천성으로 감정이 격해지기 쉬운 존재로서 이 감정의 격노 앞에 무력한 존재임을 부정하지는 않는다. 그러나 그런 감정도 제멋대로 날뛰도록 내버려두지 않는 일은 각자의 몫이다. 아무리 고집불통의 사람도 길들이기 나름이듯이 불같은 감정도 마땅히 자신의 노력과 주위 사람들의 정직한 충고와 꾸준한 노력으로 길들이고 순화시켜야 한다. 그러나 무엇보다 우리는 걸핏하면 격한 감정의 함정에 빠지는 자신 속에서 치료약을 구해야만 한다. 당사자가 남의 말을 듣기를 싫어하고, 항상 실쭉해 있고, 벌처럼 항상 누구를 공격하려는 태세이고, 조그만 일 하찮은 일에도 감정을 폭발시킬 준비가 되어 있고, 친구를 비롯하여 어느 누구의 도움이나 충고도 받아들일 자세가 되어 있지 않은 사람을 치료한다는 것은 불가능한 일이다. 반대로 그 사람이 비록 격렬한 감정에 쉽게 빠지는 사람이라 하더라도 뒤늦게나마 항상 후회하고, 잘못을 인정하고, 자기 자신의 이익을 위해서라도 마음을 부드럽게 먹도록 노력하고, 친구들이나 가족들의 충고를 받아들일 의향을 보이는 사람이라면 근본적인 치료는 아니더라도 충분히 편안한 마음의 평정을 되찾을 수 있다.

감정의 폭발은 초기에 막아야만 한다. 일단 감정을 터뜨린 후에는 막아내기가 어렵게 된다. "비록 작은 물이라도 그 물에 길을 터주지 말라"는 성서에 나온 말이다. 옳은 말이다. 고여 있는 물은 조그만 틈새라도 열리면 그 틈새를 통하여 쏟아져 나오게 마련이며, 그 틈새는 시간이 지나면서 더 커지게 마련이다. 처음부터 마음속에 감정의 폭발을 가져올 소지가 있는 어리석은 생각이나 각종 망상, 환상, 지나친 기대 등이 우리의 마음속에 깃들지 못하도록 의식적으로 노력해야만 한다. 구부러진 지팡이라고 내버려두면 그 지팡이는 언제나 구부러져 있을 것이지만, 힘을 가해 다른 방향으로 펴다 보면 어느 정도 성공을 거둘 수 있는 것과 같은 이치다. 너의 마음속에 도사려 너를 괴롭히는 창백한 공포심, 슬픈 근심과 걱정들, 복수심에 불타는 분노, 시끄러운 불평과 불만을 먼저 몰아내고, 너의 온 영혼을 오직 감사하는 마음과 기쁨 위에 있게 하라. 화를 내는 일을 죄악으로 알라.

우울증이 다른 원인에서 온 것이 아니고 할 일이 없어 너무 한가한 데서 왔다거나, 스스로 판단해보아도 자기가 너무 고독함에 빠져 있다고 생각한다면 이런 사람은 혼자 산책을 즐기면서 자기만의 즐거운 상상 속에 빠지는 일을 피하는 것이 좋다. 그렇게 하는 것은 가슴속에 들어 있는 적이요, 소위 달콤한 우울증이라는 것으로서 허울만 좋은 친구 같은 것으로서 알고 보면 악마요, 향기로운 독약이며, 그 사람을 중증의 우울증으로 몰고 가 결국은 그 사람을 아예 망쳐놓는다. 그런 사람은 당장 어떤 일감을 찾아 떠나거나, 일을 시작하거나, 친구들과 어울려야만 한다. 이 사람이 나의 충고를 무시하고 계속 혼자 있기를 고집하고 하는 일 없이 빈둥거리며 혼자 달콤한 환상을 즐기면서 산책을 계속한다면, 촛불 주변을 날아다니는 나방이 결국은 촛불에 몸을 태워 죽게 되듯이, 이 사람도 몸과 마음을 모두 잃게 될 것이다.

믿을 만한 친구를 얻기 어렵다는 말과 친구가 전혀 없다는 말은 다른 것이다. 마음의 평정을 얻는 가장 좋은 방법은 우리의 마음속에 있는 불만이나 불행을 가슴속에 묻어두지 말고 다른 사람에게 솔직하게 털어놓는 것이다. 불행이나 불만도 불과 같아서 덮어버리려고 하면 더 커지고 강해진다. 지옥이 따로 없다. 불만과 고통, 두려움과 슬픔이 있는 곳이 지옥이다.

감추어놓은 슬픔은 우리의 영혼을 질식시켜 죽인다. 그러나 신중하고 믿음직스럽고 사랑하는 친구가 있어 그에게 이런 것을 털어놓으면 그 즉시 이런 고통과 불행들은 최소한 마음으로부터 제거된다. 더군다나 그 친구가 상식과 지혜가 풍부한 사람이며 동시에 설득력이 뛰어난 사람일 경우에는 그의 좋은 충고는 더할 나위 없는 효과적인 도움이 될 수 있다.

친구의 충고가 때로는 신비한 효험을 나타내는 부적이나 주문과도 같을 수 있다. 오래 묵은 포도주와도 같이 우리의 근심과 걱정을 완화시켜 줄 수 있다. 성질이 흉포한 황소를 무화과나무에 매어놓으면 갑자기 온순해진다는 말이 있듯이, 사람도 제아무리 고집이 세고 자기 주장만 앞세우고 남의 말에 귀를 기울이지 않는 사람이라 하더라도, 친구의 좋은 충고에 귀를 기울여 나쁜 습관이나 행동을 고치는 경우도 있다. 이시도루스[18]가 주장했듯이, "어떤 고통도 말로 털어놓으면 가벼워진다. 말을 하는 가운데 위안이 있다. 친구의 위로는 달다." 추운 겨울의 따뜻한 난로처럼, 뜨거운 여름날의 그늘처럼, 피로에 지쳐 풀밭에 누운 사람에게 찾아오는 단잠처럼, 배고프고 목마른 사람에게 주어진 밥과 마실 물처럼, 친구의 다정한 말은 편안하고 필요한 것이다.

좋은 말은 그 자체가 듣는 사람을 명랑하게 만들고 힘을 주는 것이다. 특히 그것이 친구로부터 나온 말일 때는 거대한 건물을 버텨주는 튼튼한 기둥처럼, 서로 의지하고 서로 지탱하여주는 담쟁이와 담벼락처럼, 한층 더 그렇다. 내가 기억하건대, 철학자 키케로는 그가 아끼고 사랑하는 친구 아티쿠스에게 보낸 편지에서 진정한 친구를 갖는 일이 어렵다고 한탄하면서 다음과 같이 적었다. "나는 이 거대한 도시 로마에 살고 있으면서 수

---

18 이시도루스(Isidorus Hispalensis, 560?~636) : 스페인 출신의 성직자, 학자. 세비야 대주교 역임. 당대 최고의 학자로 알려짐. 스페인 가톨릭교회의 아버지. 『어원학』으로 알려진 방대한 중세 백과사전의 저자로 유명함. 성자로 추앙됨.

없이 많은 사람들과 만나고 있지만 정작 자유롭게 농담하고 마음 터놓고 이야기를 나눌 수 있는 친구는 단 한 사람도 없다네. 그래서 나는 그대가 오기를 기대하며 그대를 만나고 싶어 하며 이처럼 그대를 부르기 위하여 사람을 보내는 것일세. 지금 나의 마음속에는 나를 괴롭히는 무거운 짐들로 가득 차 있다네. 그대만 옆에 있다면 나는 그대와 산책을 하면서 당장이라도 이 무거운 짐을 벗어놓을 수 있을 터인데."

여러 가지 불만을 잠재우는 방법

우리의 마음을 위로하고 달래주는 좋은 말을 한 사람들은 수없이 많다. 플라톤, 세네카, 플루타르코스, 크세노폰, 에픽테토스, 테오프라스토스, 루킬리우스, 보이티우스, 카르다노, 페트라르카, 에라스무스, 아우구스티누스, 키프리아누스, 베르나르두스 등 웅변가, 철학자, 성자, 종교인, 시인 등 이루 다 열거할 수 없이 많이 사람들이 우리의 마음에 보약이 되고 위안이 되는 글을 풍부하게 남겼다. 이런 글의 효과에 대하여 카르다노는 흥미 있고 깊이 있는 말을 했다. "이와 같은 나의 글을 경멸하고 거부하는 사람들도 많이 있다는 것을 나는 이미 알고 있다. 우선 현재 자기가 행복하고 만사가 뜻대로 잘 되어가는 사람은 구태여 나의 이런 위로와 위안의 말이 필요하지 않을 것이다. 정작 현재 불운에 처해 있으며 불행하고 비참한 처지에 있는 사람에게 내 말은 불충분하며 별 도움이 되지 못할 것이다. 그러나 나는 내 말을 계속하련다. 왜냐하면 내 말은 현재 행운을 타는 사람에게도 도움을 줄 것이라고 믿기 때문이다. 행복한 사람도 내 글을 읽음으로써 절제하게 될 것이며, 인간의 행과 불행이란 것이 항상 유동적이며 변화무쌍하다는 진리를 깨닫게 될 것이며, 반성하고, 자제하고, 무엇보다 자기 자신을 좀 더 잘 알게 될 것이다. 동시에 현재 불행하고 불운한 사람도 이와 같은 진리를 깨닫게 된다면 결코 자기의 처지를 더 비참하게 만들지는 않을 것이며, 오히려 어느 정도 만족과 위안을 얻을 것이기 때문이다." 맞는 말이다. 이 세상에 수많은 좋은 약이 있지만 모든 병을 고치는 것은 아니다. 마찬가지로 어떤 사람의 마음은 제아무리 좋고 옳은 말을 가지고도 고칠 수 없다. 그렇다고 해서 시인, 의사, 철학자들이 우리에게 줄 수 있는 도움의 말을 경멸해서는 안 된다.

거절, 욕, 불의, 모욕, 경멸, 억울함에 대하여

우리의 마음을 괴롭히는 불만과 불평에는 누구에게나 해당되는 일반적인 것과 어느 한 개인에게만 해당되는 특별한 것이 있다. 전자에 해당하는 것에는 전쟁의 발발이나 전염병의 창궐, 오래 계속된 가뭄에 따른 대기근과, 기후의 대변화, 대홍수, 대화재 같은, 나라나 도시 전체를 재난으로 몰아넣는 것이 있으며, 후자에는 어느 개인에게만 특별히 찾아오는 근심과 걱정, 배반, 손해와 손실, 친구의 죽음, 가난, 부족, 질병, 자손 없음, 부상, 불명예, 치욕 등이 있다. 결론부터 말한다면 이 세상에 불만이 없는 사람은 없다. 인간은 누구나 운명이라는 파도 위에 떠 있는 존재다. 어떤 경우도 공짜인 경우는 없다. 대가를 지불해야만 한다. 우리는 누구나 자신의 운명을 견뎌내야만 한다. 기쁨과 환락 속에도 불만과 불평이 들어 있다. 우리의 삶은 쓴맛과 단맛, 꿀과 담즙의 혼합물이다. 어차피 우리 인간의 운명이 이럴진대 화내고 한탄해보아야 소용이 없다. 당신 혼자서 겪는 고통과 불행이 아닐진대 남보다 더 안달한다거나 속을 태울 이유도 없다.

그렇지만 이 세상에는 분명 다른 사람보다 좀 더 불운하고 불행한 사람이 있게 마련이다. 이런 경우는 어쩌란 말인가? 각자가 가지고 있는 사사로운 불행과 고통 외에 우리는 누구나 다음과 같은 공동의 적 앞에서 끊임없는 공포심과 위험 속에서 살고 있다. 혼인 축가를 듣는 한편, 전쟁의 여신 벨로나[19]의 채찍을 맞고 아파하는 구슬픈 비명을 들어야 한다. 유쾌하고 부드러운 음악이 있는 곳에서 전쟁을 알리는 무시무시한 총소리, 북소리, 그리고 나팔 소리를 들어야만 하고, 결혼식을 축하하는 횃불이 있는가 하면, 전쟁이나 기타 다른 재난으로 우리 마을이나 도시 전체가 거대한 횃불로 변하기도 한다. 개선식이 있기 위해서는 참혹한 희생이 선행하며, 즐거운 웃음소리가 요란한 곳에는 슬픔의 눈물을 흘리는 사람이 있게 마련이다. 옛날에도 그랬고, 지금도 그렇고, 앞으로도 영원히 그럴 것이다. 이 엄연한 사실을 보거나 듣기를 거절한다거나, 거기에 따른 고통을 겪고 참아내기를 거절하는 사람이 있다면 이 사람은 이 세상을 살아가기에 알맞은 사람이 아니며, 공통된 인간의 조건을 모르는 사람이며, 우리의 인생이 슬픔과 즐거움이 동시에 섞여 있고 즐거움과 슬픔이 번갈아 찾아온다는 사실을 모르는 사람이다.

그것이 어차피 있는 일이고 피할 수 없는 일이라면 어째서 우리는 그 일 때문에 속 썩이고 마음의 고통을 겪어야만 하겠는가? 키케로의 말과 같이, "이 세상에 불가피한 것은 결코 크게 고통스러울 수 없다." 그러니 이렇게 스스로를 위로하자. 그대가 원할 수도 없고 원하지 않을 수도 없을 때는 참고 견디는 수밖에 다른 도리가 없다. 그 고통이 오래 계속되는 것일 때는 그 고통은 아마도 가벼운 것일 것이다. 그 고통이 크고 심각할 경우에는 아마도 그 고통은 오래가지 않고 곧 끝나거나 지나가버릴 것이다.

---

19 벨로나(Bellona) : 로마 신화에서 전쟁의 여신. 그리스 신화의 에니오와 동일시됨. 종종 전쟁의 신 마르스의 누이나 아내로 알려져 마르스와 함께 숭배되는 여신 네리오와 동일시되기도 했음.

고통과 고민은 지나가게 마련이며 그렇지 않더라도 시간이 그것의 예민한 모서리를 뭉개버려 무디게 만들어줄 것이다. 고통도 일단 익숙해지면 그 아픔이 덜하다. 익숙해진 습관이 고통을 완화시켜줄 것이다. 모든 손실과 손해, 상처와 슬픔, 그리고 기타 모든 근심과 걱정을 치료하여주는 만병통치약에 망각이란 이름의 약이 있다.

일단 하나의 큰 불행이나 불운이 지나가고 나면 이 불행에서 다른 곳에서는 얻기 어려운 아주 진귀한 재물을 얻게 된다. 그것은 앞으로의 우리의 삶이 더 값지고 달콤해지다는 사실이다. 언젠가는 우리가 이 고통스러운 기억을 하며 즐거워할 것이다. 가난과 결핍은 풍요 속에서 바라보면 몇 배 즐거운 법이다. 지나간 고통을 행복 속에서 바라볼 때도 같다. 그러니 현재 가장 행복을 누리고 있는 사람은 누구나 어떤 불행과 불운에서 면제되었다고 생각해서는 안 된다. 태양과 달 아래에 존재하는 어떤 것이든 시간과 더불어 쇠퇴하고 변화한다. 이 지구라는 땅 위에 사는 당신도 예외는 아니다. 예외라고 생각해서도 안 된다. 예외를 바라서도 안 된다. 그러니까 처음부터 이 땅 위에서 평화롭고 기쁘고 조용한 나날을 보내며 살겠다는 커다란 기대보다는 검은 먹구름과 폭풍우 그리고 각종 중상과 모략 그리고 비방을 들으면서 살기를 기대하는 것이 더 현명한 일일 것이다. 어쩌면 이것이 인간의 공통된 운명이다.

그러나 당신 생각에 당신은 분명 어떤 다른 사람들보다 더 불행하고 불운한 것이 사실일 수 있다. 당신에 비하여 어떤 사람은 분명 더 행복하다. 당신이 겪는 고통에 비하여 그 사람이 겪는 고통이란 것은 벼룩에 물려 가려워하는 정도에 지나지 않는다. 당신만이 불행하고 아무리 주위를 둘러보아도 당신처럼 심한 경우는 찾아볼 수 없다. 그렇다치고 소크라테스가 질문한 바와 같이, "만약에 이 세상의 모든 사람들이 제각기 자기의 심신의 불행과 불만, 고통을 가지고 한 장소에 모여―소화불량, 생인손, 광증,

지랄병, 문둥병, 오한, 가난, 구걸 신세, 노예 신분, 감옥에 감금, 사업 실패, 빚 등─이 모든 것들을 한곳에 쌓아놓은 후 공평하게 분배했을 때, 과연 당신을 그중 한 몫을 아무런 주저 없이 가져가겠는가? 아니면 현재의 당신으로 (불행한 대로) 남아 있겠는가?" 대답은 자명하다. 후자다.

사람은 누구나 자기의 불행이나 모자라는 것은 알고 있지만 다른 사람이 겪는 불행이나 부족에 대하여서는 잘 모르거나 알려고 하지 않는다. 사람은 항상 자기 자신의 불행에 대하여서만 생각하지 남의 불행에 대하여는 생각하지 않는 것이 본성이다. 자기의 불행에 대하여서는 누누이 이야기하면서도 자기가 가지고 있고 누리고 있는 장점, 좋은 점, 타고난 재주, 주어진 재산에 대하여는 잊고 있다. 자기가 처한 어려움에 대하여서는 길게 늘어놓으면서도 자기가 현재 누리고 있는 복이나 재산, 행운에 대하여서는 감사할 줄을 모른다. 눈앞에 전개되고 있는 몇몇의 불운에 정신이 팔려 앞으로 따라올 무한정한 행운을 보지 못한다. 이 세상에는 당신이 현재 불만스럽게 가지고 있는 재산, 불만스럽게 생각하고 있는 처지, 불만스럽게 여기고 있는 운명의 지극히 적은 일부분만 주어진다 하여도 자기는 천국에 가 있다고 생각할 사람, 자기는 지금 당장 어느 왕국의 제왕이 되었다고 생각할 사람이 얼마든지 있다. 지금 이 순간에도 얼마나 많은 사람들이, 불쌍한 사람들이, 노예들이, 죄수들이, 전쟁 포로들이, 단지 그 목숨을 연장하기 위하여, 그 가난한 삶을 유지하기 위하여, 땅속 깊이 파 들어간 지하 갱도 속에서 석탄이나 주석을 파내고 있는가를 생각해보았는가? 모르면 몰라도 내 글을 읽고 있는 독자들은, 현재 자신의 운명에 불평과 불만이 있는 사람들은, 이들의 하고 있는 힘든 노동과, 이들의 몸과 마음이 겪고 있는 극도의 고통과 고뇌로부터 해방되어 있다. 주어진 것에 만족하는 사람이 행복한 사람이다. 당신의 행복을 인정하라.

그러니 입 다물고 조용하라. 만족하라. 당신보다 몇 배나 더 불행한 다른 사람들도 말없이 살고 있다는 사실을 명심하라. 이솝 우화에 나오는 두더지는 꼬리가 잘려 나간 여우의 불평을 듣고 다음과 같이 충고하였다. "너는 지금 장난감이 없다고 불평하고 있구나. 나를 봐. 나는 장님이란다." 다른 사람의 불행을 보고 스스로를 위로하라. 겁 많은 토끼의 이야기도 우리들에게 시사하는 바가 크다. 겁이 많아 항상 놀라고 두려움 속에 살고 있는 토끼들이 자기들 처지를 비관하여 모두들 함께 물에 빠져 자살하기로 결정하고 연못으로 갔다. 그곳에 살고 있던 개구리들은 토끼들이 몰려오자 모두들 혼비백산하여 연못 속으로 도망을 갔다. 난생처음 자기들을 보고 무서워 도망가는 개구리들이 있다는 사실에 크게 고무되고 용기를 갖게 된 토끼들은 모두 마음을 고쳐먹고 집으로 돌아왔다. 주어진 것에 항상 하느님에게 감사하라. 신이 그대를 뱀이나 두더지, 지네, 모기, 괴물이나 짐승, 또는 어떤 비천한 생물로 만들어놓지 않았다는 사실 하나만으로도 당신이 신에게 무한한 감사를 드릴 이유가 충분하다. 신은 당신을 한 마리의 개미나 개구리, 아니면 벌레로 만들어놓을 수도 있었다. 그러나 자비로운 신은 당신을 사람으로 만드셨다. 이 사실 하나만 잘 생각해보아도 당신은 현재의 당신의 처지에 크게 만족하고 감사할 것이다.

이 세상 그 누구도 자기가 바라는 것을 모두 가질 수는 없다. 그러나 당신은 당신이 갖지 못한 것을 갖기를 바랄 것인가 아닌가를 선택할 수 있다. 당신의 운명은 정해졌다. 그 정해진 것을 최대한 사용하라. 이 세상 사람들이 모두 잠이 들어 깨어나지 않는다면 이 세상에는 행복한 사람도 없고 불행한 사람도 없다. 우리의 일생은 짧은 한나절의 꿈이다. 우리가 우리의 주변을 한번 둘러보는 동안 이 세상의 삶은 끝나고 영원의 시간이 우리를 기다리고 있다. 사람의 일생은 일종의 순례 여행이다. 현명한 사람은 이 여행을 민첩하게 끝낸다. 그대가 만약에 근심과 걱정, 슬픔, 고통, 질병 속에 있거든 "신은 자기가 사랑하는 사람에게 고통을 준다"라는 선지자의 말을 기억하라. "눈물 속에 씨를 뿌리는 사람은 기쁨 속에서 수확하리라"고 「시편」에 기록되어 있다. 금광석이 용광로 속에서 녹아야 순금이 되듯이 우리 인간도 역경을 통하여 단단해지고 고귀해진다. 고통과 역경은 우리를 살찌게 한다. 성서에도 있듯이, "곡식은 도리깨질을 통해서 낱알을 얻을 수 있듯이, 사람은 고통을 겪어야만 세속적인 고민과 고통에서 벗어날 수 있다." 심신의 아픔은 곧 교육이다. 선원은 폭풍우를 통해서 일류 항해사가 될 수 있고, 육상 선수는 큰 대회에 나가 보아야 큰 선수가 될 수 있고, 군인은 전투에 참가해보아야만 능력 있는 지휘관이 될 수 있듯이, 사람은 누구나 역경을 통해서 진정으로 용기 있는 사람이 될 수 있다.

우리는 너 나 할 것 없이 누구나 싸움터에 내보내진 전사다. 우리는 이 세상의 고통과 싸워야만 하고, 우리의 심신과 싸워야만 하고, 이 세상의 악과 싸워야만 한다. 우리의 삶은 싸움이다. 누가 그것을 모른단 말인가? 그런데 그것이 천국으로 가는 싸움이란 사실을 잊고 있는 사람은 많이 있다. 이 땅으로부터 천국으로 가는 길은 결코 쉬운 길은 아니다. 그레고리우스의 말처럼, "그런 이유로 이 땅 위에서의 우리의 삶은 고통스러운 것인지도 모른다. 우리가 가는 길이 천국으로 가는 길이라는 사실을 잊고 있을 때 우리는 그 여행이 기쁘거나 즐거울 수 없다."

그러니 기쁜 마음으로 천국으로 가는 여행을 가자. 비록 그 길이 험난하고 피로와 고통 속에 외롭고 괴로워도 잘 살펴보면 길 주변에는 유쾌한 놀이와 향기로운 꽃, 맛있는 음식, 귀를 즐겁게 하는 음악도 있어 당신의 기분을 달래주고 용기를 북돋아줄 것이다. 혹시라도 그대가 세상의 버림을 받아 비난과 경멸, 조소의 대상이 되어 실의와 실망 속에서 울고 있는 신세가 되었다 하더라도 보이티우스가 황야에 홀로 버려져 울고 있던 하갈[20]

---

20 하갈(Hagar) : 구약성경에 나오는 여자. 아브라함의 아내인 사라의 하녀였으나 사라가

을 위로한 다음과 같은 말을 가지고 스스로 위안을 찾도록 하라. "신은 너를 보고 계시니라. 너의 어려움도 보고 계시니라." "당신의 머리 위에는 항상 당신을 구원하여 그대의 정당함을 밝혀줄 신이 있다. 그러니 안심하고, 기뻐하고, 만족하라."

어렵게 생각하지 말고 쉬운 일, 조그만 일부터 시작하자. 우리의 선배들이 남겨놓은 좋은 말, 유익한 충고, 필요한 가르침부터 기억하여 실행에 옮기도록 하자. 너 자신을 먼저 알라. 너의 운명에 만족하라. 너의 재산도, 너의 아름다움도, 너에게 아첨하는 친구들도 믿지 말라. 모두가 너를 파멸로 이끌 수 있다. 모든 사람들과 평화롭게 지내도록 하라. 그러나 나쁜 버릇과는 맹렬하게 싸워 이기라. 게으르지 말아라. 뛰기 전에 먼저 살펴보라. 부모를 공경하라. 친구에 대하여 좋게 말하라. 다음 네 가지에 특별히 절제하라 : 말하는 데, 나가 돌아다니는 데, 옷차림에, 술 마시는 데에 돈을 아껴 쓰라. 많이 듣고, 조금 말하라. 다른 사람의 결점을 보거든 너에게 있는 그 결점부터 먼저 고치도록 하라. 고자질하는 사람과 수다쟁이의 말에 귀를 기울이지 말라. 음란한 말은 하지도 말고 좋아하지도 말라. 농담을 하되 악의를 갖고 하지 말라. 남을 불쾌하게 만들지 말라. 너의 주위를 언제나 정돈하라. 누구를 위해서도 재산 보증을 서지 말라. 모든 사람을 믿지 말라. 수입 이내에서 지출하라. 줄 때는 기분 좋게 줘라. 빚을 갚을 때는 기쁜 마음으로 갚아라. 돈에 노예가 되지 말아라. 중요한 행사를 거르지 말고, 기회는 놓치지 말고, 시간은 낭비하지 말라. 너의 상사에게는 공손할 것이며, 동료들은 존경할 것이며, 모든 사람들에게 친절할 것이나, 결코 누구에게나 가볍게 보이지 않도록 하라. 누구에게도 아부하지 말

출산하지 못하자 아브라함의 첩이 되어 아들 이스마엘을 낳음. 후에 사라가 이삭을 낳고, 이스마엘이 이삭을 희롱한 사건으로 인해 이스마엘과 함께 광야로 쫓겨남.

라. 아첨하지 말라. 거짓말하지 말라. 속이지 말라. 말과 약속을 지키라. 도박하지 말라. 너 자신을 네가 스스로 추켜올리지 말라. 거만하지도 말고, 인기를 얻으려고 하지도 말라. 피할 수 없는 것을 두려워하지 말라. 되돌릴 수 없는 것을 후회하거나 한탄하지 말라. 스스로를 너무 과소평가하지 말라. 사람을 경솔하게 비난하지도 말고, 추천하지도 말라. 너보다 더 위대한 사람과 겨루지 말라. 옛 친구를 버리지 말라. 화해한 적을 조심하라. 손님으로 와서는 오래 머무르지 말라. 감사함을 꼭 표시하라. 모든 사람들에게 좋은 일을 하라. 듣기 좋은 말에 현혹되지 말라. 어떤 단체에서 중립에 서지 말라. 목격자가 없는 곳이 있다고 생각하지 말라. 친구를 충고할 때는 은밀하게, 친구를 칭찬할 때는 공공연하게 하라. 좋은 친구를 가지라. 사랑을 받기를 원하거든 남을 먼저 사랑하라. 누구를 사랑할 때는 미워하게 될 때도 생각하라.

친구는 천천히 사귀어라. 폭풍우에 대비하라. 벌집을 쑤시지 말라. 물질적 이익을 위하여 당신의 영혼을 팔지 말라. 남을 기쁘게 하기 위하여 너 자신을 바보로 만들지 말라. 돈을 보고 늙은 여자나 바보와 결혼하지 말라. 어떤 일이나 사람에 과도하게 흥미를 느끼거나 호기심을 갖지 말라. 얻을 수 있는 것을 구하라. 너를 너 자신보다 더 훌륭한 사람처럼 보이게 행동하거나 말하지 말라. 가능하면 최대로 즐겁게 살아라. 다른 사람들의 예를 보고 스스로 조심하라. 시간에 항복하라. 물 흐르는 대로 따라가라. 그대는 진정 근심과 걱정, 그리고 두려움으로부터 해방되기 바라는가? 여기에 해답이 있다. 죄짓지 말고 살라. 항상 스스로 바른 생각과 바른 행동을 하라. 그러면 다른 보호자가 필요없다.

다시 우울증으로 돌아와서

　다시 우울증으로 돌아가자. 세네카는 "사람은 누구나 자기가 진 짐이 가장 무겁다고 생각한다"고 말하였다. 우울증이 있는 사람은 이 가운데서도 가장 불평을 심히 하는 사람이다. 자기의 삶이 특별히 힘들고 지루하다고 생각하며, 친구들을 만나기를 회피하고, 빛이나 밝은 곳을 싫어하고, 항상 무엇을 두려워하거나 의심하고, 조바심하고, 자신 없어 하거나 수줍어 하는 등의 전형적인 증상들은 우울증 환자의 피해의식을 악화시키며 심신을 괴롭힌다. 그러나 이 병은 다른 악성 질병과 비교하면 그렇게 흉악한 것은 아니다. 우선 이 우울증이란 것에는 습관적인 것과 체질적인 것, 치료 가능한 것과 불가능한 것이 있다. 그것이 새로 나타난 것으로서 신체상의 어떤 변화에서 온 것이라면 그것은 대개 기분 좋은 것으로서 치료 가능하다.

　그러나 그것이 고질적이거나 습관적일 경우 그 우울증에는 명백한 주기가 있어 어떤 때는 아주 멀쩡하고 어떤 때는 아주 심하다. 이 증상은 심각하게 위협이 되지는 않지만 항상 존재하는 적과 같다. 항상 많은 불편과 괴로움을 주지만 때때로 거기에는 어떤 종류의 위안이나 다행스러운 점도 있다. 첫째 무엇보다 이것은 전염성이 없다. 다시 말해서 앓고 있는 사람에게는 대단히 고통스럽지만 옆에서 보는 사람들은 조금도 그런 고통을 느낄 수 없으며 보기에 흉하거나 더럽지도 않다는 말이다. 담석으로 견딜 수 없이 큰 고통을 받고 있었던 에라스무스는 그래도 자기가 앓고 있는 병이 페스트라든가 중풍, 문둥병, 천연두, 악성 피부염, 큰 상처, 화농 등과는 달리 남에게 전염되지 않고, 위험하지 않고, 보기에 역겹거나 흉하지 않아 친구들도 마음만 먹으면 만날 수 있고 찾아올 수도 있다는 사실에 크게 위안을 받았다고 한다. 우울증도 같다. 이런 의미에서 이 병은 다른 흉악하고 보기에 끔찍한 악질적인 병에 비하면 어쩌면 다행스러운 병이다. 이 우울증 환자들은 대개가 수줍음을 많이 타고 의심이 많고 외톨이들이지, 어떤 사람들처럼 야심이 크다거나 뻔뻔하다거나 남의 일에 무턱대고 끼어들거나 참견하는 사람들이 아니며, 어수룩하거나 정직한 사람들을 속이거나 등쳐먹는 사기꾼은 결코 될 수 없으며, 도둑이나 강도도 아니며, 좋은 음식을 얻어먹기 위하여 잔칫집을 찾아 나서는 치사한 사람도 아니며, 수다쟁이도 아니고, 포주도 아니고, 남에게 의지하여 먹고사는 진드기나 기생충 같은 사람도 아니고, 술주정뱅이도 아니다. 우울증의 증세는 그 사람을 필연적으로 정직하게 만든다.

혼자 있기를 좋아하는 증세는 그 사람을 필연적으로 사색적으로 만들며, 의심 잘하는 증세는 만사에 조심하게 만들며, 두려워하고 슬퍼하는 증세는 그 사람을 온건하고 스스로를 자제하게 만들어 대담하고 기운 넘치는 사람들이 흔히 빠지기 쉬운 방탕한 행동으로부터 멀어지게 만든다. 이런 이유로 우울증 환자치고 거친 행동을 하는 사람은 없으며, 도둑질이나 강도질을 하는 사람도 없으며, 자객이나 암살자도 없다. 이들은 쉽게 실망하고 절망하는 만큼 부드러운 몇 마디 말이나 설득으로 재기하기도 한다. 이들이 삶을 지루하고 괴로운 것으로 받아들이는 만큼 이들은 이 세상의 일시적인 헛된 환락에 탐닉하지도 않는다. 이들이 어떤 한 가지 일에 몰두하는 만큼 거기에서 얻은 지식이나 지혜로 다른 것을 이해하고 판단함에서 대단히 현명하고 지혜로울 수 있다. 어느 사람에게 있는 그가 앓고 있는 우울증이 고질적인 것이라면, 그 사람은 틀림없이 어떤 한 가지 일에만 몰두할 것이며 그 생각 이외의 주변에 있는 사람들이나 일어나는 일에 대하여는 전혀 무관심하거나 무감각하기 때문에, 다른 사람들에게는 분명 바보요, 어리석은 사람이요, 단순한 사람이요, 하나의 웃음거리요, 미치광이에 지나지 않겠으나, 본인 스스로는 아주 만족하고, 태연하고, 행복하다.

바보나 천치가 이 세상을 가장 기쁘게 사는 사람이라고 말한 철학자들도 여럿 있다. 소포클레스[21]의 비극에 나오는 천하장사 아이아스는 정신이상의 상태에서 "아무것도 모르는 것이 가장 즐거운 삶이다"라고 말했다. 모르는 것이 이 세상의 온갖 약을 치료할 수 있는 최선의 약이다. 의사 갈레노스를 비롯하여, 키케로, 아리스토텔레스, 유스티니아누스[22] 등의 치료법이나 이해하기 어려운 철학적인 생각들은 모두가 이 살기 어려운 세상을 더 복잡하고 골치 아픈 것으로 만드는 것들이라고 생각하는 사람들도 있다. 차라리 이런 것들이 없이 이런 것들을 전혀 모르고 일자무식으로 어린아이처럼 단순하게 사는 것이 더 나을 수도 있다. 바보는 현자들이 그러하듯이 근심과 걱정으로 몸이 야위는 법도 없고 두려움과 초조함으로 고문받는 법도 없다. 어리석음이 진정 고통스러운 것이라면 이 어리석은 사람들로 가득 차 있는 세상에서는 어디를 가나 고통을 못 이겨서 터뜨리는 신음 소리를 들을 수 있어야만 한다. 그러나 그런 소리는 들을 수 없다. 오히려 들려오는 소리는 즐겁고 흥에 넘쳐 나오는 웃음소리뿐이다. 어찌된 일인가? 바보는 거짓말을 하거나, 가장하거나, 꾸며댈 줄 모른다. 바보는 위선자가 될 수 없다. 바보와 미친 사람은 진실만을 말한다. 결론적으로 말해서 우울증 환자는 고통을 받는 만큼 동정을 받으며, 동정을 받는 일은 시기를 받는 것보다 좋은 일이며, 즐거워하는 것보다는 슬퍼하는 것이 더 좋은 일이며, 어리석은 사람으로 말없이 조용히 있는 것이 현명하기 때문

---

21 소포클레스(Sophocles, BC 496?~BC 406) : 그리스 비극작가. 아이스킬로스, 에우리피데스와 더불어 그리스 3대 비극작가의 한 사람. 약 120편의 비극을 썼음. 이 가운데 『오이디푸스 왕』 『안티고네』 『에렉트라』 등 7편만이 현재 전해지고 있음.

22 유스티니아누스(Flavius Sabbatius Justinianus, 483~565) : 로마의 황제(재위 527~565). 특히 로마의 법령을 로마 건국 시대부터 총정리하고 체계를 세워 후세 전 유럽 법률의 기초를 마련함.

에 이런 저런 일로 부대껴 고통받는 것보다 낫다는 것이다. 행복한 것보다는 차라리 불행한 것이 낫다는 말이다. 행복과 불행이란 두 개의 극단적으로 대립된 것 가운데서는 불행을 택하는 것이 낫다.

제3부

사랑의 우울증과 종교적 우울증

서론

내가 이 자리에서 왜 사랑 이야기를 시작하는지 불만스럽게 생각하는 사람들이 적지 않을 것이다. 사랑 이야기는 좀 저질의 시인이나 사랑에 빠져 제정신이 아닌 철없는 젊은이들 또는 여성적 기질의 귀족 등 한가하고 게으른 사람들의 몫이지, 나와 같은 심각한 이야기를 하는 사람에게는 너무 경망스럽고 경박한 주제이기 때문이다. 사랑은 아무래도 점잖은 사람들의 귀에는 어울리지 않는 말임에 분명하다. 그래서 지금까지 심각한 철학자의 말에 귀를 기울여온 독자들 가운데는 지금부터 내가 시작하려는 사랑에 관련되는 음란한 말이나 묘사를 읽거나 보거나 듣고는 부끄러워하거나 성을 낼지도 모를 일이다. 무엇보다도 사랑은 젊은이들의 몫이지 어디 당신처럼 늙은이가 나서서 이러쿵저러쿵 할 일이냐고 따질 사람들도 있을 것이다.

그러나 이 모두가 잘못된 편견이다. 모르고 하는 말이다. 정작 사랑을 논할 자격이 있는 사람은 나처럼 나이가 상당히 든 분별력이 있는 노인들이다. 노인들은 누구보다 이 사랑 문제에서 경험과 경륜이 있고 많은 경우를 관찰해왔기 때문에 이 문제에 관한 한 더 올바른 판단을 내릴 수 있고,

더 잘 분별할 수 있고, 결단을 내릴 수 있고, 논할 수 있고, 충고할 수 있기 때문이다.

무엇보다도 사랑은 바로 우울증의 한 종류다. 그러니 어찌 우울증을 다루는 이 책에서 이것을 빼놓을 수 있단 말인가? 이미 이 주제에 관하여 역사상 수많은 철학자들과 시인들, 의사들, 그리고 학자들이 이미 충분히 언급을 하였다 하더라도 나는 결코 이 주어진 기회를 거절하지 않겠다. 플라톤, 플루타르코스, 플로티노스,[1] 이븐 시나, 크세노폰, 테오프라스토스, 아테나이오스,[2] 몬탈투스, 로렌티우스,[3] 사보나롤라,[4] 카스틸리오,[5] 에라스무스 등이 모두 나름대로 사랑의 본질과 거기에 따른 기쁨과 슬픔, 그리고 그 속에 도사린 위험과 죄악에 대하여 누누이 언급하였다 하더라도 나는 내 이야기를 또 해야 직성이 풀릴 것 같다.

인간에게 사랑은 가장 인간적인 것이다. 나는 인간이다. 그렇기 때문에

---

1 플로티노스(Plotinus, 205?~270) : 로마의 철학자. 플라톤의 사상에 동양의 신비적 요소를 가미한 철학을 가르침. 그의 사상은 이후 신플라톤주의로 알려짐.

2 아테나이오스(Athenaeos, 2세기 말~3세기 초) : 그리스 학자. 15권으로 된 저작 『미식가』에는 당시의 음식, 음악, 노래, 춤, 놀이, 운동, 풍속 등에 관한 잡다한 정보가 상세하게 들어 있음.

3 로렌티우스(Andreas Laurentius, 1558~1609) : 프랑스의 의사, 해부학자. 몽펠리에대학 의학교수.

4 사보나롤라(Girolamo Savonarola, 1452~1498) : 이탈리아의 종교개혁자. 도미니쿠스 수도회 수도사. 수도원장. 설교를 통하여 당시 사회의 성직자, 정치 지도자, 귀족들의 부정과 부패를 통렬하게 비난함. 민주적 정당인 피아그노니당의 정신적인 지도자로서 당시 실권자였던 메디치 가의 피에르토를 권좌에서 축출하고 피렌체의 실질적인 독재자가 되어 이상적인 기독교 사회의 건설을 역설함. 교황 알렉산드르 6세를 비난하여 파문당함. 그 후 공개적으로 교황에게 항거하다가 체포되어 투옥, 선동과 배교의 죄목으로 재판에서 유죄 판결을 받음. 고문을 당한 후 교수형에 처해짐. 그의 시체는 다른 두 명의 도미니쿠스수도사와 함께 불 속에 던져짐.

5 카스틸리오(Balthazar Castilio, 1478~1529) : 이탈리아의 시인이자 외교관. 저서에 르네상스 궁정 생활의 전형적인 인간상을 그린 『정신론(廷臣論)』이 있음.

나에게서 멀리 있고 낯선 것은 결코 인간적인 것이 될 수 없다. 나는 이 사랑 이야기를 하면서 플라톤이 기록한 소크라테스처럼 사랑이란 말만 나오면 부끄러워 얼굴을 붉히면서 손으로 얼굴을 가릴 필요는 없다고 생각한다. 사랑 이야기는 결코 성욕을 자극하는 음란한 이야기만은 아니다. 내가 하는 사랑 이야기는 최근에 나온 다른 사람들의 글에서처럼 독자들을 불쾌하게 만들거나 얼굴을 붉히게 만들지 않을 것이다. 그 대신 아주 깨끗하고 정직한 이야기가 될 것이며, 여기서 한 걸음 더 나아가 대부분이 대단히 유익하고, 심각하고, 심지어 어느 정도 종교적인 냄새도 풍길 것이다.

그러나 사랑의 이야기를 하다 보면 피치 못하게 그 속에 경박하다거나 좀 야하다고 생각될 수 있는 그런 내용도 포함될 수도 있다. 그럴 때도 너무 분노하여 읽기를 중단한다거나 나무라지 말고 끝까지 읽어주기 바란다. 왜냐하면 나의 본래 의도는 그것이 아니니까. 솔직히 말해서 나의 사랑 이야기에는 좋은 것도 있고, 나쁜 것도 있고, 이것도 저것도 아닌 것도 있다. 나는 요즈음 극장가에서, 장터에서, 또는 음식점에서 오가는 시시껄렁한, 재치 있는, 걸쭉한 음담패설도 필요하다고 생각할 때는 서슴없이 사용하겠다.

사랑의 기원, 목적, 정의, 구분에 대하여

인간에게서 남녀간의 사랑이 차지하는 영역은 크고 넓고 깊다. "그 속으로 통하는 길은 온통 가시밭길이다"라고 사랑의 어려움과 위험성만을 강조한 카르다노를 스칼리거는 비난하였다. 나는 과연 사랑이 어떤 것인지, 사랑의 종류, 사랑의 본질, 사랑이 어떻게 시작되는지, 사랑의 목적,

사랑의 정직함과 부정직함, 사랑의 덕과 부덕, 사랑이 과연 자연스러운 것인지, 아니면 하나의 병인지, 사랑의 힘과 그 영향, 그리고 사랑이 미치는 영역 등에 관하여 이 기회에 여기에서 자세히 관찰하고 논의해보고자 한다.

우선 사랑은 하나의 욕망이다. 여기에 이의를 제기할 사람은 없을 것이다. 사랑은 자발적인 감정이며 좋은 것을 즐기겠다는 욕망이다. 욕망은 욕구이며, 사랑은 즐긴다. 욕망의 끝은 사랑의 시작이다. 우리가 사랑하는 것은 실제로 존재하는 것이며, 욕망의 실체는 없는 것이다. "사랑이 하나의 신인지 악마인지, 일시적인 마음의 불꽃인지 영구한 것인지, 일부는 신이고 일부는 악마인지, 이 사랑의 실체와 본질에 대하여 좀 더 심각하게 생각해보는 일은 분명 가치 있는 일이다"라고 플로티노스는 말했다. 사랑은 위의 세 가지 요소를 모두 공유하고 있는 것으로서 아름답고 좋은 것에 대한 욕망에서 생겨나며 그 아름답고 좋은 것을 욕망하는 마음의 움직임이라고 그는 결론지었다. 반면에 플라톤은 사랑이 다른 모든 감정을 지배하는 강력한 것이라는 이유에서 그것을 아주 경계하고 두려워해야만 할 악마로 규정하였다. 그는 사랑을 "좋은 음식을 갈망하는 식욕과 같은 것"으로 정의하였다. 아우구스티누스는 사랑을 가슴속에 생겨나는 환희라고 말하면서, "이것을 얻겠다는 욕망, 이것을 소유하고 즐기겠다는 욕망, 그 속에 오래 머무르고 싶은 욕망"이라고 하였다. 스칼리거는 사랑을 하나의 욕망이나 식욕과 같은 것으로 정의하는 것에 이의를 제기하였다. 그는 "우리가 욕망하는 것을 얻어 즐기게 되면 거기에는 더 이상 식욕이 남아 있을 수 없다"고 하면서 사랑을 나름대로 다음과 같이 정의하였다. "사랑은 우리가 사랑하는 것과 결합하겠다는 감정이거나, 그 결합을 영구히 하겠다는 감정이다." 이 정의에 많은 사람들이 동의하고 있다.

자기에게 좋고, 사랑스럽고, 아름답고, 즐겁고, 우아한 것을 욕구하고 또 그것을 영구히 소유하려고 하는 욕망이 사랑이라면, 사랑은 그 대상에 따라 그 종류도 여러 가지일 수가 있다. 이 세상에서 나쁜 것이나 불쾌한 것을 자기 것으로 만들고 싶어 하는 사람은 없다. 농부는 좋은 수확을 바라지 나쁜 씨앗이나 나쁜 토양, 나쁜 묘목을 소유하고 싶어 하는 농부는 없다. 우리는 누구나 좋은 하인, 좋은 말, 좋은 자식, 좋은 친구, 좋은 집, 좋은 이웃, 좋은 아내를 갖기를 바란다. 이 좋은 것에서 아름다움이 나오며, 이 아름다움에서 우아함이나 귀여움 또 즐거움이 나오며, 우리는 이 즐거움, 우아함, 아름다움을 사랑하게 되는 것이다.

우울증의 원인이 되는 사랑, 그 힘과 영향력의 범위

이 세상에서 기쁨을 가져다주는 많은 대상물 가운데서 '사랑의 우울증'의 원인이 되는 여성의 아름다움과 매력은 단연 다른 것들을 압도한다. 신체의 모든 기관 가운데서 사랑의 영향력을 가장 민감하게 받는 곳은 간이다. 사랑의 힘과 그 영향력은 막강하다. 영웅도, 귀족도, 착한 사람도, 악한 사람도, 학문이 깊은 사람도, 무식한 사람도 이것 앞에서는 무력하다. 사랑은 영웅도 굴복시킨다. 사랑이라는 말과 이름은 물론 우리 인간이 만들어낸 것이고 또 우리 인간으로부터 온 것이지만, 이것의 영향력과 그 영향력이 미치는 영역은 우리 인간을 뛰어넘어 식물과 동물, 그리고 아주 미세한, 그리고 아주 미미한 생물들에게까지 확장된다. 생명이 있는 곳에 사랑이 미치지 않는 곳은 없다. 사랑의 역사는 아주 오래된 것으로서 천지창조와 그 시기를 같이한다. 그리고 사랑의 발생은 너무나 오래전의 일이기 때문에 지금까지 어떤 학자도, 시인도, 학자도 밝혀내지 못하고 있다.

시인 헤시오도스에 의하면, 사랑(Love)의 부모는 땅(Terra)과 무질서(Chaos)

로서, 이 둘은 다른 신들이 탄생하기 전부터 이미 존재하고 있었다. 어떤 사람은 사랑이 다른 것이 아니고 프로메테우스가 하늘에서 인간을 위하여 훔쳐낸 바로 그 불이라고 말한다. 플라톤이 기록한 『대화』에 보면, 사랑의 기원에 대한 소크라테스의 다음과 같은 이야기가 우리의 흥미를 끈다. 아프로디테가 탄생하자 큰 잔치가 열리고 모든 신들이 이 자리에 초대되었는데, 그 가운데는 풍요의 신 포로스도 있었다. 그 잔치에 가난의 여신 페니아가 문밖에 나타나 구걸을 하였다. 넥타르를 너무 많이 마셔 얼큰해진 포루스는(그때는 아직 포도주를 만들 줄 몰랐음) 페니아를 끌고 제우스의 정원으로 들어가 술김에 일을 저질러 아기를 낳았는데 그 아기가 바로 사랑이다. 사랑의 본질에 풍요와 결핍, 지나치게 넘침과 지나치게 모자람, 즐거움과 고통이 공존하는 이유는 아비와 어미 사이에 바로 이런 내력이 있기 때문이다.

아리스토파네스[6]는 다른 이야기를 들려준다. 태초에 인간은 천사들처럼 네 개의 팔과 네 개의 다리를 가지고 있었다. 그리고 남녀간의 구별이 없었다. 인간들은 이런 조건하에서 못할 것이 없었고 자유로웠다. 인간들은 오만해져서 자신들이 신이나 다름없다고 생각하였으며, 신처럼 떠들고 다녔으며, 또 신처럼 행동하였다. 여기에 분개한 신들은 인간을 반으로 갈라 남과 여로 구별해놓았다. 그 후 인간은 어떻게 해서든지 본래의 모습으로 돌아가려고 노력하고 있으며, 어떻게 해서든지 다시 하나로 합치고자 하였는데, 그 원동력이 바로 사랑이란 것이다.

---

6 아리스토파네스(Aristophanes, BC 448?~BC 380?) : 그리스 아테네 출신의 극작가. 당대뿐만 아니라 현재까지도 가장 위대한 희극작가로 칭송받고 있음. 그가 쓴 40편의 코미디 가운데 11편이 전해지고 있음. 당시 사회상과 인간상에 관하여 강력하면서도 통렬한 풍자를 함. 대표작으로 『새』 『개구리』 『평화』 『구름』 『장수말벌』 『기사들』 등이 있음.

다른 이야기도 있다. 대장장이 신 헤파이스토스는 어느 날 사랑에 빠진 남녀를 만났다. 헤파이스토스는 그 두 사람에게 무엇이든지 원하면 자기가 만들어주겠다고 말하였다. 두 사람은 헤파이스토스에게 자기들 두 사람을 하나로 만들어달라고 간청하였다. 그러자 헤파이스토스는 두 사람을 자기의 커다란 용광로에 집어넣어 녹여서 새로 하나의 사람을 만들었다. 그 후부터 진정한 연인은 한 몸이거나 아니면 어떻게 해서든지 하나가 되려고 갈망하게 되었다.

사랑의 신 큐피드가 항상 통통한 소년으로 그려진 이유는 사랑은 뭐니 뭐니 해도 젊은이들의 것이기 때문이다. 아름답고 곱고 살이 통통한 젊은이들은 항상 사랑에 잘 걸려들기 때문이다. 나체로 나타나는 이유는 진정한 사랑은 단순하고 천진하며 부끄러움을 모르기 때문이다. 항상 웃는 모습을 하고 있는 이유는 사랑은 즐겁고 기쁘기 때문이다. 활과 화살을 가지고 있는 이유는 사랑은 막강한 것이며 아무도 그 화살을 피할 수 없기 때문이다. 또 그가 장님으로 그려지는 이유는 사랑은 자기가 누구를 향하여 화살을 날리는지, 누가 그 화살에 맞는지 보지 못하기 때문이다. 사랑의 힘과 사랑이 지배하는 영역은 너무나 광대하기 때문에 사랑은 이미 오래 전부터 하나의 신으로 군림하여 왔으며, 그것도 평범한 신이 아니고 다른 신들의 위에서 그들을 마음대로 조종하고 호령하는 막강한 영향력을 가진 신으로 군림하여왔다.

제우스조차도 사랑의 신 앞에서는 절절매었다. 플라톤도 사랑을 '막강한 신'이라고 불렀으며, 아테나이오스는 사랑을 "신들 가운데서 가장 힘이 강하고 동시에 가장 명랑하고 쾌활한 신"이라고 불렀다. "사랑은 신 중의 신이요 인간의 지배자"라고 에우리피데스[7]는 말했다. 그는 계속하여

7 에우리피데스(Euripedes, BC 5세기) : 그리스의 비극작가. 아이스킬로스, 소포클레스

말하기를, "그렇기 때문에 우리는 이 사랑의 신에게 존경과 경의를 표해야만 하며, 이 신을 위하여 날을 정하여 축하해야만 하며, 이 신을 모신 신전에 가서 예배를 드려야만 하며, 사랑의 신을 숭배해야만 한다. 사랑은 단지 하나의 이름이 아니고 신이기 때문이며, 모든 것을 정복하고 모든 것을 지배하는 이 막강한 신의 신전에 제물을 바쳐야만 하기 때문이다."

사람은 사랑과 힘을 겨루기보다는 차라리 황소나 사자 또는 곰이나 거인들과 겨루겠다고 나서는 것이 훨씬 더 유리하다. 사랑은 너무나 강력하여 누구나 사랑에 조공을 바치지 않을 수 없으며, 사랑은 모든 사람을 지배하며, 사랑은 자기가 원하는 대로 사람을 미치게도 만들고 멀쩡하게도 만든다. 사랑을 신들 가운데서도 아주 그 힘이 막강한 위대한 신으로 인정하지 않는 사람이 있다면 그 사람은 바보이거나 멍청이다. 위대한 시인 호메로스가 장님이 된 것은 바로 이 사랑의 신에 대하여 불경스러운 말을 했기 때문에 벌을 받아 그렇게 되었다고 전해진다. 제우스의 아들이요 태양의 신이기도 한 아폴론은 이 사랑의 신 큐피드를 고용하여 자신의 모든 질병을 치료했지만 결국 사랑의 병에 걸렸다. 소크라테스는 사랑을 "독재자"라고 불렀다. 페트라르카의 우아한 시에는 사랑의 신 큐피드는 항상 황금 수레 위에 앉아 웃고 있으며, 그 수레의 뒤를 전쟁의 신 아레스와 태양의 신 아폴론이 밀고 있으며, 영혼의 여신 프시케는 울면서 그 뒤를 따라가고 있다.

사랑은 우리 인간들만을 사로잡는 것이 아니라 말 못하는 짐승들조차도 뒤흔들고 괴롭히는 강력한 감정이다. 우리 주변에서는 말에서 그런 실례를 볼 수 있다. 루킬리우스가 들려주는 이야기에 보면, 사랑의 신 큐피

와 더불어 그리스 3대 비극작가 가운데 한 사람. 『엘렉트라』 『오레스테스』 『메데이아』 등의 작품이 있다.

드는 자기 어머니인 아프로디테의 마음을 기쁘게 만들기 위하여 인간만을 가지고 놀이를 한 것이 아니고 사자의 등에 올라앉아 말을 타고 돌아다니듯이 돌아다녔으며, 사자들은 좋아라 꼬리를 치며 큐피드에게 아양을 떨었다. 이 광경을 바라보고만 있어야 하는 황소, 곰, 산돼지, 말들은 질투심이 나서 죽을 지경이었다. 그들은 마침내 서로 치고받는 싸움을 시작하였으며, 그들 중 얼마는 이 사랑싸움의 결과 죽고 말았다. 실제로 수탉, 사자, 사슴 같은 동물들은 사랑을 차지하기 위하여 맹렬한 싸움을 벌이며, 그 싸우는 소리는 반 마일 밖에서도 들을 수 있으며, 많은 경우 상대를 쫓아버리거나 죽이는 것으로 끝난다. 사랑의 경쟁자를 몰아낸 다음에는 의기양양한 태도로 코를 하늘 높이 치켜들고 하늘에 감사를 표시하기라도 하듯이 소리를 지른다. 새들에게도 사랑의 감정이 있다. 물고기들도 사랑을 하며 사랑에 빠지면 시름시름 앓거나 몸이 여위어간다.

인간 위에 군림하는 폭군, 사랑에 대하여

당신은 이미 사랑이, 사랑이라는 이름의 폭군이, 우리 인간들은 물론 다른 말 못 하는 짐승들의 정신을 혼란시키고 들뜨게 하며, 심지어 미치게 만드는가에 대하여서는 어느 정도 알고 있을 것이다. 이제 우리가 할 일은 도대체 그것이 어떤 것이기에 이처럼 우리는 이 사랑 앞에서 흔들리는가에 관하여 알아보는 일이다.

사랑이여! 짓궂기 한량없는 사랑이여! 우리 인간의 마음이라면 누구의 것을 막론하고 마음대로 건드리고 지배하는 그대는 도대체 어떤 존재인가? 우리의 가슴을 건드려 우리를 간질이고, 놀라게 하고, 또 부끄럽게 만드는 사랑이여, 때로는 엄청난 기쁨과 감격을 가져다주지만 그에 못지않게 엄청난 괴로움과 슬픔, 그리고 범죄까지도 서슴없이 저지르게 만드는 사랑이여, 사랑은 최초로 마을들을 통합했고, 도시를 형성했으며, 수없이 많은 세월을 지나오는 동안 우리 인류의 종족을 대대로 유지하고 이어오도록 하였으며, 교회를 탄생시켰다.

그러나 이 사랑이 한 번 분노하였다 하면 그것은 이제 사랑이 아니다. 그것은 불타는 욕정이요, 열병이요, 미친 짓이요, 지옥이다. 그것은 또한 죽음이요, 약이 없는 병이요, 광란이다. 그것은 조용함이나 평온함과는 관계가 없는 마음속에서 일어나는 거대한 폭풍우다. 그것은 한 마디로 한 마리의 괴물이다. 그것은 때로는 남자답게 용감하고, 여자처럼 수줍어하며, 멧돼지처럼 무모하고, 쓰면서도 달콤하고, 부드러운 강타다. 사랑은 왕국을 무너뜨리고, 도시를 무너뜨리고, 마을을 무너뜨리고, 가정을 무너뜨린다. 사랑은 사람을 망가뜨리고, 타락시키고, 수많은 사람들을 죽음으로 몰아넣기도 한다. 천둥과 번개도, 전쟁도, 화재도, 전염병도 이 불타는 정욕, 이 짐승의 열정인 사랑만큼 우리 인간을 골탕먹이지는 못하였다. 멸망한 소돔과 고모라, 그리고 트로이를 위시하여 일일이 열거할 수도 없이 수많은 도시들이 이를 증명하고 있다.

인류 역사가 기록하고 있듯 트로이 전쟁만이 치마를 입은 여자 때문에 일어난 것이 아니다. 수많은 전쟁들이 여자 때문에 발생하였다. 인간 역사에는 이탈리아 나폴리의 조반나,[8] 프랑크 왕국의 프레데군트와 브룬힐트[9]

8　조반나(Giovanna I, 1325~1382) : 나폴리 왕국의 여왕. 조부 로베르토 1세의 유언대로 헝가리 왕자 안드레아와 결혼하는 조건으로 왕위에 올랐으나, 남편을 암살했다는 혐의가 있어 헝가리가 나폴리를 침공함.

9　프레데군트(Fredegunde, ?~597)와 브룬힐트(Brunehilde, 543~613) : 둘 다 프랑크 왕국의 분국 왕비로, 프레데군트는 네우스트리아의 왕 킬페리크 1세의 왕비, 브룬힐트는 아우스트라시아의 왕 시게베르 1세의 왕비. 프랑크 왕국의 패권을 놓고 30년에 걸친 투쟁을 벌인 인물로 유명함. 두 여인의 대립은 후일 「니벨룽의 노래」의 소

와 같이 수많은 사람들을 죽음으로 몰아넣은 요녀와 요부들로 가득 차 있다. 이 사랑의 욕망을 채우기 위하여 매일같이 사람들이 벌이는 결투, 살인, 강간, 유혈, 폭동, 그리고 정상을 넘는 과도한 돈의 낭비, 이에 따른 패가망신, 구걸, 창피함, 처벌, 고문, 그리고 이 사랑에서 생기는 불치의 더러운 성병, 이 모든 것은 우리의 몸을 고문하는 열사병, 열병, 통풍, 천연두, 관절염, 중풍, 위경련, 좌골신경통, 근육마비 등을 훨씬 능가하는 고통으로서, 사랑은 우리가 살아 있는 동안은 우리의 영혼을 마비시키는 악성 우울증의 하나며, 우리가 죽어서 가는 저세상까지 따라와 우리를 영원히 괴롭히는 영혼을 좀먹는 병이다.

그런데 우리 인간에게 이 사랑이란 것은 절제 불능의 것이며, 결코 일상적인 평범한 것이 아니며, 그것의 한계를 정할 수도 없고 이해 불능의 것이다. 그것은 결혼이란 울타리 안에 감금시킬 수도 없으며 어느 한 사람에게만 고정시킬 수도 없는 그 정체가 불분명한 것이다. 사랑은 방황하는, 방랑하는, 떠도는 유령 같은 것으로서, 때로는 화려하게 뽐내고, 때로는 폭군처럼 상대를 지배하려고 하며 한계도 없고, 옳고 그름을 따질 수도 없는, 사람을 파괴시키는 격렬한 감정이다. 이 불타는 욕망은 때때로 결혼한 후에도 폭발하는데, 흔히 질투라는 이름으로 나타난다. 때로는 또 이것은 결혼하기 전에도 나타나는데 이것이 바로 우울증의 특수한 형태로서 소위 '영웅들의 멜랑콜리'라는 것으로 자기 하나의 고민이나 고통만으로 끝나는 것이 아니고 다른 사람까지 물고 들어가 파멸시키는 것이다. 이것은 일종의 광증으로 심한 경우 강간, 근친상간, 그리고 살인으로 이어진다.

재가 되었다고 전해짐.

안토니우스[10]는 자기의 친여동생 파우스티나를 범하였다. 카라칼라[11] 황제는 의붓어미 율리아를, 네로는 친어미를, 칼리굴라[12]는 누이들을, 키니라스는 친딸 미라 공주를 범하였다. 여기에는 혈연도, 나이도, 남녀의 구별도, 아무것도 없다.

사랑은 이처럼 미쳐 날뛰다가도 시간이 흘러 나이가 들거나 또는 어느 날 제정신으로 돌아와 언제 그랬느냐는 듯이 멀쩡해지는 사람도 있다. 초서[13]의 『캔터베리 이야기』에 나오는 바스에서 왔다는 여장부는 익살스럽게 자신의 과거에 대하여 다음과 같이 털어놓고 있다.

아마 내가 열두 살이 넘어서부터일 거야.
함께 교회 문턱을 드나든 나의 남편은 지금까지 다섯 명.

---

10 안토니우스(Marcus Antonius, BC 83?~BC 30) : 로마의 정치가, 웅변가, 군인. 로마 3인의 집정관 중에 한 사람. 율리우스 카이사르가 암살당한 후 부르투스 등 암살자 일당을 축출함. 클레오파트라를 정벌하러 가서 그녀의 미모에 반하여 이집트로 따라가서 그녀와 동거함. 악티움 해전에서 3인 집정관 가운데 한 사람인 옥타비아누스에게 패한 후 자살함.

11 카라칼라(Caracalla, 188~217) : 본명은 마르쿠스 아우렐리우스 안토니우스(Marcus Aurelius Antonius). 로마의 황제(재위 211~217). 아버지 세베루스 황제의 유언에 의하여 형인 게타와 공동 황제가 되었으나 곧 형을 살해하고 단독 황제가 됨. 동시에 2만 명에 달하는 게타의 가족, 친척, 친구들을 죽임. 수많은 정복과 정벌 전쟁을 통하여 수많은 인명을 무자비하고 잔혹하게 학살함. 에데사의 로마 총독에 의하여 암살당함.

12 칼리굴라(Caligula, 12~41) : 로마의 황제(재위 37~41). 본명은 가이우스 카이사르(Gaius Caesar). '칼리굴라'는 어렸을 때 아버지를 따라서 전쟁터에 나가 군인들이 신는 신발 'caligae'를 머리에 쓰고 다니기를 좋아한 데서 생겨난 별명. 티베리우스 황제의 뒤를 이어 황제가 되었다. 처음에는 정사를 잘 처리하였으나 심한 병을 앓고 난 후부터 정신이상이 생겨 잔인, 잔혹해져 사람들을 고문하는 것과 피를 보기를 좋아함. 자기의 말을 총독으로 임명하기도 하였음. 근위대에 의하여 살해당함.

13 초서(Geoffrey Chaucer, 1340~1400) : 영국의 시인. 『캔터베리 이야기』의 저자. '영시의 아버지'로 일컬어짐.

그 유명한 창녀 라합[14]은 이미 나이 열 살에 이 분야의 여왕으로 군림하였다. 폴룩스[15]는 아리스토파네스의 작품을 인용하여, 일반적으로 말해서 여자는 나이 열네 살이 되면 음모가 나기 시작하며, 남자를 그리워하기 시작하며, 경우에 따라서는 스스로 자기 몸을 남자에게 제공하겠다고 나서기도 하며, 이유 없이 발광하기도 한다고 적었다. 아프리카에서는 남자가 열네 살 된 처녀를 구할 수가 없다고 한다. 처녀들이 너무 조숙하여 열 살만 되면 남편 없이 사는 여자들이 없으며, 있다면 그 처녀들은 우울증에 걸려 시름시름 앓고 있다는 것이다.

남녀간의 이 만족을 모르고 끝도 없이 치닫는 정욕에 대해서는 제아무리 혀를 놀려도 충분하지 않다. 이 세상의 재미있는 이야기란 이야기들은 모두가 이 남녀간 정사에 관한 이야기들이다. 구약성서에 나오는 예레미아[16]가 통탄하듯이, 이 세상의 남자들은 누구나 꼭 배부른 말처럼 남의 마누라를 탐내어 울부짖고, 마을의 씨받이 황소처럼 처녀를 범하려 하고, 과부들을 찾아다닌다. 솔로몬의 지혜도 이 정욕의 불길 앞에서 맥없이 꺼져버렸고, 삼손[17]의 괴력은 자취도 없이 사라졌으며, 롯[18]의 딸들의 정숙함

---

14 라합(Rahab) : 구약성서 「여호수아」에 나오는 여리고의 창녀. 여호수아의 첩자들을 숨겨주었고, 탈출하도록 도와줌.

15 폴룩스(Julius Pollux, AD 2세기경) : 그리스 출신의 소피스트 철학자, 사전 편찬 학자. 로마 코모두스 황제에 의하여 아테네 아카데미의 수사학 교수로 임명받음. 10권으로 편찬한 그리스어 사전 『오노마스티콘』이 현재까지 전해지고 있음.

16 예레미아(Jeremiah, BC 650?~BC 585) : 이스라엘의 비관적 예언가. 그의 인간의 부패와 도덕적 타락에 대한 통렬한 비난과 심판은 구약성서 「예레미아서」와 「애가」에 들어 있음.

17 삼손(Samson) : 구약성서에 나오는 이스라엘의 사사(士師). 「사사기」에 의하면 괴력을 소유한 장사로서 블레셋인들을 무찌름. 애인 델릴라의 배반으로 적의 포로가 되어 눈이 멀게 됨.

18 롯(Lot) : 구약성서 「창세기」에 나오는 인물. 아브라함의 조카. 신이 분노하여 타락한 도시 소돔을 파괴할 것이라는 예언을 듣고 무사히 대피하였으나, 그 부인은 뒤돌아보

도, 엘리[19]의 아들들의 성직도 이 정욕 앞에서 날아갔다. 평소 그처럼 근엄할 수 없었던 장로들은 목욕하는 수산나[20]를 보고는 정욕을 참지 못하고 달려들었다가 죽음을 당하였고, 그처럼 효성이 지극하였던 압살롬[21]은 그의 의붓어미에 대한 정욕으로 멸망하였다. 암논[22]의 형제애는 누이동생을 놓고 다투는 사이 살인으로 끝났다.

인간의 법은 물론 하늘의 법도, 율법도, 충고도, 권고도, 하늘과 땅 그리고 인륜에 대한 설교도, 두려움도, 정당한 방법도, 비상 수단도, 명성도, 재산도, 불명예도, 명예도, 수치심도 이 사랑의 불길을, 광기를, 예방하지도 못하고, 막아내지도 못하며, 참아내지도 못한다. 사랑은 모든 것을 정복한다. 이 세상의 어떤 끈도 사랑처럼 끈질길 수 없고 팽팽할 수도 없다. 열대지방의 불같은 태양열도, 바다조차 꽁꽁 얼어붙게 만드는 남극이나 북극의 혹한도 이 사랑의 열을, 분노를, 광기를 녹일 수도, 얼릴 수도, 회피할 수도, 추방할 수도 없다. 프로페르티우스[23]의 말은 옳다.

지 말라는 신의 명령을 어기고 뒤를 돌아다보았기 때문에 '소금 기둥'으로 변했다 함.

19 엘리(Eli) : 구약성서 「사무엘 상」에 나오는 이스라엘의 성직자. 사사(Judge). 방종한 행동을 일삼는 자기 두 아들 홉니와 비네하스를 관대하게 내버려둠. 블레셋인들에 의하여 이스라엘이 망하고, 두 아들도 죽음을 당하였다는 소식을 듣고 절망하여 그 자리에서 죽음.

20 수산나(Susanna) : 외경(外經)의 하나인 「다니엘서」에 등장하는, 요아킴의 아름답고 정숙한 부인. 그녀가 목욕을 하는 것을 훔쳐본 장로들이 그녀를 겁탈하려다가 실패하자 오히려 여인이 자기들을 유혹하였다고 죄를 뒤집어씌워 투옥함. 재판관 다니엘의 슬기로운 재판으로 수산나는 석방되었고, 반면 수산나를 무고한 장로들은 모두 처형됨.

21 압살롬(Absalom) : 구약성서 「사무엘 하」에 나오는 다윗 왕의 셋째 아들. 형 암논을 살해하고 국외로 도주하였다가, 다시 돌아와 아버지 다윗에게 반란을 일으킴. 전투에 패하여 도주하던 중 요압에게 살해됨.

22 암논(Amnon) : 이스라엘의 다윗 왕의 아들. 배다른 누이 압살롬의 동생 다말을 범하였다가 압살롬에게 죽음을 당함.

23 프로페르티우스(Sextus Propertius, BC 50?~BC 15) : 로마의 시인. 특히 사랑에 관한 비가를 많이 썼음. 오비디우스와 베르길리우스의 친구.

쓸데없이 도망 다녀도 모두가 헛수고,

사랑은 당신을 스키티아 타나이스까지도 따라갈 터이니까.

여자들의 정상이 아닌 부자연스럽고 만족을 모르는 정욕에 대하여 수군덕거리지 않는 나라가, 마을이 어디 있는가? 없다. 때로는 어미와 딸이 한 남자에게 반하여 열을 올리고, 아비와 아들이, 주인과 하인이 한 여자를 놓고 서로 차지하겠다고 으르렁거린다. 에우리피데스의 말과 같이 :

제멋대로 날뛰는 욕망과 정욕이

이 세상에 정숙하고 순결하게 남겨놓은 것이 과연 있는가?

사랑 때문에 깨어진 맹세와 서약은 얼마나 되며, 사랑 때문에 생겨난 분노와 광증, 그리고 주책과 어리석은 짓은 과연 얼마나 되겠는가? 합산이 불가능하다. 그런데 이런 모든 미치광이 짓들도 그것이 아직 피가 뜨거운 젊은이들에 의한 것이라면 그래도 그것은 이해할 만하다. 이런 주책들을 한 발은 이미 무덤 속에 들여놓고 있는 늙은이들도 꾸준히 저지르고 있다는 사실에 우리는 주목해야 한다. 이 늙은 바보들이, 이 음탕한 늙은이들이, 여자를 밝히고 침을 흘리고 있는 모양보다 더 추하고 더 볼썽사나운 꼴이 이 세상에 다시 있을까? 그러나 문제는 이것이 사실이며 동시에 아주 흔한 일이라는 것이다. 플라우투스[24]가 말하였듯이, 흥분하고 분개할 일만이 아니다 :

늙어 사랑에 빠지는 사람일수록

---

24 플라우투스(Titus Maccius Plautus, BC 254?~BC 184) : 로마의 희극작가, 풍자시인.

더 미친 듯이 사랑에 빠진다.

어떤 사람은 젊어서보다 늙어서 더 사랑에 빠진다. 말라비틀어지고, 비리비리하고, 머리칼은 허옇고, 얼굴은 쭈글쭈글하고, 배는 툭 튀어나오고, 허리는 꼬부라지고, 이는 다 빠지고, 대머리에다가, 눈은 침침하고, 성행위는 불가능한 썩은 고목들이 여기저기서 아직도 꺼지지 않은 불꽃을 살려내려고 기를 쓰고 있다. 어느 늙은이는 힘이 없어 문지방을 넘어가기 위하여 다리를 잘 들어올리지도 못하면서도, 이미 다리 하나는 저승의 뱃사공 카론의 배 위에 올려놓고 있으면서도, 가만히 앉아 있는 것도 힘겨워 손발을 덜덜 떨면서도, 발은 통풍에 시달리고, 코에서는 콧물, 눈에서는 눈물이 항시 줄줄 흐르고, 항상 기침이 나와 켕켕거리고, 눈은 뜨고 있으나 보이는 것은 별로 없고, 귀는 있어도 잘 듣지 못하고, 입에서는 항상 구린내가 나고, 몸에서 모든 윤기나 활력은 모두 말라버렸거나 빠져나갔고, 침을 뱉어도 침이 입에서 나가지를 않고, 다시 어린애가 되었는지 옷도 혼자 입지를 못하고, 접시 위의 고기도 썰 힘이 없으면서도, 젊은 여자를 아내로 맞아들이기도 하고, 돈을 움켜쥐고 창녀에게도 가며, 여자 꿈을 꾸고, 틈만 나면 어떻게 해서든지 여자 냄새라도 맡으려고 코를 벌름거린다. 이보다 더 추한 꼴이 이 세상에 다시 있을까?

남자 늙은이가 이런 것은 그래도 낫다. 여자의 경우는 더 추하다. 일찍 혼자 된 어떤 여자는 자식도 여러 명 두었고 그동안 오랫동안 홀로 살아오면서 재혼 같은 것은 염두에도 없어 보였는데 늙어 할망구가 다 되어, 노망이 들었는지, 잘 보지도 못하면서, 잘 듣지도 못하면서, 심지어 제대로 일어서 있지도 못하면서, 이건 죽은 송장이나 다름없고, 마귀 할멈의 형상을 하고는, 칼로 찌르거나 베어도 아픈 것도 모르는 상태에 이르러서도, 암내 난 암고양이처럼 울어대면서 종마처럼 힘세고 젊은 남자를 하나 얻어 재혼을 하겠다고 나서기도 한다. 이 늙은 여자는 어디서 구해 왔는지는 몰라도 아주 젊은 남자와 결혼을 약속한다. 그런데 이 젊은 남자는 늙은 여자의 얼굴을 바로 보지 못하고 고개를 돌려 이 노파가 가진 재산과 이 노파의 높은 가문만을 본다. 결과는 이 주책없는 늙은 여자와 자식들의 패 가망신이요, 친구들의 슬픔뿐이다.

그러나 이 사랑의 힘과 그것이 가져오는 효과와 영향들을 더 이상 나열하고, 설명하고, 확대한다는 것은 태양 앞에 촛불을 켜놓는 일이나 다름없이 부질없는 일이다. 사랑은 그 사람이 어떤 처지나 어떤 조건에 있거나 상관없이 그 사람을 흥분시키고 미치게 만든다. 그렇지만 이 사랑의 광란이 가장 두드러지게 나타나는 사람은 역시 인생의 과정에서 꽃이라 할 수 있는 성욕이 한참 왕성한 젊은이들로서 대개는 귀족의 혈통을 이어받았거나, 사회의 상류계층을 형성하는 권력과 지위를 누리는 사람들이며, 잘 먹고, 별 걱정거리도 없고, 할 일이 별로 없어 빈둥거리면서, 뭐 재미있는 일은 없나 하고 항상 주위를 두리번거리는 사람이다. 이런 이유로 이들에게서 자주 나타나는 이 광적이며 짐승이나 다름없는 욕망을 사람들은 듣기 좋은 말로 '영웅적인 사랑' 또는 '귀족적인 사랑'이라 부른다. 이븐 시나는 사랑을 "남자나 여자가 자기가 알고 있는 상대방의 얼굴이나 몸매, 태도 등을 끊임없이 생각하고 또 생각한 결과로 생기는 마음의 고통이나 우울증의 한 종류"로 정의하였다.

계속해서 한 가지에 몰두하여 생각하는 것이 바로 사랑의 증상이다. 우리는 우리가 사랑하는 것만큼 미워하거나 싫어하는 것에 대하여서도 끊임없이 생각한다. 그리고 얻을 가망성이 전혀 없는 것을 탐내기도 하고 바라기도 한다.

사랑이 일종의 병이 아닌가 하는 의문은 아주 오래전부터 제기되어온 질문이다. 폴룩스는, 그것은 병이라고 간단히 대답하였다. "그렇기 때문에 사랑에 빠진 사람은 병에 걸린 환자나 다름없다"라고 그는 말하였다. 아르날두스는 그것은 오히려 마음의 병이 아니고 신체의 병이라고 말함으로써 우리를 놀라게 한다. 반면에 키케로는 그것이 정도가 심한 마음의 병이라고 말하였다. 플라톤은 사랑은 다른 것이 아니고 바로 광증 그것이라고 말하였다. 많은 남자들이 여자 때문에 미치광이가 되기 때문이다. 라제스는 사랑을 우울증의 한 종류로 분류하였다. 실제로 많은 의사들이 이 사랑을 우울증의 일종으로 취급하여 여느 정신적 광증과 구별하여 다루었다.

우리의 신체 어느 부분이 이 사랑의 영향을 가장 민감하게 받아들이며 사랑이라는 병의 근원지가 되는 것인가에 대하여서도 의사와 학자들 사이에 의견이 분분하지만, 역시 간으로 의견이 수렴되는 것 같다. 아르날두스는 사랑을 "뇌의 앞부분에 습기가 모자라게 되면서 생기는 증상"일 것이라고 가정하였지만, 그의 의견은 다른 사람들에 의하여 곧 퇴짜를 맞았다. 랑기우스에 의하면 이 사랑의 감정이나 정열은 처음 간에서 발생하여 심장에 자리 잡는다. "사랑은 최초 눈에서 시작되어 정신에 의하여 간과 심장에 운반되며, 거기에서 상상력의 도움을 받아 불이 붙는다"라고 그는 부연하였다. "간이 사랑을 강요한다"라는 오래된 속담도 있다. 큐피드의 화살이 관통하는 곳도 바로 인간의 간이다. 호메로스의 묘사에 따르면 레토를 사랑하다가 죽어 지옥에 간 티티오스는 두 마리의 독수리가 밤낮으로 번갈아 날아와 간을 쪼아먹는 형벌을 받았다. 고르도니우스는 간은 하나의 부속물이고 정작 사랑의 영향을 가장 민감하게 받으면서 사랑의 근원지가 되는 우리의 신체는 남자의 경우 불알이라고 주장하고 있는데, 이 의견에 프라카스토로는 전적으로 동의하고 있다.

그러나 사랑을 하나의 우울증으로 간주한다면 모든 우울증이 그러하듯이 그것은 결국 뇌 기능의 고장으로 귀착된다. 사랑의 병, 특히 사랑의 음란한 면에 관하여 많은 글을 써서 발표한 프라텐시스에 의하면, 사랑은 뇌가 열을 받은 상태로서 그 뇌가 온전한 상상을 하는 것이 아니고 병적인 상상을 하게 되는 상태라는 것이다. 멜란히톤도 사랑이 간과 직결된다는 가정을 부정하였으며, 결국 그도 뇌를 지적하였다. 기아네리우스는 심장을, 피니쿠스는 피를 지목하였다. 프레타기우스는 심장, 간, 뇌, 혈액, 네 가지 모두를 지적하면서도 뇌를 가장 우선적으로 꼽았다. 어찌 되었던 간에 사람이 무슨 이유로 자기가 욕구하는 것 하나를 계속해서 생각하고 그 결과 병적인 판단을 하고 병적으로 행동한다면 그것은 분명 내가 여기에서 말하고자 하는 우울증이 아니고 무엇이겠는가?

광적인 사랑의 원인들에 관하여

사랑이 제일 먼저 포로로 잡아 노예로 만들어버리는 사람은 할 일 없어 심심해하는 사람이다. 이런 사람의 마음은 시기심이나 성욕 또는 이와 비슷한 감정으로 채워지게 마련이다. 사람은 할 일이 없으면 나쁜 일을 하게 된다. 아리스토텔레스는 이렇게 비유적으로 표현하였다. "성냥이나 부싯깃에 불이 붙듯이 할 일 없어 심심해하는 사람에게 사랑이 찾아온다." 시인들이 모든 목동들을 사랑에 빠져 고민하고, 노래나 부르고, 피리나 불고, 춤이나 추는 젊은이들로 묘사한 데는 그럴 만한 이유가 있다. 그들은 그런 한가하고 심심한 생활을 했기 때문이다. 테오프라스토스는 사랑을 "할 일 없어 심심한 마음의 상태"라고 정의하였다. 세네카는 "젊음이 사랑을 낳고, 발광이 그것을 유지하고, 한가함이 그것에 영양분을 공급하여 키운다"고 말하였다. 고르도나우스는 그런 이유로 사랑을 귀족에게 필연적으로 생겨나는 질병이라고 말하였다. 사보나롤라는 이 병을 앓고 있는 사람들은 귀족들만이 아니고 승려, 수도승, 그리고 성직자들도 포함된다고 말하였다. 이들은 하나같이 홀로 살고 있으며, 잘 먹고, 하는 일은 없기 때문이다. 이런 사람들이 사랑 말고 다른 할 일이 어디에 또 있겠는가?

사랑을 가져오는 경우와 원인 그리고 순서를 들자면 여러 가지가 있지만 실제로 이것이 발생하려면 알맞은 시간과 장소가 있어야만 하고, 아름다운 상대가 있어야만 하고, 애정 어린 이야기의 나눔이 있어야만 하고, 그리고 손을 더듬어 잡는다든가 또는 키스와 같은 성욕을 돋우는 행위가 전제되어야만 한다.

사랑의 우울증을 일으키는 원인들

이 가운데서 가장 순서가 먼저이고 또한 가장 우리에게 잘 알려져 있고 일상적인 사랑의 원인을 제공하는 것은 아름답거나 우리를 기쁘게 하는 모습이 눈에 들어오는 것이며, 이 눈에 감지된 것은 곧바로 심장으로 전달된다. 플로티노스의 말과 같이 한 마디로 사랑은 눈에서 나온다. 눈은 사랑을 전달하는 전령이며, 사랑의 첫걸음이며, 천상의 환희와 영혼을 사로잡는 강력하고도 막강한 아름다움을 흘러 들어오게 만드는 두 개의 문이다. 눈을 통해 사랑은 불이 붙는다. 이 놀랍고 정신을 혼동시키며 말할 수 없는 큰 기쁨을 주는 이 아름다움은 자연의 보물 가운데 어디에도 없다. "사랑하는 사람의 눈에 들어온 대상보다 더 고귀하고, 신성하고, 위엄 있고, 사랑스러운 것은 이 세상에 다시 없다"라고 이소크라테스는 말하였다.

잘생긴 매나 독수리, 아름다운 의상, 잘 만들어진 궁전이나 사원처럼 아름다운 것은 어떤 것이나 일차적으로 우리의 눈을 즐겁게 만들고, 다음엔 우리의 정신을 사로잡는다. 페르시아의 왕 크세르크세스[25]는 그리스를 침략하여 신전들을 모두 파괴하던 중 아르테미스 신전에 모셔져 있던 아르테미스 여신상의 아름다움과 웅장함에 감동되어 그 신전만은 그대로 남겨두었다. 이처럼 무생물의 아름다움도 무시할 수 없는 막강한 힘을 가지고 있는 것이다. 화가, 조각가, 시인, 웅변가들이 하는 일이 바로 이런 아름다움을 구체적으로 구현하는 것이다. 백합꽃 속에 들어있는 백색의 아름다움, 장미꽃 속의 붉은색, 오랑캐꽃의 보라색, 맑고 깨끗한 달빛, 찬란한 햇빛, 황금의 광채, 다이아몬드가 발산하는 영롱한 빛, 말의 뛰어난 체격, 사자의 위엄, 각양각색의 새, 공작새 꼬리의 화려함, 물고기의 은빛 비늘—이 모든 것들의 아름다움을 보고 우리는 본능적으로 감탄하고 즐거워한다. 식물 속에 있는 풍요로움, 꽃 속에 들어 있는 즐거움, 짐승들 속에서 발견되는 놀라운 조화와 우아함, 그리고 우리 인간에게서 발견되는 영광스러운 아름다움—이런 아름다운 것을 구체적으로 보여주는 사람들이 바로 예술가들이다.

아름다움 가운데 가장 크고 강력한 아름다움은 여성의 아름다움이다. 그런 이유로 아름다운 여성이 알고 보면 이 세상에서 가장 막강한 존재다. 아름다운 여성에게 굴복하는 것은 젊은이만이 아니다. 술은 강하다. 왕도 강하다. 그러나 여자는 가장 강하다. 왕은 앉아서 바다와 육지를 지배하며 자기에게 조공을 바치도록 한다. 여자는 왕으로 하여금 자기에게 조공을 바치도록 만들며 왕을 지배한다. 제왕들은 피 흘려 약탈한 황금과 보물들을 모두 아름다운 여자에게 바칠 뿐만 아니라, 자신의 몸도, 정신도, 나중

---

25 크세르크세스(Xerxex the Great, BC 519?~BC 465) : 페르시아의 왕. 다리우스의 아들. 아버지의 유업을 이어 그리스를 공략함. 아테네를 정복 파괴함(BC 480). 살라미스 해전에서 그리스 해군에게 패배, 함대가 전멸. 페르시아로 돌아가 수사에서 방탕한 생활을 하다 근위대 장교 아르타바누스에게 살해됨.

에는 자신의 목숨도 자기가 사랑하는 여자에게 바치는 경우가 허다하다. 미인 앞에서 제왕은 허수아비다. 왕을 두려워하지 않는 사람은 없다. 두려운 나머지 가까이 접근하지도 못하고, 감히 왕의 몸에 손을 댄다는 생각은 꿈에도 할 수 없다. 그러나 다리우스 왕[26]의 총애를 받고 있던 첩 아파메는 왕의 오른쪽에 앉아 있다가 신하들이 보는 앞에서 왕의 왕관을 벗겨서는 태연히 자기 머리 위에 얹어놓은 일이 자주 있었다. 그리고는 아무 일도 아니라는 듯이 왼손으로 왕의 허벅지를 살살 쓰다듬었다. 신하들은 모두 사색이 되었으나 다리우스 왕은 넋을 잃은 듯 아파메를 바라보고 또 바라다볼 뿐이었다. 그러다가 아파메가 웃으면 자기도 따라 웃었고, 아파메가 성을 내면 어떻게 해서든지 아파메에게 잘 보이려고 안절부절이었다.

사람 죽이는 일을 밥 먹듯 하는 야만인들도 아름다운 여자 앞에서는 무서워 벌벌 떤다. 미녀의 아름다움 앞에서 잔인하고 난폭한 인간성은 갑자기 부드러워지고 녹아 없어진다. 피 묻은 칼이 아름다운 여인의 머리 위에서 중지된 예는 동서고금을 통하여 흔히 일어난 일이다. 트로이성이 함락되고 십 년 동안 끈 전쟁이 끝나자 메넬라오스[27]는 불같이 노한 상태로 칼을 빼어들고 이 비참하고 처절한 전쟁의 씨앗이 된 헬레네[28](파리스와 사랑에 빠져 트로이로 달아난 자기의 아내)을 죽이기 위하여 불타는 성을 뒤졌다. 그러나 정작 그가 헬레네를 다시 만나 그 아름다운 얼굴을 보았을 때 그는 헬

---

26 다리우스 왕(Darius Histaspis, BC 558?~BC 486) : 페르시아의 왕. 키루스 대왕의 아들. 페르시아의 영토를 크게 넓혔으며, 도로와 도시를 건설하였고, 법령을 정비하여 페르시아 제국의 기초를 이룩함.

27 메넬라오스(Menelaos) : 트로이 전쟁 때 그리스 측 장수. 헬레네의 남편. 트로이 정벌을 위하여 떠나는 그리스군의 총사령관 아가멤논의 동생. 트로이 전쟁이 끝난 후 헬레네와 함께 무사히 고향으로 돌아온 것으로 되어 있음.

28 헬레네(Hellene) : 호메로스의 서사시 『일리아스(Iliad)』와 『오디세이아(Odyssey)』에 나오는 그리스의 미녀. 메넬라오스의 아내. 트로이의 왕자 파리스의 유혹에 빠져 트로이로 도주함. 10년간 계속된 트로이 전쟁의 원인이 됨.

레네의 뛰어난 천상의 아름다움에 새삼 놀라 칼을 땅에 떨어뜨렸으며 죽이기는커녕 달려들어 헬레네를 열렬히 포옹하였다. "미인 앞에서는 날카로운 칼의 날도 무디어진다"는 속담은 이렇게 생겨난 것이다.

이처럼 여자의 아름다움에 홀딱 넘어가 정신을 잃은 사람들을 바보라고 비난하거나 흉보는 사람들도 많이 있다. 그러나 그것을 잘한 일이라고 칭찬하고 옹호하는 사람들도 있다. 많은 사람들이 트로이의 왕자 파리스가 그리스의 메넬라오스의 아내인 헬레네의 미모에 반하여 사랑에 빠져 그 여자와 함께 트로이성으로 돌아오는 바람에 트로이 전쟁이 일어났으며, 사람들은 결국 자기는 물론 트로이 왕국 전체를 결단내어버린 파리스의 판단력과 행동을 크게 잘못된 것으로 비난한다. 그러나 시인 루킬리우스는 그런 선택을 한 파리스를 부러워하면서 그의 행동을 옹호하였다. 루킬리우스는 자기도 그런 처지에 처하게 된다면 틀림없이 주저하지 않고 기쁜 마음으로 그렇게 했을 것이라고 말하였다.

"아름다움은 재산이나 지혜에 선행한다"고 그는 말했다. 아테나이오스는 헬레네 정도의 아름다운 여성이라면 이 여자 때문에 트로이와 그리스의 수천 명의 군인들이 목숨을 잃어가면서 십 년 동안 전쟁을 하였다는 것은 결코 누구에게도 가치 없거나 불명예스러운 일이 아니었다고 주장하고 있다. 성문 앞에서 벌어진 파리스와 메넬라오스 두 사람만의 결투를 관전하게 된 트로이성의 노인들은 이 결투를 구경하기 위해 나타난 헬레네의 모습을 한 번 훔쳐보는 순간 지금까지 헬레네란 여자에게 품고 있었던 증오심과 적대감은 모두 씻은 듯 잊어버리고는 저 정도로 아름다운 여자를 위해서라면 전쟁은 더 오래 계속될 가치가 있다고 말하였다.

헬레네 정도의 미녀 앞에서는
인간적인 것은 모두 헛것이니라.

신분 높고, 고귀하고, 아름답게 생긴 사람들만 사랑의 포로가 되는 것이 아니다. 평범하고 지위가 낮고 못생긴 사람들도 사랑에 빠진다. 사람의 정신을 혼돈에 빠뜨리는 사랑은 시간이나 장소 그리고 지위를 가리지 않고 찾아온다. 미의 여신 아프로디테가 맞이한 남편은 절름발이 대장장이 였던 것처럼, 흑인 남자가 아름다운 백인 여자의 눈에 진주로 보이기도 한다. 아프로디테는 아름다운 태양의 신 아폴론, 달리기 잘하는 웅변의 신 헤르메스, 기타 아름답고 늠름한 얼굴의 미남 신들의 구혼을 모두 거절하고는 숯 검댕과 땀으로 더러워진 절름발이 대장장이인 헤파이스토스에게 반하여 결혼을 하지 않았는가? 많은 지체 높은 남자들이 궁정의 귀족이나 도시의 세련된 여자들보다 오히려 부엌데기나 시장에서 물건을 파는 가난한 여자들에게 끌리는 것처럼, 많은 지체 높은 여자들도 아주 신분이 낮고, 무식하고, 상스럽고, 막돼먹은 남자들과 사랑에 빠지는 경우도 허다하다. 로마의 귀족 유스티누스의 부인은 연극배우 필라데스에게 반하여 남편을 버리고 그와 함께 도주하였으며, 파우스티나 황후는 어느 검투사와 놀아났다.

사랑의 유혹에서 인공물의 역할에 대하여

자연적으로 타고난 여성의 아름다움은 그 자체가 자석과 같이 끄는 힘이 있어 사내들의 눈을 끌고 유혹하고 가슴을 꿰뚫는다. 그러나 그 자연적인 아름다움은 여러 가지 인공적인 요소와 방법 그리고 기술에 의해 크게 강화되며 증가된다. 아양떠는 몸짓, 교태, 화려한 의상, 보석, 짙은 화장, 각종 장식 등은 여성의 타고난 아름다움과 매력을 크게 보강한다. 자연적인 아름다움은 그 자체가 남자들의 시선을 자극하는 강력한 자극제이기는 하지만 똥 더미 속에서도 보석은 찬란하게 그 빛을 발하듯이 위에서 언급한 여러 가지 인공적인 요소들은 자연이 베푼 아름다움에 부족한 면을 보완하거나 보충해준다.

그런데 이 인공적인 것이 실제에 있어서는 자연적인 것보다 오히려 더 중요하며 더 강력한 것이라는 주장에도 일리가 있다. 장 드 레리[29]라는 부르고뉴 사람은 브라질에서 그곳의 원주민들과의 생활 경험을 토대로 다음과 같은 증언을 하고 있다. "우리 일행이 그곳에 도착해보니 그곳 사람들은 남녀노소 모두 태어나 죽을 때까지 옷이라는 것을 모르고 완전한 나체로 살고 있었다. 우리는 그들과 약 일 년을 함께 지내는 동안 그들에게 옷을 입도록 하려고 무던히 노력하였지만 실패하였다. 많은 사람들은 우리가 이들 완전한 나체의 여성들과 함께 지내면서 대단히 강력한 성욕의 자극을 받았을 것이라고 생각할 것이다. 그런데 놀라운 일은 이 나체의 여성들은 옷을 입고 있는 우리 프랑스 여자들보다 우리의 성적 자극을 일으키지 못하였다. 그래서 감히 내가 여기에서 지금 말할 수 있는 것은 타고난 아름다움에서 이 브라질 여성들은 우리 프랑스 여자들에 조금도 뒤지지 않지만, 여성의 성적 자극이나 매력이라는 면에서는 울긋불긋한 옷을 입고, 번쩍번쩍하는 보석들을 휘감고, 머리를 틀고, 꼬아 올리고, 염색을 하고, 이상스러운 모양의 모자를 쓰고, 화장을 짙게 하고, 입술을 붉게 칠한 우리 프랑스 여자들이 훨씬 더 우세하였다." 여성의 나체가 남자들에게 성욕을 일으키는 것은 우리 모두 누구나 가르쳐주지 않아도 아는 일이다. 옷을 입은 여자가 더 아름답고 또 성적으로도 매력이 있다는 사실은 경험을 통하거나 배워 깨달아야만 한다.

---

29 장 드 레리(Jean de Léry, 1536~1613) : 프랑스의 탐험가, 작가, 개혁파 목사. 1557년부터 1558년까지 브라질 리우데자네이루에서 원주민과 생활하고 기록을 남김.

더럽고 막돼먹은 녀석도, 불구의 여왕도, 꾸부러진 송장이나 다름없는 사람도, 허수아비처럼 비쩍 마른 사람도, 마귀 할멈도, 썩은 기둥도, 울타리 말뚝도 잘 꾸며서 내놓으면 모두 그럴듯하게 보이며, 다른 어떤 미인에 못지않게 사랑의 감정을 일으키며, 이 세상의 많은 어리석은 남자들은 이 꾸민 외모에 속아 넘어간다. 이것이 바로 성욕이 사람을 잡기 위하여 놓은 첫 번째 덫이다. 한 번 들으면 꼼짝 못 하고 걸려드는 요술피리와 같은 것이다.

나는 여기에서 아름다운 옷을 입는다거나 몸에 아름다운 장식을 하는 것을 비난하겠다는 말이 결코 아니다. 이런 치장이나 장식은 우리 몸에 한해서가 아니고 다른 모든 분야에서도 그 사람의 신분에 맞는, 그리고 모든 사람들이 용인하는 예의와 품위가 있다는 말이다. 사람이 이상스러운 옷을 입는다 하여도 그것이 일반적으로 용인되는 것일 때는 좀 괴짜라는 인상은 주어도 큰 문제는 없다. 그런데 어느 사람이 입은 옷이 그 사람의 재력이나 사회적 지위, 그리고 나이, 하는 일 등과는 어울리지 않게 너무나 눈에 거슬리게 새롭고, 너무 절제가 없고, 너무 사치스러울 때는 결국 이 사람이 바람이 들었거나 정신이 좀 어떻게 되지나 않았나 하는 의심을 받게 된다.

도대체 무엇 때문에 여자들은 그다지도 많은 색깔의 풀로, 꽃으로, 뜨개질한 천으로, 이름과 그 용도를 알 수 없는 괴상하게 생긴 물건들로, 향수로, 가격을 따질 수 없는 보석으로, 진주로, 루비로, 다이아몬드로, 에메랄드로 몸을 치장하는가? 어째서 사람들은 금이나 은으로 된 그리고 보석이 박힌 모자를 쓰려고 하며, 목걸이, 귀걸이, 리본, 핀, 뱃지, 명찰, 머리띠 등을 몸이나 얼굴에 붙이고 싶어 하는 것일까? 어째서 여자들은 스카프, 새의 깃털, 부채, 마스크, 모피, 레이스, 비단, 머리그물, 금으로 만들어진 번쩍거리는 단추 등을 몸에 지니고 다니기를 좋아하는 것일까? 하늘과 별의 색깔을 좋아하는 것일까? 쇠붙이, 돌, 꽃향기, 새, 짐승, 물고기 등과 같이 사람이 아프리카나 아시아, 아메리카에서, 바다에서 육지에서, 자연적으로나 인공적으로나 구할 수 있고, 만들 수 있는 이 모든 것에서 나오는 힘을 좋아하는 것일까? 어째서 사람들은 이처럼 새로운 것, 이상스러운 것, 이상스러운 모양과 색깔의 새로운 넥타이 같은 것을 사용하기를 좋아하고, 탐내고, 그런 쓸데없는 것에 그 많은 돈을 기꺼이 쓰는 것일까?

무엇 때문에 여자들은 머리를 지지고, 볶고, 배배꼬고, 얼굴에는 색칠을 하는 것일까? 무엇 때문에 사람들은 카이사르가 그의 부대를 정렬하듯이, 매 사냥꾼이 자기의 매를 길들이듯이, 옷 하나 입는 데 그처럼 오랜 시간을 소비하는 것일까? 프랑스의 어느 귀부인은 옷 입고 머리 매만지는 데 일 년이나 걸렸다고 한다. 정원사가 그의 사랑하는 정원을 가꾸는 데도, 말 주인이 타고 나갈 자기 말을 장식하는 데도, 기사가 자기 갑옷과 창 그리고 방패를 닦는 데도, 선장이 먼 항해를 위하여 자기 배를 점검하는 데도, 상인이 자기의 점포와 장부를 조사하는 데도, 여자들이 자신들의 얼굴과 옷매무새를 아름답게 하는 데 들이는 정성과 여기에서 얻는 즐거움에는 미치지 못할 것이다.

도대체 여자들은 어째서 머리와 몸을 장식하느라고 핀, 거울, 화장품, 쇠붙이, 빗, 바늘, 막대기, 항아리, 고래뼈 등을 필요로 하는 것일까? 어째서 여자들은 시집 올 때 가지고 온 그 많은 지참금과 남편이 매달 힘들여 벌어오는 월급을 이런 어리석은 물건들은 사서 없애는 데 쓰는 것일까? 어째서 여자들은 용 모양의, 벌 모양의, 뱀 모양의 목걸이를 하고, 팔찌를 하고, 귀걸이를 하는가? 어째서 여자들은 이 모든 노력을 하며, 돈을 쓰고, 준비를 하고, 이런 어울리지 않는 물건을 사려고 이리 뛰고 저리 뛰는 것일까? 이 모두가 잘 보이려고, 예쁘게 보이려고, 아름답게 보이려고 하기 때문이며, 자연이 가져다주지 않아 모자란 것을 인공으로 보충하기 위함이다.

　이들은 얼굴에 기름을 바르고 칠을 함으로써 추한 여자인 헤카베[30]도 미인 중에 미인 헬레네가 되기를 바라며, 못생긴 난쟁이 여자도 여신이 되기를 꿈꾼다. 이런 목적으로 어떤 여자는 스스로 발을 조여 작게 만들고, 몸을 늘려 날씬하게 만들려고 십자가에 매달리는 고통과 위험도 감수하며, 자기의 나체를 보여주기라도 하듯이 땅에 질질 끌리는 얇은 가운을 입기도 한다. 이처럼 땅에 질질 끌릴 정도로 길어졌는가 하면 어느새 다시 짧아지고, 올라가는가 하면 또다시 내려오고, 두꺼워졌는가 하면 어느새 얇아지고, 머리에 작은 띠를 두르는가 하면 어느새 띠는 없어지고 이번에는 마차 바퀴만큼이나 큰 머리띠가 나타나고, 어제는 헐렁한 옷이 유행하더니 올해는 몸에 꽉 끼는 팽팽한 옷이 나타난다. 이것이 모두 무슨 조화인가? 창녀들의 경우라면 물을 것도 없이 남자들을 홀려 정신을 나가게 하기 위함이 아니고 무엇이겠는가? 술집을 알리는 간판처럼 남자들의 눈을 사로잡기 위한 덫이요, 정욕을 일으키기 위한 함정이다.

　옷 이야기를 너무 길게 하였나 보다. 남녀간의 사랑에 빼놓을 수 없는 것에 돈이란 것도 있다. "큐피드의 화살도 돈에서 나온다"라는 속담이 말해주듯이, 돈은 어울리지 않는 결혼도 곧장 성사시킨다. 상대방의 눈에 돈만 보이기 때문이다. 돈은 이런 경우 고기를 먹을 때 필요한 소스의 역할을 한다. 이 세상의 많은 남자들 가운데는 아름다운 옷과 장식으로 몸을 단장한 여자나 교양 있고 재주 있고 덕성스러운 여자는 외면하고 재산을 많이 물려받은 여자에게 미친 듯이 달려가는 사람들도 있다. 이들에게는

30　헤카베(Hekabe) : 트로이의 왕 프리아모스의 두 번째 부인. 헥토르, 카산드라, 파리스, 트로이로스 등 무려 19명의 자녀를 낳았음. 트로이성이 함락된 후 오디세우스의 전리품으로 끌려가던 중 슬픔을 못 이겨 말을 잊고 개처럼 짖기만 하다가 마침내 바다에 몸을 던져 죽음.

그 사람의 정직함이나 좋은 가정의 교육, 가문, 미모, 그 사람 자체는 안중에 없고 오직 그 사람의 재산만 눈에 들어온다. 그 여자가 돈만 있으면 돼지 같건 호박 같건 그녀는 무조건 아름답고 착하고 완전한 여자가 되며, 남자들의 사랑은 불같이 타오르며, 이 여자를 죽도록 사랑하게 되며, 그 사랑을 얻지 못하면 목을 매 죽기도 한다. 요즈음 젊은 남자들이 돈 좀 얻어 쓰려고 늙은 여자와 결혼하는 일은 이상한 일이 아니다. 그 여자가 늙은 할망구라도, 이가 모두 빠져 하나도 없더라도, 얼굴은 물론 몸매도 이미 다 망가져버렸다 하더라도, 태어날 때부터 정신이 좀 모자란 사람이라 하더라도, 돈만 있다면 지금 당장이라도 그녀와 결혼하겠다고 달려오는 젊고 싱싱한 남자들이 20명은 되고도 남을 것이다.

젊은 남자들만 돈을 밝히는 것은 아니다. 젊고 아름다운 여자들도 마찬가지다. 젊고 아름다운 처녀들이 늙고, 비실비실하고, 비쩍 마르고, 중풍으로 걸음을 잘 걷지 못하고, 통풍으로 항상 죽는 소리를 내고, 노망을 떨고, 몸에 스무 가지 종류의 질병을 가지고 있고, 눈은 외눈이요, 다리도 하나밖에 없고, 얼굴에 코라고는 아예 보이지를 않고, 머리 위에는 머리카락이라고는 단 한 가닥도 없고, 지능은 논바닥에 세워놓은 허수아비 정도인 늙은이라 하더라도, 이 늙은이가 돈과 땅이 있다면 수많은 처녀들이 다투어 이 남자의 아내가 되겠다고 나선다. 그 사람이 누구이건 간에 그에게 돈이 있으면 그 사람은 남자다. 젊은 남자다. 미남이다. 정상적인 알맞은 신랑감이다. 필레만티움이란 여자는 자기에게 열렬히 구혼하는 남자 에무수스에게 다음과 같이 말하였다. "돈이 없으면 당장 이 집에서 나가 목이나 매시오. 돈 없이 결혼 이야기는 꺼내지도 마시오. 눈물 따위로 나를 괴롭히지 마시오. 내가 남편으로 맞이할 사람은 나에게 좋은 옷을 입혀주고, 넓고 큰 집에서 살게 하며, 여러 명의 하인을 부리게 하고, 항상 맛있는 음식을 먹여줄 수 있는 그런 사람이오." 많은 여자들이 이 의견에 동의

한다.

남녀간의 사랑을 만들어내는 원인이 되는 요소는 다양하고 변화무쌍하다. 분명한 것은 어느 것 하나도 영구하지 않고 전부가 아니라는 사실이다. 활활 불타는 횃불처럼 타오르다가도 어느 순간 꺼져버려 그 흔적을 찾을 길 없는 것이 사랑이다. 처음에는 죽을 둥 살 둥 미친 듯이 달려들게 만든 그 이상한 자력은 온데간데없이 반짝하고 사라진 불빛이다. 짚이나 겨에 쉽게 불이 붙어 잠시 동안 맹렬한 기세로 타오르다가도 곧바로 꺼져버리듯이 불타는 정욕에 의하여 이루어진 사랑은 그 정욕의 소진과 함께 사라지게 마련이다. 상호 간의 존경, 정직함, 성실한 부모 노릇, 덕, 종교, 교육, 교양, 신뢰 등이 없는 사랑은 곧 소멸되며, 사랑이 소멸된 그 자리에는 예전의 사랑의 모습은 간 데 없고 증오만이 남게 된다. 예전의 즐거움은 오간 데 없고 있는 것은 후회와 절망뿐이다.

프란체스코 바르바로[31]는 그의 책에서 이탈리아 파도바에 살았던 필립이라는 젊은이에 관하여 다음과 같은 이야기를 하고 있다. "필립은 우연한 기회에 만난 싸구려 창녀에게 반하여 제정신을 잃고 그 여자에게 미쳐버렸다. 필립의 아버지는 이 사실을 알면서도 필립이 외아들이었기 때문에 어찌하지 못하고 마음만 태웠다. 그러나 며칠이 지나지 않아 필립은 이 여자에게 싫증을 느끼고 싫어하기 시작하더니 급기야는 이 여자의 얼굴을 보는 것조차 견디지 못하게 되었다. 필립은 곧 다른 창녀에게 미쳐버렸다." 이런 일은 이런 종류의 광기로 사랑하게 되고 결혼한 사람들 사이에서는 흔히 일어나는 일이다. 메넬라오스와 헬레네의 경우를 보라. 헤파이스토스와 아프로디테를 보라. 테세우스[32]와 파이드라의 경우를 보라. 미노

---

31 프란체스코 바르바로(Francesco Barbaro, 1390~1454) : 이탈리아의 정치인, 외교관, 인문주의자.

32 테세우스(Theseus) : 아티카 전설 속의 영웅. 그의 부인 파이드라는 남편이 아마존의

스[33]와 파시파에, 클라우디우스[34]와 메살리나[35]의 경우도 같다. 그들의 사랑이 지나가고 난 자리에는 수치심, 비참함, 비극, 우울증, 불만, 불행만이 남아 있다.

사람들의 눈을 끌고, 사람들의 감탄을 받고, 어수룩한 남자들을 정신을 차리지 못하도록 만드는 이런 장식과 물건들 때문에 남자들은 여자를 사랑하는 대신에 모자나 깃털을 사랑하게 되고, 진짜 아름다운 처녀를 사랑하는 대신 분칠한 얼굴, 머리띠, 화려한 색깔의 천, 보석 박힌 모자, 아니면 단지 꽃 한 송이를 사랑하게 된다. 진짜 여인이 아니라 하나의 여자 속옷이나 물들인 앞치마를 사랑한다.

사랑의 감정을 일으키는 유혹에 관하여
: 시간, 장소, 대화, 노래, 춤, 키스, 선물 등

그런데 지금까지 언급한 요소들은 사랑을 불러일으키는 원인이 되기는 하지만 거리가 있는 것이고 구체적인 것이 되지 못한다. 정작 남녀간에 전

여왕 히폴리테와의 사이에서 낳은 아들 히폴리토스를 사랑하게 됨.

33 미노스 : 그리스 신화에 나오는 크레테의 왕. 제우스의 아들. 태양의 신 헬리오스의 딸 파시파에와 결혼함.

34 클라우디우스(Tiberius Claudius Caesar Augustus Germanicus, BC 10~AD 54) : 로마의 황제(재위 41~54). 칼리굴라 황제를 살해한 군인들에 의하여 제위에 오름. 네 번 결혼함. 특히 그가 즉위했을 당시 아내였던 세 번째 부인 메살리나는 그로 하여금 말할 수 없는 잔인한 일을 하도록 부추겼음. 그의 뒤를 이은 황제가 네로임. 조카 아그리피나에게 독살당함.

35 메살리나(Valeria Messalina, ?~48) : 로마 황제 클라우디우스의 세 번째 부인으로서 음란한 행동과 잔인하기로 유명함. 자기의 욕망을 채우기 위하여 방해되는 수많은 사람들을 죽임. 황제가 전쟁으로 로마를 잠시 떠나 있는 동안 평소 가까이 지내던 실리우스와 공개적으로 결혼식을 올림. 황제의 명으로 처형당함.

개되는 사랑의 순서는 서로 만나는 것, 대화를 나누는 것, 손을 만지는 것, 입맞추는 것, 애무 등이다. 특히 입맞춤의 힘은 대단한 것이다. 사랑하는 데서 상대방과 입을 맞추는 일은 상대방의 정욕을 불러일으키는 행동으로 노래의 후렴처럼 연속적이며, 그 힘에서는 막강한 성채도 깨뜨리는 화포와 같고, 상대방을 꼼짝없이 사랑의 포로로 만듦에서는 한 번 걸리면 풀려나기 어려운 거미줄과 같다. 입맞춤은 대단한 마력을 갖춘 유혹이며, 뜨거운 불이며, 성교의 시작이며, 바로 성교 그 자체다. "입맞춤은 아프로디테가 마시는 단물의 원액이다"라고 호라티우스는 말하였다. 입맞춤은 병사들뿐만 아니라 병사들을 호령하는 장수들도 굴복시키는 막강한 힘이다. "영웅은 칼로 정복한다. 그러나 키스로 정복된다."

루크레티아는 구혼자들 가운데서 마음에 드는 남자를 사로잡기 위해 우선 그의 목을 두 손으로 부드럽게 붙잡고 계속해서 입을 맞추었다. 그러자 그 남자는 손쉽게 그 여자의 요구에 굴복하였다. 이때 루크레티아가 다른 방법을 사용하였다면 아마도 이처럼 짧은 시간 안에 여자의 목적을 달성하지는 못하였을 것이다. 여기서 중요한 것은 키스를 한 번 하고 그만둔 것이 아니고 연속적으로, 계속 해서, 쉬지 않고 했다는 사실이다. 페트로니우스의 말처럼 입맞춤에는 끝이 없다. "시작만 있고, 끝은 없는 것, 항상 새롭고, 언제나 새로 시작할 준비가 되어 있는 것, 끝을 모르는 것, 시작할 때마다 언제나 새로운 것, 불처럼 뜨거운 열기가 서려 있는 것, 몸에서 가장 작은 부분만을 조금 접촉하지만, 당신의 온몸은 이미 활활 타는 불덩어리."

입맞춤을 시작하는 순간 우리의 영혼과 육체는 모두 움직인다. 입맞춤을 강렬하게 계속하면 입술이 부르트고 아프며, 숨을 고르게 쉴 수 없으며, 서로 힘들여 붙잡고 애무하다가 영혼은 그 마지막 숨을 쉬는 경지에 이른다. 사람이 입맞춤을 할 때는 영혼과 정신을 동시에 숨과 함께 내보내고, 이것은 심장과 정신을 변화시키며, 이 과정에서 애정을 서로 섞는다. 입맞춤은 육체의 집합보다는 오히려 마음의 집합이다. 그런데 이 입맞춤은 달콤하기는 천상의 천사들만이 마신다는 꿀과 같고, 지상에서 가장 달콤하다는 설탕이나 꿀물, 기타 어느 음료보다 더 맛있고, 장미를 비롯하여 지상의 어떤 꽃향기보다 더 향기로운 것이 사실이다. 그러나 시인 카툴루스[36]의 말과 같이, 이것은 뒤에 알로에나 곰의 쓸개보다 더 쓰디쓴 뒷맛을 남기는 것 또한 사실이다. "처음에는 천상의 음료 암브로시아보다 더 달콤한 것, 뒤에는 검은 익모초보다 더 쓴 것."

입맞춤에는 상대방을 속이기 위한 거짓 입맞춤도 있다. 뷰캐넌의 말처럼, "어째서 그대는 그대의 두 팔로 나를 감싸고, 거짓 키스로 나를 함정에 빠뜨렸단 말인가?" 입맞춤은 사람을 파멸시키기도 하며 심지어 죽이기도 한다. 오비디우스의 말처럼, "그대가 나에게 퍼부은 그 수많은 키스가 나의 무덤이 될 줄이야."

입맞춤은 사랑에 실패한 비참한 연인에게는 독약이다. 물론 입맞춤에는 정직한 것도 있고, 존경을 나타내기 위한 것도 있고, 친구의 우정을 표시하는 것도 있고, 겸손한 것도 있고, 작별을 위한 인사로서의 입맞춤도 있고, 공식적이며 의례적인 것도 있다. 입맞춤과 포옹은 자연이 우리 인간에게 준 선물이다. 그러나 시인 오비디우스가 묘사한 바와 같이, "두 팔로 상대방의 목을 숨막히게 꽉 감고, 오래 서로 떨어지지 않고, 너무 강렬하게 입을 맞추는 행동은 분명 성욕과 무관하지 않다." 이런 키스는 두 사람이 담쟁이 넝쿨처럼, 바위에 달라붙은 굴처럼 단단하게 찰싹 달라붙어 있으며, 비둘기처럼 주둥이를 계속해서 서로 쪼아대는가 하면, 좀 더 야단스

---

36 카툴루스(Quintus Luthatius Catulus, ?~BC 86) : 로마의 장군. 뛰어난 웅변가, 시인, 산문작가.

러운 입맞춤은 입술을 물어뜯기라도 하듯이 깨물기도 하고, 하도 세게 입으로 빨아들여 다시 입술을 상대방의 입으로부터 빼어낼 수 없게도 하며, 입술을 깨물면서 동시에 틈틈이 입으로 젖꼭지나 목을 공격하기도 한다. 이런 행위가 정욕으로 몸이 불타는 젊은이들에게 불쾌할 리 없다.

사람의 성욕을 불붙게 하는 데 사용되는 입맞춤 외에 또 하나의 수단이 있다면 단연 춤을 빼놓을 수 없다. 그 위력 또한 입맞춤에 뒤떨어지지 않는다. 페트라르카는 춤을 정욕을 일으키는 박차라고 불렀으며, 이 춤의 둥근 원 한가운데에는 사탄이 앉아 있다고 말하였다. 춤을 추고 집에 돌아오는 여자들의 대부분은 죄의식을 가지고 집에 돌아오며, 돌아와서는 거짓말을 하며, 집안일에 무관심해지며, 어제의 그 여자가 아니며, 나빠졌으면 나빠졌지 결코 좋아진 것은 없다. 춤이야말로 더러운 즐거움과 유혹의 동반자로서 그 춤이 일으키는 수많은, 그리고 상스러운 이야기들, 음란한 행동, 괴상망측한 몸 동작, 거기에 수반하는 광란의 음악, 저속하고 은밀한 입맞춤, 포옹과 애무 등에 관하여 모두 언급하기는 결코 쉬운 일이 아니다. 음란한 춤은 관객들을 미치게 만든다. 자고로 제국을 멸망시키거나, 황제를 파멸시키거나, 제왕을 몰아내는 음모에는 향기로운 술과 피리소리, 그리고 벌거벗은 여자들의 음란한 춤이 필수적인 수단이었다. 제왕은 이런 경우 단순한 관객이 아니었다. 그 춤의 가장 중심이 되는 한 파트너였다.

타이스[37]가 람프리아스를 유혹한 것은 무도회에서였다. 살로메[38]의 요염

---

37 타이스(Thais, BC 4세기경) : 그리스의 고급 창녀. 알렉산더 대왕의 첩. 알렉산더 대왕이 페르시아를 침공할 때 원정군과 함께 돌아다님.

38 살로메(Salome, 14?~62?) : 헤로디아스와 헤로데 빌립보 1세 사이에 태어난 딸. 헤로데 대왕(Herod the Great)의 손녀. 어머니 헤로디아스의 사주에 의하여 당시 왕이었고 의붓아버지였던 헤로데 안티파스에게 춤을 보여준 대가로 세례 요한의 머리를 베어 접시에 담아달라고 요구하여 목적을 달성함.

한 춤은 어찌나 헤로데[39] 왕을 사로잡았는지 왕은 요한의 목을 베어 접시에 담아달라는 살로메의 요구를 들어줄 수밖에 없었다. 노르망디의 공작 로베르 1세는 팔레 지방을 말을 타고 지나다가 우연히 푸른 풀밭 위에서 혼자서 춤추고 있는 아를레트라는 시골 처녀를 보고는 홀딱 반하여 바로 그날 밤에 그녀와 동침하였다. 이 여자는 후에 아들을 하나 낳았는데, 이 아이가 바로 훗날 영국을 정복한 정복자 윌리엄 왕이다. 오언 튜더[40]가 캐서린[41] 왕비의 사랑을 얻게 된 것은 무도회장에서였다. 그는 실수하여 넘어졌는데 그곳에 바로 캐서린이 앉아 있었다. 오언 튜더의 얼굴은 우연히도 앉아 있던 캐서린의 무릎 위에 떨어졌다.

이런 이야기는 하자면 끝이 없다. 그리스 아테네에 살았던 한 지체 높은 귀족 스페우시포스는 우연히 무도회에서 파나레타라는 젊고 아름다운 정숙한 여인이 춤을 추는 것을 보았다. 그 순간부터 이 사람은 이 여자를 너무나 강렬하게 사랑하게 되었으며, 그 후 얼마 동안 이 파나레타 외에는 아무것도 생각할 수 없었다. 그가 집에 돌아왔을 때 그는 이미 파나레타에게 미쳐 있었다. 그는 얼이 나간 사람처럼 미친 듯이 혼자 중얼거렸다. "이 여자가 춤추는 모습을 한 번 본 사람치고 이 세상 그 누가 이 여자를 흠모하지 않겠는가? 경탄하지 않겠는가? 사랑하지 않겠는가? 오, 사랑스러운 파나레타여! 오, 천사와 같은 파나레타여! 나는 이미 세상을 많이 본 사람이다. 나는 고대 로마도, 신생 로마도 모두 경험한 사람이다. 나는 이 세상

---

39 헤로데(Herodes Antipsa, BC 20~AD 39) : 예수가 활동하던 시대 갈릴리와 페레아의 통치자. 헤로데 대왕의 아들.

40 오언 튜더(Owen Tudor, 1400~1461) : 웨일스의 궁정인. 영국 왕 헨리 5세의 미망인 캐서린 왕비의 두 번째 남편으로 그의 손자가 튜더 왕조의 창시자인 헨리 7세.

41 캐서린(Catherine of Valois, 1401~1437) : 프랑스의 왕 샤를 6세의 딸. 1415년 아쟁쿠르 전투에서 대승을 거둔 영국이 정략결혼 및 프랑스 왕위계승권을 요구하여 영국 왕 헨리 5세의 왕비가 됨.

에 유명하고, 크고, 아름답다는 도시는 모두 돌아본 사람이다. 그런 가운데 아름다운 여자들도 수없이 많이 보았다. 그러나 파나레타와 같은 여자는 없었다. 제아무리 아름답다는 여자들도 이 파나레타 앞에서는 술 찌꺼기에 불과하다. 쓰레기다. 누더기를 걸친 늙은 할망구다. 아, 어쩌면 그렇게 춤을 출 수 있을까? 그 발을 옮기는 동작! 돌아서는 모습! 그 우아함! 어찌 내가 말로써 표현할 수 있단 말인가? 불가능하다. 이 여인이 춤을 추는 모습을 본 사람은 축복받은 사람이다. 오, 이 세상에 그 유례가 없는, 유일무이한 파나레타여!"

아테네의 철학자 크세노폰은 그가 개최하는 심포지엄(잔치)에서 사랑에 관하여 토론을 시도할 때 그곳에 참석한 여러 친구들, 특히 그중에서 근엄한 소크라테스를 이 사랑의 화제에 동참하도록 만드는 것이 쉬운 일이 아니었다. 그는 소크라테스를 비롯한 얌전한 친구들로 하여금 우선 이 사랑의 문제에 흥미를 느끼도록 만들기 위하여 여러 가지 방법을 사용했지만 크게 성공하지는 못하였다. 이때 크세노폰은 그리스 신화에 나오는 디오니소스와 아리아드네 사이에 있었던 감미로운 사랑과 춤을 이들 앞에 실제로 공연함으로써 그곳에 모인 친구들은 물론 소크라테스까지도 크게 흥분시켰다.

이 모든 것을 처음부터 가까이서 지켜본 사람들은 미남 청년 디오니소스와 미녀 아리아드네가 그들의 눈앞에서 조금도 거짓이나 꾸밈이나 부끄러움 없이 그처럼 정열적으로 키스를 하고 애무를 하자 그들은 이 두 사람이 실제로 사랑하는 사람 사이라는 사실을 알게 되었다. 그리고 이들의 사랑에 불이 붙어 자기들도 이들처럼 공중에 둥둥 떠다니고 있다고 착각했다. 그들은 이 두 젊은이가 마침내 그들만의 장소인 침실로 들어갈 준비단계에 도달하자 더 이상 참을 수 없다는 듯이 자리에서 일어나 웅성대기 시작하였다. 관객들 가운데 아직 결혼을 하지 않은 젊은이들은 당장 내일이라도 결혼을 하겠다고 맹세하였으며, 이미 결혼을 한 사람들은 하인들에게 즉시 자기 말을 가져오라고 명령을 내렸고, 말이 도착하자 서로 작별인사도 나눌 사이 없이 말을 전속력으로 몰아 집에 있는 마누라에게 달려갔다. 소크라테스도 예외는 아니었다.

우울증으로서의 사랑의 증상

지금까지 나는 이런저런 사랑에 관한 이야기를 하였지만 실제로 사랑에 대해 아는 것은 아무것도 없다고 솔직하게 고백한다. 사랑의 종류, 원인, 그 증세는 너무나 많고 다양하여 일일이 열거할 수도 없고, 어느 것이 옳고 그르다고 단정지어 말할 수도 없고, 사랑의 요령이나 방법을 제시할 수도 없다. 한마디로 사랑의 이야기에는 끝이 없고, 사랑은 그 깊이를 알 수 없는 구덩이다. 사랑은 어떤 정의에도 들어맞지 않으며, 어떤 기술이나, 학문, 지식, 또는 방법으로도 그 실체를 측정한다거나 측량할 길이 없다. 사랑은 스스로 그 속에서 시험을 당해본 경험이 없는 사람은 논할 자격이 없다. 사랑에 빠져 고통을 받아본 사람, 미쳐본 사람, 정신을 잃었던 사람, 사랑의 열병을 앓고 난 사람은 사랑을 논해도 좋다. 솔직히 고백해서 이 문제에 관하여서만은 나는 풋내기요, 그저 사랑에 대하여 이것저것 생각해보고, 책을 통하여 읽고, 관찰해보는 사람일 뿐이다. 나는 사랑이 무엇인지도 모르고, 사랑을 해본 적도 없는 사람이고, 현재 사랑에 빠져 있지도 않다. 그렇다고 이 분야에서 아주 비전문가라거나 문외한이라고 생각하지는 않는다.

사랑의 우울증에 대한 예후적 진단

지금까지 내가 관찰한 바에 의하면 사랑은 분명 일종의 병이고, 이것은 마음의 고통, 걱정, 질투심, 의심, 두려움, 슬픔 등을 수반한다는 면에서는 일종의 우울증이 분명하다. 지금부터의 문제는 어떻게 이 병을 고치느냐에 관한 것이다. 사랑의 병은 어떤 약으로도 고칠 수 없다는 것이 지금까지의 정설이다. 다시 말해서 이 병은 한번 걸리면 끝까지 가는 수밖에 별다른 방법이 없다는 것이다. 사랑에 빠진 사람에게 사랑하지 말라고 말해보아야 소용없다. 차라리 솟아 있는 산보고 들판으로 내려오라고 하든가, 흐르는 강물보고 산 위로 흐르라고 하는 것이 더 낫다. 사랑을 중지하라는 것은 태양에게 달리기를 그만두라는 말이나 다름없다. 참으로 사랑에 빠진 사람에게 사랑을 하지 말라는 것은 장님에게 눈을 뜨라고, 귀머거리에게 들으라고, 벙어리에게 말하라고, 절름발이에게 달리라고 강요하는 것이나 다름없다. 어떤 좋고 옳은 충고도 소용없고, 어떤 명의도 이 병은 고칠 수 없다. 사랑에 관한 한 인간뿐만이 아니고 신들조차도 속수무책이다. "다른 사람들의 병을 고쳐주는 약이 내 사랑의 병만은 고치지 못한다"고 지혜의 신 아폴론은 고백하였으며, 신들의 신인 제우스조차도 사랑의 힘을 이겨내지 못하고 굴복하였다.

그렇다고 해서 이 사랑의 병을 치료하거나, 약화시키거나, 누그러뜨리거나, 다른 곳으로 돌리지 않고 그대로 내버려둔다면 그 결과는 자못 심각할 수가 있다. 사랑은 디오니소스와 함께 아주 난폭한 하나의 신으로서, 이것이 제 마음대로 우리 마음속에서 날뛰게 내버려둔다면 그 사람은 정직함, 부끄러움, 상식, 예의 등을 완전히 잊어버리고 한 마리의 짐승으로 변할 수 있다. 이것은 소위 미친 또는 광증의 사랑이라는 것으로서, 이것에 걸린 사람은 이성을 상실하여 제정신이 아니고, 별안간 바보멍청이가 되어버리거나 이상한 고집을 부리며, 사람의 시선은 물론 신도 두려워하지 않게 된다. 이들은 자기의 하나의 욕정을 채우기 위하여 맹세를 헌신짝처럼 저버리고, 돈을 물 쓰듯 하며, 돈이 떨어지면 빚을 얻어 쓰고, 도둑질을 하게 되며, 강간, 간통, 심지어는 근친상간, 나중에는 살인도 서슴없이 저지르고, 나아가서는 마을과 도시, 그리고 온 나라 전체를 폐허로 만든다. 트로이 전쟁을 보라. 안토니우스와 클레오파트라를 보라.

카틸리나[42]는 첫 아내가 죽은 뒤 아우렐리아라는 여자와 결혼하기 위해 전처 사이에 생긴 외아들을 죽였다. 왜냐하면 아우렐리아가 전처 소생의 아들이 살아 있는 한 결혼을 거절하였기 때문이었다. 라오디케[43]는 자기가 사랑하게 된 질 낮은 남자의 청을 들어주기 위해 훌륭한 남편을 독살하였다. 알렉산더 대왕은 자기의 첩으로서 창녀 출신 무희인 타이스를 기쁘게 해주기 위해 찬란했던 그리스의 대도시 페르세폴리스에 불을 질러 잿더미로 만들었다. 아테네 왕 네레우스의 왕비는 남편이 죽고 과부가 되자 베네치아 출신의 어느 귀족 남자와 사랑에 빠져 조국 아테네를 배반하여 적국에 넘겼으며, 반면 남자는 이 여자와의 사랑을 이루기 위하여 베네치아 귀족의 딸인 자기 아내를 살해하였다. 콘스탄티누스 황제는 테살로니카 지방 출신의 어느 미천한 서생의 딸의 미모에 반해서 아내 카테리나를 죽였고, 왕자 미카엘을 비롯한 자식들을 모두 내쫓았다. 레우코프리아는 적진에 속해 있는 애인을 위해 자기가 살아온 마을을 배반하였다. 메티니나 섬 총독의 딸인 피티디케는 아킬레우스와의 사랑 때문에 아버지를 배반하고 적군에게 섬을 몽땅 넘겨주었다. 디오그네투스는 폴리크리테의 사랑을 얻기 위해, 메데이아는 이아손의 사랑을 얻기 위해, 모두 조국을 배

---

42 카틸리나(Lucius Sergius Catilina, BC 108?~BC 62) : 로마의 정치가로 공화정 전복의 음모를 꾸몄으나 실패함.
43 라오디케(Laodice) : 시리아 왕 안티오코스 2세의 부인.

반하였다. 메데이아는 황금의 양모를 훔치러 온 이아손에게, 황금의 양모를 수호하는 코로 불을 뿜어내고 구리로 된 발을 가진 황소를 길들이는 방법과 불사의 용을 죽이는 방법을 가르쳐주었으며, 아버지 아에르테스에게 이런 음모가 발각당하지 않도록 시간을 벌기 위하여 자기의 막내 동생 압시르토스를 난도질하여 죽이고, 자기는 황금 양모를 손에 넣은 애인 이아손과 함께 도주하였다.

이런 이루 다 열거할 수 없이 많은 역사상의 희비극들은 모두가 이 사랑이라는 하찮은 듯하면서도 결코 무시할 수 없는 힘을 가진 무서운 사랑이라는 이름의 우울증이 만들어낸 결과다.

일과 식사 조절, 운동과 약을 통한 사랑의 우울증 치료

이 병은 과연 치료할 수 있는 병인가 아닌가를 놓고 의견이 분분함은 당연한 일이다. 이 감정은 저항할 수 없는 매우 난폭한 것이라는 사실은 이미 명확해졌다. 치유가 불가능하다는 냉소적인 주장 속에서도 시기만 놓치지 않고 손을 쓴다면 이 사랑의 우울증도 다른 병들처럼 치료가 가능하다는 낙천적이며 희망적인 견해 또한 결코 적지 않다. 이븐 시나는 이 병의 증상을 완화하고, 변경시키고, 최종적으로 추방하는 일곱 가지 일반적인 방법을 제시하였다. 사보나롤라는 아홉 가지, 제이슨 프라텐시스는 여덟 가지, 로렌티우스는 두 가지를 제시하였으며, 이 밖에 아르날두스, 발레리올라, 몬탈투스, 힐데스하임, 랑기우스 등도 제각기 이 병의 치료와 치유에 도움이 되는 방법들을 제시하였다. 나는 이들의 방법들을 때로는 요약하고, 때로는 부연 설명하면서 내 판단으로 가장 좋다고 생각되는 방법을 내 방법인 양 제시하겠다. 이 글을 처음 시작할 때 나는 말하지 않았는가? 나는 다른 사람의 횃불을 가지고 나의 촛불을 밝히는 사람이라고.

이 끈질기고 고집 세고 제멋대로 날뛰는 감정을 다스림에서 제일 먼저 지켜야만 할 일은 적당한 신체적 운동과 식사의 조절이다. 옛말에 있듯이, "빵과 포도주가 없는 곳에 사랑은 자라지 않는다." 할 일 없이 빈둥거리면서 한 곳에 앉아 있거나 누워 있으면서 배부르게 먹기만 하는 것이 우선이 병의 발병 원인이다. 그러니 힘들여 일하고, 조금 먹고, 부지런하고 바쁘게 움직이기만 하여도 이 병에 걸릴 확률은 아주 적어진다. 사랑은 바쁜 사람은 붙잡지 못한다. 사보나롤라의 세 번째 법칙이 바로 그것이다. "중요한 일로 자신을 바쁘게 만들라." 이븐 시나도 같은 내용의 말을 다르게 하고 있다. "사랑은 일하는 사람으로부터는 도망간다. 바쁘면 안전하다." 마그니우스의 충고는 더 재미있다. "잠잘 때만 게을러라. 가난한 사람들은 이 병에 걸리는 경우가 극히 드물다. 가난한 사람은 많이 먹는 법이 없고, 열심히 힘든 일을 하며, 항상 바쁘기 때문이다. 가난은 사랑의 감정을 일으킬 만한 수단을 갖고 있지 않다."

사랑의 우울증 초기 퇴치 방법

다음으로 중요한 법칙은 초기 제압이다. 다시 말해서 사랑의 병은 그 시작부터 막아야만 된다는 것이다. 그 싹이 자라나는 것을 허용해서는 안 된다는 말이다. 격렬한 사랑의 병에 초기에 잘 저항한 사람만이 최후의 승리자가 될 수 있다. 이 점을 카스틸리오는 다음과 같이 구체적으로 설명하고 있다. "어느 사람의 눈에 우연히 어떤 여자의 모습이 들어온다. 여자는 아름다울 뿐만 아니라 태도가 우아하고 언행에서 매력이 넘친다. 남자는 자신도 모르게 이 아름다운 여자에게 끌리면서, 이 여자를 독차지하겠다는 욕심에 사로잡힌다. 이 감정이 남자의 가슴 전체를 사로잡는다. 남자는 이 감정의 불길에 휩싸인다. 남자가 이 여자의 눈에서 빛나는 광채를 보았을 때 이 신비한 여자의 눈길은 남자의 불타는 가슴에 기름을 들이붓는다. 이때 남자는 위기를 느껴 이 감정이 더 이상 자신을 지배하지 못하도록 하는, 어렵지만 현명한 싸움을 시작해야만 한다. 이미 상당히 마비된 자신의 이성을 다시 불러일으키고, 무슨 수단을 강구해서라도 그의 가슴의 성벽을 강화하고, 사랑이 침입할 가능성이 있는 통로란 통로는 모두 폐쇄해야만 한다."

신중하고 믿을 수 있는 친구가 있는 경우 이 친구에게 자기에게 생겨난 이 사랑의 슬픔이나 정열을 고백하는 것은 좋은 일이다. 빠르면 빠를수록 좋다. 친구의 말 한마디에 의외로 큰 효과를 보는 수가 있다. 사랑은 감추면 감출수록 그 강도는 강해지고 고통은 더 커지게 마련이다. 결국 최선의 방법은 사랑을 유발할 만한 기회를 처음부터 회피하는 것이고, 차선책은 사랑의 우울증을 악화시키는 어떤 상황을 피하는 것이며, 다음으로는 사랑의 대상을 어떤 방법을 강구하여서라도 아예 제거해버리는 것이다. 어차피 불이 있는 곳 근처에 가면 화상을 입는 것이 당연한 순서가 아니겠는가?

그렇기 때문에 성자 히에로니무스를 위시하여 철학자 크리소스토무스, 성자 키프리아누스, 시라키데스, 의사 프라텐시스, 사보나롤라, 아르날두스, 발레리올라 등이 역설하고 충고하는 것처럼 아예 처음부터 여자 근처에 가지 않는 것이 상책이다. 톨로사누스의 가르침처럼 말을 나눈다든가, 선물이나 사랑의 편지를 교환한다거나, 입맞춤을 한다거나, 손을 잡는다든가, 서로 희롱을 한다거나, 몸을 서로 쓰다듬는 행위를 피할 것임은 물론, 상대방의 미소를 보지도 말고, 노래를 부르는 것을 듣지도 말 것이며, 춤을 추는 것을 보지도 말 것이며, 상대방을 생각도 하지 말고, 기억도 하지 말도록 해야만 한다. 시라키데스의 말처럼, "예쁜 여자에게 아예 시선을 보내지 말라." 다윗의 말처럼 "아름다운 여자로부터 시선을 다른 곳으로 돌려라." "혹시라도 아름다운 여자를 보거든 너의 눈이 그 여자를 다른 여자들보다 더 뚫어지게 바라보지 않도록 하라"는 피키누스의 충고다. 사랑은 보면 볼수록 눈덩이처럼 커진다. 히에로니무스는 어떤 충고도 한다. "여자를 볼 때는 모두 똑같이 보라. 아니면 아예 보지를 말아라." 가장 안전한 방법은, 욥[44]이 말한 바와 같이, 아예 여자에게 시선을 돌리지 않는 것이다. 화려한 행렬이 야망을 불러일으키고, 황금의 광채가 욕심을 불러일으키듯이, 아름다운 여자의 얼굴은 당신의 정욕에 불을 당긴다. 술을 보면 목이 마르게 되고, 고기를 보면 식욕이 일어나는 것에서 알 수 있듯이 여자를 보는 것만도 위험한 일이다.

과도한 성욕의 문제점과 그 병폐, 그리고 치유법에 관하여

사람의 정욕이 너무 도를 지나쳐 그 사람을 미치게 만드는 병적인 사랑, 영웅적인 사랑, 또는 사랑의 우울증의 치료 방법에는 위의 방법 외에 주변 사람으로부터의 좋은 충고와 설득도 빼놓을 수 없는 방법 가운데 하나다. 이 맹목적이고 고집불통의 광적인 감정에 사로잡힌 사람에게는 어떤 충고도 좋은 말도 통하지 않는다는 것이 일반적인 견해다. 사실이다. 사랑에 어떻게 경계선을 그을 수 있단 말인가? 그러나 그 충고가 사랑에 미쳐 있는 환자가 존경하는 현명하고, 아버지 같고, 분별력이 있고, 이해심이 깊

---

44 욥(Job) : 구약성서에 나오는 신앙심 깊은 인물. 「욥기」에는 그가 겪게 되는 말할 수 없는 수많은 고통과 이것들을 신앙심으로 굳건하게 이겨내는 이야기가 친구들과의 대화 형식으로 기록되어 있음.

고, 모든 사람들로부터 존경을 받고, 가까이 가기 어려운 권위와 위엄을 갖춘 사람으로부터 온다거나, 자기를 잘 이해해주는 현명한 친구로부터 왔을 때는 자주 의외의 효과를 보는 경우도 있다.

사랑의 열병에 걸린 사람은 일단 그 사랑의 열기가 최고점을 지나거나 어떤 이유로 잠시 소강 상태가 되어 제정신이 돌아왔을 때는 스스로 어떤 믿을 만한 사람이 찾아와 자기에게 그런 미친 짓을 그만두라고 진지하게 충고하기를 바라게 된다. 그러니까 사랑의 광기나 열기가 일단 지나고 난 다음의 공백기를 기다려 놓치지 말아야만 한다. 그것은 마치 엄마가 자기를 두고 떠났다고 몸부림치며 우는 아이를 달래는 경우와 같다고 하겠다. 지금 막 울기 시작한 아이에게는 아무리 좋은 소리로 달래보아야 소용없다. 시간이 좀 지나서 슬픔이 좀 누그러진 후에야 그 효과가 있는 것이다. 마찬가지로 사랑도 그 광기와 열기가 한참일 때는 어떤 사람의 어떤 처방이나 충고도 아무 소용이 없다. 그럴 때는 진정제도, 아편도, 강장제도, 승도복숭아도, 호메로스의 시에 나오는 망각제도, 헬레네의 영약도 통하지 않는다. 파리스와의 불륜의 사랑이 한참일 때 헬레네는 가슴을 자기의 주먹으로 쉴 새 없이 두드리면서 석 달 동안이나 울고불고하였다.

그러니까 사랑의 정열은 감기가 낫기를 기다리듯이 마음껏 발광하도록 내버려둔 다음, 그 불길이 수그러드는 기미가 보일 때 달려들어 그런 병적인 정열이 필연적으로 일으킬 비극과 불행, 위험, 그리고 지옥의 고통을 차분히 설명해주어야만 한다. 이런 방법을 세네카는 악을 퇴치하는 데 사용하였다. 사랑의 우울증도 악이다. 악 가운데서도 아주 무서운 악이다.

세상에는 전설적으로 알려진 아프로디테, 라이스,[45] 헬레네, 카리클레

---

45 라이스(Lais, BC 4세기경) : 고대 그리스의 고급 매춘부. 코린트의 라이스와 히카라의 라이스, 이렇게 같은 이름을 가진 두 여성이 있었다고 함. 둘 중 한 사람은 그녀의 미모에 질투심을 느낀 테살리아 여인들에 의하여 아프로디테 신전에서 돌에 맞아 죽은

아,[46] 레오키페, 루크레티아, 판도라 등과 같은 미인들이 여럿 있다. 여성들은 누구나 이들처럼 되기를 원한다. 그래서 아름답고 예뻐지는 수단과 방법이 있다면 어떻게 해서든지 그것을 얻으려고 한다. 어떤 여자는 아프로디테가 자기를 등에 업어서 강을 건네준 파온에게 감사의 표시로 주었다는 영원히 늙지 않고 아름다움을 지속시켜준다는 약을 구하기도 하고, 또 어떤 여자는 자연이든 인공이든 아름다워지는 데 도움이 되는 것은 마다하지 않는다. 아프로디테처럼 되려 하고 헬레네가 되기를 간절하게 소망한다.

그러나 이런 아름다움도 사소한 병, 열, 천연두, 상처, 흠집, 한쪽 눈 또는 다리의 상실, 격한 감정, 극심한 추위 또는 더위 등이 일순간에 모두 망가뜨려버린다. 임신, 나이, 노년, 피할 수 없는 시간은 어제의 아프로디테도 오늘의 추녀 에리니스[47]로 만든다. 미친 듯이 질주하는 시간, 근심과 걱정은 갑자기 달려들어 아프로디테의 얼굴을 찢어놓는다. 아름답고 고운 여인도 결혼을 해서 얼마 지나 검은 황소가 엄지발가락을 밟고 지나가고 나면 이 곱던 여인은 너무나 변해서 알아볼 수 없을 정도다.

어떤 여자는 너무 뚱뚱해지고 어떤 여자는 너무 빼빼 말라버린다. 겸손한 마틸다도, 눈을 즐겁게 해주는 귀염둥이 페기도, 노래 잘 부르는 수잔나도, 사뿐사뿐 경쾌하게 걷는 몰리도, 춤 잘 추는 돌리도, 옷맵시 나게 입는 낸시도, 웃기기 잘하는 조앤도, 동작 빠른 넬리도, 키스 잘하는 케이트도, 새까만 눈을 깜박이는 기운찬 베시도, 손이 백옥 같은 필리스도, 깡깡이 잘

것으로 전해짐.

46 카리클레아(Chariclea) : 4세기 로마의 헬리오도로스(Heliodoros)가 쓴 소설 『아이티오피카(Aethiopica)』의 여주인공.

47 에리니스(Erinyes) : 그리스 신화의 복수와 징벌의 여신들. 밤의 신 닉스의 딸들이며 범죄자를 처벌하고 피해자를 위하여 보복하는 일을 맡고 있음.

타는 프랜시스도, 키 큰 티브도, 호리호리한 시브도 어느새 모두 그 타고난 장점을 잃어버려 펑퍼짐해지고, 멍청해지고, 둔해지고, 처량해지고, 무거워지고, 실쭉해지고, 모두가 시대에 뒤지게 된다. 그 총명하고 활기 넘치던 얼굴과 모습은 어디로 갔나? 그 재치 넘치던 재담들은? 빛나던 미소들은? 그 반짝이던 눈들은 이제 그 총기를 잃어 멍청해 보이고, 산호처럼 붉고 부드럽던 입술은 창백해지고 메마르고 차고 거칠어지고, 푸른색이 돌고 그 윤기 나고 부드럽던 피부는 꺼칠꺼칠하고 딱딱해지고, 그 곱고 화려했던 안색은 어느새 변해 그 흔적을 찾을 수 없게 된다. 드레이튼[48]의 말처럼 :

나는 이제 자네가 보았던 옛날의 내가 아니라네,
그때 신이 나에게 베풀어주셨던 은총은 이제 모두 옛날의 일,
백합꽃 피는 골짜기에 피었던 붉은 장미꽃은
이제는 수면초에 뒤덮인 창백한 모습이라네.

아름다움과 젊음은 겨울이 오면 나뭇잎이 시들고 떨어져 없어지듯이 곧 사라지는 것이다. 세네카의 말에 귀를 기울여보자. "한여름 무성한 잎사귀와 풍성한 과일을 한아름 안고 푸른 숲에서 마음껏 뽐내며 자라는 나무가 겨울이 찾아오면 보기 흉해지고 처량하게 추위에 떨고 있듯이, 우리의 아름다움은 달음질치듯 달아났고, 줄어들었고, 쇠퇴하여 마침내 흔적도 없어졌다. 노인들에게 감탄과 칭찬을 받던 어제의 처녀는 결혼하여 어린애 몇 낳은 후 저 모양이 되었다. 그녀의 미모는 '엄마' 소리를 들으면서 사라졌고 이제 그녀는 동네의 허리 굽은 늙은 할미 가운데 하나일 뿐이다."
철학자 크리소스토무스의 지혜로운 말을 듣고 위안을 찾아보자. 당신

---

48 드레이튼(Michael Drayton, 1563~1631) : 영국의 시인.

이 바라보는 순간 너무나 아름답고 매력이 넘쳐 입에 침이 고이고, 사랑하지 않고는 도저히 그냥 지나칠 수 없는 아름다운 보나로바나, 화려한 옷을 잘 차려입은 넬리나, 혼을 빼앗아가는 도나를 보았을 때는, 눈은 반짝반짝 빛나고, 얼굴에서는 당신의 성욕을 자각하는 웃음이 넘치고, 당신의 영혼을 쥐어짜는 듯이 우아하고, 보면 볼수록 당신의 성욕을 증가시키는 그런 여자를 보았을 때는, 이렇게 생각하라. 당신이 지금 사랑하고 있는 것은 흙덩어리요, 당신을 지금 이처럼 괴롭히고 동시에 당신의 혼을 빼앗아가고 있는 것은 단지 하나의 똥 덩어리라고. 그러면 즉시 지금까지 그처럼 미친 듯이 날뛰던 당신의 영혼은 평온을 되찾게 될 것이다. 그 여인의 얼굴에서 피부를 벗겨보라. 그러면 크리소스토무스가 말한 바와 같이 그 피부 밑에는 오직 추한 것만이 있을 것이며 여기에서 아름다움이란 것은 결국 아무것도 아니고 단지 얇은 피부, 몇 개의 뼈, 몇 줄의 신경과 핏줄, 그리고 근육의 집합에 지나지 않음을 알게 될 것이다.

이 눈앞에 서 있는 아름다운 여인이 늙어 얼굴이 쭈글쭈글하고, 검고 윤기 나는 머리는 하얗게 세고, 통통하고 잘 익은 복숭앗빛 두 뺨은 이제 움푹 팬 작은 웅덩이가 되어버린 할망구를 상상하라. 이 여자의 몸속에는 또 무엇이 들어 있는가를 생각해보라. 더러운 노폐물과 냄새 고약한, 썩은 배설물뿐이다. 콧구멍에서는 콧물이 줄줄 흐르고, 입에서는 침이 줄줄 흐르고, 눈에서는 눈물이 줄줄 흐르고, 아무리 좋게 그리고 잘 보아주려고 노력해보아도 분명한 사실은 사랑이 어느덧 현저하게 줄어들었거나 아예 흔적도 없이 사라져버렸다는 것이다.

그렇기 때문에 너무 자세히 관찰하는 사람이나 따지는 사람은 사랑을 할 수 없다는 말에도 일리는 있다. 화가 뒤러[49]가 어떤 대상을 균형과 조화

---

49 뒤러(Albrecht Durer, 1471~1528) : 독일의 화가, 판화가.

의 법칙에 따라 엄격하게 관찰하듯이, 당신이 어떤 여인의 얼굴이나 몸매도 가까이 가서 아주 자세하게 보면 볼수록 완벽한 미인에게서도 많은 결점과 결함이 드러나게 마련이다. 피부의 색깔이 어울리지 않게 진하거나 흐릴 수도 있고, 체구가 너무 크거나 작을 수도 있고, 얼굴 한쪽이 다른 한쪽보다 올라가 있을 수도 있고, 코가 너무 높거나 굽을 수도 있고, 눈이 너무 작거나 사나워 보일 수도 있고, 피부에 핏줄이 너무 튀어나와 있을 수도 있고, 눈 주위가 너무 움푹 패어 있을 수도 있고, 주름살, 여드름, 기미, 주근깨, 털, 사마귀, 점, 쥐젖 등이 나 있기도 하다. 어디 이것뿐인가? 칠면조의 목처럼 온갖 잡색의 피부도 있다.

그러니까 당신이 바라보는 아름다움과 매력은 어떤 한 부분만을 따로 떼어내어 그 부분을 찬미하고 찬양하고 감탄하고 자랑하는 것이다. 그러니 다른 사람들의 눈에 찰 리가 없다. 당신이 반하여 정신을 잃어버리는 여자를 놓고 어떤 사람은 비웃고, 어떤 사람은 조롱하고, 또 어떤 사람은 눈살을 찌푸리고, 어떤 사람은 크게 놀라 입을 벌려 다물지 못하고, 어떤 사람은 아예 입을 다물어버리는 이유도 바로 여기에 있다. 카르다노가 말한 바와 같이, 이 세상에 결점이 없는 완벽한 얼굴은 없다. 얼굴 하나만 놓고 보아도 이럴진대 몸 전체에는 말할 나위도 없고 마음에도 결점과 불균형이 있게 마련이다.

얼굴이 환하고 아름다운 여인이 어리석기 한량없고, 예쁘고 귀엽고 고상하고 우아하고 위엄이 있는 여인이 거만하고 무례하기 일쑤고 거짓말 잘하고 정직하지 않으면 고집 세기가 황소 같다. 돈 많은 여자는 불구나 기형이고, 얼굴은 곱살하나 교양이 없고 무례하고 행동거지가 엉망인 여자도 있다. 몸매는 쪽 빠져 흠잡을 수 없는 여자가 고약한 여왕이나 주인인 경우도 있고, 품행이 단정하지 못한 경우도 허다하다. 정원의 어떤 꽃은 색깔은 화려해도 향기가 전혀 없는 경우가 있듯이, 또 어떤 꽃은 향기는 짙어도 볼품이 전혀 없듯이, 어떤 사람은 그 맛에서는 익모초처럼 쓰고, 또 어떤 사람은 쑥처럼 그 모양새에서는 별로 우리의 눈을 끌지는 못한다 하더라도 그 풀이 약초로서 우리 몸에 좋거나 우리의 위장병을 고쳐주는 그런 식물처럼 유익한 사람이 있다. 어떤 사람은 아주 재주가 뛰어나지만 몰골이 변변하지 못하거나 가난하거나 성품이 고약한 사람이 있고, 눈이 아주 예쁘게 잘 생긴 여자가 못생긴 손과 발을 가지고 있을 수 있고, 다리는 쭉 빠지고 미끈한 데 반하여 이는 뻐드렁니거나 체구가 거대한 마차만 할 수도 있다. 그러니까 사람의 모든 것을 알기 위해서는 몸은 물론 마음의 여러 부분을 빠짐 없이 살펴보아야만 한다.

한 여자를 관찰함에서도 그 여자가 화를 냈을 때, 즐거워할 때, 웃을 때, 울 때, 뜨거울 때, 차가울 때, 병이 났을 때, 실쭉할 때, 샐쭉할 때, 옷을 입었을 때, 옷을 벗었을 때, 성장을 했을 때, 평상복을 입었을 때, 일하는 옷을 입었을 때, 집에 있을 때, 파티에 갔을 때, 부엌에 있을 때, 침대 위에 있을 때, 식사를 할 때 등 모든 장소와 경우를 고려해야만 한다. 이런 경우 분명해지는 것은 당신은 당신이 그처럼 좋아하고, 숭배하고, 욕망하고, 원하고, 차지하려는 그 대상이 그 매력을 상당히 상실하였다는 사실이다.

사랑의 우울증 치료의 최후방법에 관하여 : 자유방임의 효과

사랑의 열병을 치료하기 위하여 지금까지 이런 방법도 제시하였고 또 저런 설교도 시도하였다. 모든 방법과 수단이 다 실패하였을 때 마지막으로 남아 있는 확실한 치료법은 마음껏 그리고 마음대로 사랑하도록 내버려두는 방법이다. 다시 말해서 사랑이라는 병에 걸린 사람으로 하여금 자신의 욕망을 채우도록 도와주는 방법이다. 더 쉽게 말하면, 두 사람으로

하여금 함께 잠을 자게 하거나, 결혼을 하도록 하는 것이다. 그렇게 함으로써 두 사람이 지금까지 그렇게 애타게 갈망해온 즐거움을 마음껏 즐기도록 도와주는 것이다. 이것을 의학적으로 설명한다면 일종의 방혈(放血)인 셈인데, 격렬한 사랑에 처한 사람의 상태는 의학적으로 혈액 과잉 상태로서 방혈, 즉 피를 빼는 방법은 상식적으로 아주 타당한 방법인 것이다. 이 방법은 사랑의 치료법으로서는 가장 확실하며 또 그 효과가 빨리 나타나는 방법이다. 사보나롤라는 "마지막 방법이지만 틀림없는 안전한 방법"이라고 말하였다. 이븐 시나의 말을 들어보자. "사랑에 빠진 사람이 그 욕망을 만족시키지 못하여 고민하는 가운데 몸에 피부와 뼈만 앙상하게 남게 되는 경우를 우리는 자주 본다. 그런데 이 사람이 목적을 달성하면 즉시 건강을 회복한다. 배고픈 사람에게는 밥을 목마른 사람에게는 물을 주면 되는 바와 같이, 사랑이 필요한 사람에게는 사랑을 주는 것은 자연의 법칙에 순응하는 것이다." 그러니까 이런 환자들은 침대 위에서 서로 마음껏 입을 맞추고, 애무하고, 깨물고, 잠자도록 내버려두면 되는 것이다. 그러면 이들은 지금까지 그렇게 오랫동안 갈망하던 사랑의 즐거움을 마음껏 맛보고 나서는 그 맛에 물려 제풀에 떨어지게 된다. 원만한 결혼은 사랑의 우울증을 치료하는 최선의 방법이다.

그런데 이 방법에도 몇 가지 문제가 있다. 문제는 두 사람은 물론, 이 두 사람 주변의 사람들이 이 사랑에 찬성하지 않을 때 발생한다. 부모, 보호자, 스승, 친구, 친척들이 이들 사랑에 동의하지 않는 경우 말이다. 또 관습, 법률, 종교가 이들의 사랑을 가로막을 수도 있다. 가난, 신체상의 결함, 용기의 부족, 두려움, 의심, 미신, 신분의 차이 등 또한 사랑을 쉽지 않게 만드는 장벽이다.

여자가 마침내 남자와 결혼하기로 결정한다. 그러나 남자가 마땅치 않다. 남자는 여러모로 괜찮은데 너무 가난하다. 다른 한 구혼자는 재산은 많은데 머리가 둔하다. 어떤 남자는 다 좋은데 나이가 너무 많고, 반대로 어떤 남자는 또 너무 어리고, 어떤 남자는 너무 못생겨서 싫고, 어떤 남자는 너무 지저분하고, 어떤 남자는 신분이 여자에 비하여 너무 낮아 문제다. 여자는 가문도 좋고, 아름답고, 교육도 잘 받았으며, 지참금도 많다. 이 여자는 당연히 자기에게 걸맞는 좋은 신랑감을 찾는다. 자기의 어머니처럼, 그리고 이미 결혼한 여동생처럼, 그리고 시집 잘 간 친구 마틸다나 도란다처럼 자기도 결혼하여 신분 높은 부인으로 행세하고 대접받기를 갈망한다. 그런데 문제는 이 여자가 찾는 신랑감은 쉽게 나타나지 않고 시간만 쉴 새 없이 흘러간다는 것이다. 어찌 고민하지 않을 수 있겠는가?

그런데 이 여자는 이미 수없이 많은 구혼자들을 자기도 모르는 사이 고민과 고통 속으로 몰아넣었다. 어떤 구혼자는 상사병에 걸려 시름시름 앓아 누워버렸고, 어떤 남자는 슬픔과 한숨으로 나날을 보내고 있고, 어떤 남자는 마침내 사랑의 고통을 이겨내지 못하고 스스로 목숨을 끊었다. 사랑의 열병을 치료하기 위하여 사랑하는 사람들을 사랑하도록 내버려둔다는 방법도 알고 보면 말은 쉬워도 실제에서는 아무런 해결책이 되지 못한다.

알맞은 상대를 골라 결혼하기도 어려운 일이지만, 이처럼 어렵게 한 결혼을 원만하게 이끌어간다는 것도 또한 말처럼 쉬운 일이 아니다. 결혼해서 사랑의 우울증은 어느 정도 치유가 가능하지만 이에 따른 부수적인 문제들도 사랑의 욕망을 다스리는 문제만큼이나 어렵고 복잡하다. 따져보면 결혼해서 좋을 것 하나도 없다. 당신에게 돈이 있다고 하자. 결혼하면 그 돈을 배우자 한 사람을 위해서 써야만 한다. 돈도 없이 결혼했다고 하자. 당신의 궁색한 처지는 더 심화될 것이 뻔한 일이다. 당신이 현재 아주 잘 나가는 사람이라고 하자. 결혼하면 그런 행복은 이제부터 끝장이다. 당신이 결혼해서 궁경에 처했다고 하자. 욥의 마누라처럼 당신의 아내는 당신을 들볶고, 비난하고, 당신의 고통을 더 가중시키고, 당신이 지게 된 짐을 더 무겁게만 만들 것이다.

집에 있어보라. 당신의 아내는 왜 나가 돌아다니지 않고 집에만 처박혀 있느냐고 개 꾸짖듯 할 것이다. 집을 나가 돌아다녀보라. 말이 났으니 말이지만 남자는 그저 집을 나가 가능하면 마누라로부터 멀리 떨어져 있는 것이 현명한 일이다. 그러나 문제는 또 생긴다. 십중팔구 당신이 없는 사이 당신의 마누라는 다른 남자와 재미를 볼 것이며, 당신이 나타나면 어디를 쏘다니다 이제 돌아오느냐고 목소리를 높이고 호랑이 얼굴을 할 것이다.

이래저래 혼자 사는 것이 상책이다. 결혼이란 끈은 단단하기가 금강석 같아 한번 매어지면 풀어헤칠 길이 없다. 되돌릴 수도 없다. 당신은 이제 끝났다. 이런 결혼 생활도 젊어서는 좀 낫다. 나이가 들면 당신은 마누라에게는 물론 마누라 친구들의 밥이다. 남자를 밝히는 마누라인 경우 당신은 오쟁이나 지는 신세가 되는 것은 불을 보듯 뻔한 일이며, 뼈빠지게 일하여 아비를 알 수 없는 자식들이나 먹여 기르는 신세가 된다. 바울도 다른 사람들에게는 결혼을 하라고 장려하면서도 정작 자기는 독신으로 살았다. 결혼이란 과연 하는 것이 좋은가, 하지 않는 것이 좋은가?

이 질문에 대하여서는 모두가 한마디씩 하고 있는데, 찬성과 반대가 항상 팽팽하게 맞서 있다. 어째서 그대의 젊음과 청춘을 결혼하지 않고 혼자서 낭비하고 있는가? 비참한 늙은 나이가 멀리 있을 때, 몸이 펄펄하고 성욕이 왕성한 나이에 결혼하도록 하라. "나는 그대만을 사랑한다오"라고 솔직하고 진실하게 말할 수 있는 사람과 결혼하라. 일단 선택하였으면 지체하지 말라. 그리고 그 뒤의 일은 운명에 맡기라. 다음의 진리를 기억하라 :

좋은 아내를 얻는 것도 팔자소관,

나쁜 아내를 얻는 것도 팔자소관.

혼자 사는 것도 모험이요 결혼하는 것도 모험이다. 결혼하는 것도 나쁘다면 나쁘고, 결혼하지 않는 것도 나쁘다면 나쁘다. 이 논리의 역도 성립한다. 결혼하는 것도 좋다면 좋고, 독신으로 사는 것도 좋다면 좋다. 결혼생활이 재난과 고통의 원천이 될 수도 있지만, 달콤한 즐거움, 다른 것에 비할 수 없는 행복, 지상의 축복, 말로 모두 표현이 불가능한 이익, 유일무이한 만족의 근원이기도 하다. 그러니 너무 주저하지도 말고, 너무 계산하지도 말고, 너무 욕심부리지도 말고, 너무 의심하지도 말고, 너무 까다롭게 생각하지도 말고, 결혼하라. 나의 이 지극히 상식적인 충고를 따라 결혼한 사람은 결국 만족과 휴식을 얻을 것이며, 지난날의 어리석은 생각과 행동을 후회하고 반성할 것이며, 사랑이라는 이름의 위대한 신을 찬양할 것이며, 사랑의 신전에 감사를 드리기 위하여 순례의 여행을 떠날 것이다. 로마의 위대한 시인 베르길리우스가 쓴 바와 같이, "온전한 사람의 눈에 이 세상에 자기 아내보다 더 아름답고, 달콤하고, 사랑스러운 대상이 있을 수 있겠는가?"

이런 분명한 이유로 결혼이야말로 광적인 사랑의 병, 즉 사랑의 우울증을 치료함에 있어서는 마지막인 동시에 최상의 피난처요 치료약인 것이다. 결혼을 함으로써 이 병의 커다란 증상인 모든 고통도, 두려움도, 의심도, 장애도, 욕정도, 광증도 모두 제거된다. 결혼하라. 다른 방법은 없다.

종교적 우울증에 관하여

지금까지 사랑의 우울증에 관해서 이야기하였는데, 이제 종교적인 우울증 이야기를 할 차례가 되었다. 사랑이 심한 경우 병이 되듯이, 믿음도 심하면 병이 된다. 예를 들면 성령이 갑자기 자기에게 임하였다고 생각하는 사람도 있고, 자기가 예언자가 되었다고 믿는 사람도 있고, 또 어떤 사람은 남이 생각하지도 못하는 이상한 생각에 사로잡혀 있기도 하고, 또 어떤 사람은 앞으로 일어날 일을 예언하면서 돌아다니기도 한다. 또 어떤 사람은 이 세상이 끝나는 날을 정확하게 날짜와 시간까지 계산하여 예언하기도 한다.

이 모든 증상은 과도한 명상과 기도, 맹목적인 열성, 그리고 사후의 마지막 심판과 지옥에서의 영구한 형벌에 대한 관한 두려움의 결과 그 사람의 몸에 멜랑콜리가 갑자기 증가하였다는 사실을 말해주는 것이며, 쉽게 말해서 우울증에 걸린 것이다. 사랑의 우울증이 남자인 경우에는 여자, 여자인 경우에는 남자 때문에 생긴 것이라면, 이 종교적인 우울증은 그 대상이 신인 것이다. 사랑의 우울증이 여자(남자) 때문에 발생한 것이라면, 이 종교적 우울증은 신에 대한 지나친 기도와 금식이 그 주 원인이다. 지나치고 과도한 여자에 대한 사랑이 사람을 미치게 하듯이, 신에 대한 사랑도 위험한 것이다.

신은 분명 우리 인간의 사랑과 존경 그리고 숭배를 받고도 남을 그런 속성을 다분히 지니고 있다. 신의 매력은 아름다운 여자의 매력 따위와는 비교가 되지 않을 만큼 막강하다. 신은 영원하며, 전지전능하며, 영원불변이며, 지혜롭고, 장엄하며, 정의롭고, 자비롭다. 여기에 한 가지 더 첨가할 것이 있다. 신은 아름답기까지 하다. "나에게 아직도 소망이 한 가지 더 있다면 그것은 신의 아름다운 얼굴을 한 번 내 눈으로 보는 것입니다"라고 다윗은 간절히 기도하였으며, 그의 기도에 대한 응답으로 신이, 완벽한 아름다움이, 시온산 너머로 밝게 빛나면서 나타났다.

아우구스티누스는 다음과 같이 고백하였다. "나는 하늘에서 빛나는 아름다운 별들과 수많은 천사들의 아름다움을 바라볼 때마다 크게 놀라 두렵기조차 하다." 그 아름다움을 과연 누가 어찌 표현할 수 있단 말인가? 신의 창조물인 우리 인간의 아름다움은 또 어떠한가? 우리의 아름다운 몸, 아름답고 고운 얼굴, 반짝이는 눈, 코, 볼, 턱, 눈썹—이 모든 것의 신비로운 조화와 아름다움을 누가 과연 충분하게 묘사하고 재생할 수 있단 말인가? 거기에다가 눈에 보이지 않는 우리 인간의 영혼의 아름다움은? 이처럼 신의 창조물의 아름다움에 경외심을 느끼는 우리 인간이 과연 이 모든 아름다운 창조물을 창조한 창조주 자체의 아름다움 앞에서 할 수 있는 일, 생각할 수 있는 일, 느낄 수 있는 일, 가능한 일이 과연 무엇이겠는가? 우리의 정신과 혼을 몽땅 빼앗기는 수밖에는 별다른 도리가 없다.

하늘이 저토록 아름답고, 태양이 저토록 아름답다면, 과연 그것을 그처럼 아름답게 만들어놓은 신은 과연 얼마나 아름다울 것인가? 신의 아름다움과 위대함은 그가 만들어놓은 창조물들의 위대함과 아름다움을 보면 알 수 있다. 아름다운 사람을 바라볼 때 우리가 얻는 즐거움이나, 목사님의 좋은 설교문이 이처럼 우리를 사로잡는다는 사실을 감안해볼 때, 인간을 위시한 모든 창조물은 물론 천사들보다도 무한정 아름다운 신 자체의 아름다움은 어느 정도이겠는가? 신의 이 이해할 수도 없고, 설명할 수도 없고, 말로 표현할 수도 없고, 영원불변하고, 무한정한 아름다움에 비하면 우리가 알고 있거나 가지고 있는 모든 다른 아름다움은 한마디로 어둠이요, 깜깜한 밤에 지나지 않는다. 이 신의 아름다움은 그의 모든 창조물들을 자신에게로 끌어들이며, 자신을 찾고, 구하고, 사랑하고, 감탄하고, 두려워하고, 숭배하게 만든다. 이 세상에 사는 우리들로서는 이 신의 아름다움과 그가 사는 천국의 행복을 직접 보거나 경험할 수는 없고, 단지 그 행복과 아름다움의 그림자를 힐끔힐끔 훔쳐볼 수 있을 뿐이다. 그것으로 만족해야만 한다.

그런데 사람들 가운데는 신을 마치 이웃집에 살고 있는 아름다운 처녀를 사랑하듯 사랑하는 사람들이 있다. 이런 사랑은 어린아이가 다 큰 처녀에게 반하듯, 하인이 주인집 마님에게 연정을 품듯이, 또는 시골 처녀가 왕자를 사랑하게 되듯, 잘못된 사랑이며 필연적으로 심한 우울증을 유발하게 된다. 인간은 플라톤이 말한 바와 같이 스킬라[50]와도 같은 것으로서 그 본성은 알 길이 없다. 인간은 어떤 감정에 휩싸이면 급류에 떠내려가는 나뭇잎처럼 자신을 주체하지 못한다. 이 아름다운 세계와 그 속에 존재하는 아름답고 우리의 눈을 즐겁게 해주는 무한정 많은 창조물들은 그것으로 만족하고 있다.

절망에 관하여

우울증이 우리를 이끌어 최악의 궁지에 도달하는 곳에 기다리고 있는 것은 절망이다. 키케로의 말과 같이, "절망은 어떤 희망이나 기대가 없는 영혼에 생기는 하나의 질병이며 항상 두려움이 선행한다." 어떤 악이 감지될 때 우리는 우선 두려움을 느끼며, 그 악이 확실한 것으로 판명될 때 우리는 절망한다. 그런데 이 절망은 가끔 전쟁터와 같은 곳에서 상상할 수 없는 용기와 용감성을 발휘하는 원동력이 되는 경우도 있다. 절망은 가끔 그 가치를 발휘하여 아주 무기력한 개인이나 단체의 사람들을 한순간에 승리자나 정복자로 만들기도 한다. 상대를 죽이거나 아니면 자기가 죽음을 당하든가 하는 절박한 처지에 빠져 다른 선택이나 희망이 없는 경우,

---

50 스킬라(Scylla) : 그리스 신화에 나오는 바다 괴물. 상체는 처녀의 모습이지만 하체는 여섯 마리의 사나운 개가 세 겹의 이빨을 드러내고 굶주림에 짖어대는 모습이라고 함.

사람은 가끔 아무도 생각하지도 않았고 기대하지도 않은 용기를 발휘하여 자신을 구하는 경우가 자주 있다. 만오천의 로크리스 병사들이 십만의 크로톤 병사들과 대적하게 되었을 때, 자신들에게 열려 있는 길은 오직 하나, 즉 모두 죽는다는 사실뿐 다른 선택의 여지가 없다는 사실을 깨달은 로크리스 병사들은 이왕 죽을 바에는 최대한 상대방에게 피해를 주고 복수를 하자는 일념으로 맹렬한 공격을 감행한 결과 적군을 격파하고 승리를 거두었다. 이 승리의 원동력은 오직 절망이었다.

정복자 윌리엄 왕이 영국을 정복하기 위하여 프랑스에서 군대를 끌고 영국 땅에 상륙하자마자 한 일은 군대를 싣고 온 배들을 모두 프랑스로 돌려보낸 일이었다. 병사들로 하여금 후퇴란 희망을 아예 갖지 못하도록 하는 조치였다. 수많은 적에게 완전히 포위되어 살아날 가망성이라고는 전혀 없는 불과 몇 안 되는 병사들이 미친 듯이 싸워 적을 제압하고 승리를 거둔 이야기는 이루 다 열거할 수 없이 많다. 그래서 많은 경우에 희망을 잃어버려 절망의 상태에 도달한 적은 공격하지 않는 것이 현명한 일이다.

사람은 희망을 완전히 잃어 절망의 상태에 도달하면 두려움이 없어지고, 자포자기 상태가 되며, 대단히 위험한 상대로 변한다. 자기 목숨을 귀하게 여기지 않는 사람에게 다른 사람의 목숨이 귀할 이유가 없다. 자기 목숨의 주인이 아닌 사람은 오히려 다른 사람의 목숨의 주인이 된다. 파테르쿨루스[51]가 들려주는 이야기에 의하면, 토스카나 지방의 어느 예언자는 옴피미우스의 고발로 가장 친한 친구인 플라쿠스와 함께 억울하게 체포되어 감옥으로 끌려가면서 플라쿠스가 울음을 터뜨리는 것을 보고는 "너도 나처럼 해라"라는 말과 함께 감옥 문기둥에 머리를 부딪혀 죽어버렸

---

51 파테르쿨루스(Marcus Velleius Paterculus, BC 19~AD 30) : 로마의 역사가. 두 권으로 저술한 『로마사』의 저자.

다. 절망에서 나온 행동이었다.

이상과 같은 절망에서 나온 행동들은 이해는 할 수 있어도 결코 잘한 짓이라고는 할 수 없으며, 좋은 것이라고는 찬성할 수 없다. 절망이란 결국 희망에 반대되는 것으로, 알고 보면 가장 악성의 죄이며, 악마는 인간을 바로 이 절망이란 미끼를 가지고 사람을 지옥으로 유혹한다. 절망은 신을 포기하고, 자기 자신을 포기하고, 우리 주변의 이웃을 포기하고, 기타 할 수 있는 일을 포기하였을 때 생겨난다. 결국 우리가 지닌 모든 감정의 상냥한 조정자인 희망을 포기하는 것이 절망이다. 여기서 희망이란 아리스토텔레스가 말한 백일몽과 같은 막연하고 근거 없고 황당무계한 것이 아니고, 자신감에서 나오는 신령스러운 희망으로서, 정처 없이 떠다니려는 우리의 영혼을 한 곳에 붙잡아 매어주는 닻과도 같은 것이다. 우리의 일상적인 평범한 삶에서도 희망은 우리에게 생기와 활력을 주며 우리의 정신적인 삶에서 그것은 더한층 우리를 고무시킨다. 바울이 말한 바와 같이, "희망이란 것이 우리에게 없다면 우리는 가장 비참한 존재이며 우리의 가슴은 슬픔과 고통으로 터지고 말 것이다. 비록 우리가 다른 사람들 앞에서 벌을 받는다 하더라도 희망이 있는 한 우리는 영원히 죽지 않는다."

절망이란 것처럼 강렬하면서도 병적이며 경계해야만 하는 감정은 또 없다. 절망에는 일시적인 것과 최종적인 것이 있다. 후자는 치유 불가능하고 회복 불가능한 것으로서 신을 배반한 사람들에게 찾아오는 것이며, 전자는 잠시 신의 선물인 희망과 위안을 상실하였거나 스스로 거절한 사람들에게 찾아오는 것으로서 우리는 누구나 신앙심을 상실하였거나 신앙심이 약화되었을 때 일시적으로 이 절망에 빠지게 된다. 다윗 왕도 한때 고통과 절망에 빠져, "주여, 당신이 나를 저버렸나이다"라고 울면서 외쳤다. 그러나 그는 다시 신앙심을 회복하였으며 동시에 절망에서도 벗어났다. 이처럼 절망은 희망과 공포심과 함께 조수가 밀려들어오고 나가듯이 우리의 마음을 드나든다. 분명한 것은 이 절망이 어떤 이유로, 어떤 형태로, 우리를 엄습하건 간에 아주 고약한 죄라는 것이다. 물론 사람들 가운데는 자기가 동원할 수 있는 능력과 수단을 모두 사용하여 할 수 있는 일을 다 시도해보고 절망한 나머지 자신을 포기하고 신에게 전적으로 의존하는 경우도 있다. 그러나 내가 여기에서 말하고자 하는 절망이란 그런 것이 아니다.

내가 여기에서 말하는 절망이란 아우구스티누스가 정의한 바와 같이, "우리 영혼의 살인자"로서 정말 두려워할 만한 감정이며, 이 절망에 사로잡힌 사람은 죽음 외에는 다른 생각을 하지 못한다. 거기에는 어떤 치료법이나 약이 없다. 이 절망에 걸린 사람은 스스로 자기 목숨을 끊어버릴 각오 외에는 다른 생각을 할 수 없다. 이 절망에 빠진 사람은 자기에게 지워진 무겁고 힘든 짐의 무게에 너무나 민감하고, 억울하게 짊어진 십자가에 분통이 터진 나머지 오직 죽음을 택함으로써 고통과 재난으로부터 벗어나려고 한다. 그 결과 그는 자기를 얽어매고 있는 고통과 분노의 쇠사슬에 묶여 있기보다 차라리 스스로 목을 매거나 기타의 방법으로 죽음을 선택하게 된다.

문제는 그렇다고 해결된 것이 아니다. 여기서 일부분에 전염된 병은 영혼 전체로 옮겨진 셈이며, 영혼에 관련된 우리 몸 전체의 기능에 전이된 것이다. 악성 절망은 현재와 미래에 대한 즐거움과 희망, 신뢰, 자신감을 송두리째 제거하고는, 대신 그 자리에 두려움과 슬픔, 그리고 분노와 증오심 같은 것들로 가득 채운다. 절망하는 사람의 가슴은 아프고, 양심은 깊은 상처를 입게 되고, 우리의 마음은 그치지 않고 솟아오르는 공포의 연기로 어두워진다.

절망을 가져오는 여러 가지 원인들에 관하여

이 절망이라는 못된 장난을 침으로써 우리를 죽음으로 몰아가는 가장 크고 중요한 원인은 다른 것이 아니고 바로 악마라는 사실을 우리는 알아야만 한다. 신이 버리는 자들을 악마는 거두어들인다. 유다[52]나 사울과 같은 사람들의 경우 그랬듯이, 악마는 신을 포기한 자들을 양심이라는 벌레를 가지고 괴롭히고 고문한다. 시인들은 이것을 네메시스, 즉 '복수의 여신'이라고 부르지만 사실 이것은 신의 정당한 처벌이다. 신은 자기를 저버린 자들을 밤중에 도둑이 행인에게 다가가듯이 소리 내지 않고 공격한다.

이 양심의 가책으로 인해 다윗은 "주여, 그처럼 분노하여 나를 꾸짖지 말아주십시오. 불쾌하다고 나를 더 이상 벌주지 말아주십시오. 당신의 화살은 이미 나의 가슴에 박혀 있습니다. 당신의 분노에 의하여 나의 살과 몸 어느 한 곳도 온전한 곳은 없습니다"라고 울면서 외쳤다. 그는 계속하여 외쳤다 : "신이여, 나의 신이여, 당신은 어찌하여 나를 버렸나이까? 당신은 어찌하여 나의 건강으로부터 그처럼 멀리 있고, 나의 이 울음소리로부터 그처럼 멀리 있나이까? 나의 신세는 이제 버려진 물이요, 나의 몸속의 뼈들은 제 기능을 상실하여 제멋대로이며, 밀랍처럼 굳어버린 나의 가슴은 창자 속에서 모두 녹아 없어졌습니다. 나는 지금 죽음의 문턱에 서 있는 불쌍한 사람입니다. 젊은 시절부터 나는 당신에 대한 두려움과 의심으로 고통받아왔으며, 당신의 분노는 나를 엄습하였으며, 당신에 대한 두려움은 나와 당신의 사이를 갈라놓았습니다." 구약성서에 나오는 욥도 자주 이런 종류의 불평과 불만을 하였다.

신이 도와주지 않는 사람은 악마가 시험하고, 고문하고, 궁극적으로 잡

---

52 유다(Judas Iscariot) : 예수의 12명 제자 가운데 한 사람. 예수를 배반하고 후에 자살함.

아 먹을 준비가 되어 있다. "사람들이 아직도 명랑하고 사기가 충천할 때는 악마는 이들을 허랑방탕한 생활로 유혹하며, 이들이 이미 슬픔과 절망의 늪에 빠져 있을 때는 죽음으로 유혹한다"고 그레고리우스 1세[53]는 말하고 있다. 이처럼 악마는 신의 저버림을 당한 사람들을 어떤 때는 좋은 방법으로, 어떤 때는 아주 흉악한 방법으로 자기 마음대로 이용한다. 악마가 우리의 마음을 이런 잘못되고 절박한 상태로 만드는 데 사용하는 직접적인 수단은 우리 몸속에 소위 '악마의 목욕탕'이라고 불리는 우울증을 유발하는 체액, 즉 멜랑콜리다. 다시 말해서 악마는 바로 이 멜랑콜리를 통하여 우리 몸속에 침투하여 우리를 사로잡는 것이다. 검은색으로 변한 담즙, 즉 멜랑콜리는 신의 버림을 받은 사람을 유혹하는 미끼이며, 우리의 발을 구두 속으로 쉽게 미끄러져 들어오도록 만드는 구둣주걱과도 같은 것이다. 특히 글을 쓰는 문인들은 대부분이 그들의 잘못 타고난 기질상 항상 남을 믿지 못하고, 의심하고, 두려워하기 잘하고, 슬퍼하기 잘하고, 실수하고 실패하기 잘하며, 엉뚱하게 상상하고 잘못 이해하고, 부풀리고 확대하는 버릇이 있기 때문에, 자고로 시인들에게 이 멜랑콜리는 절망을 가져오는 가장 흔한 원인과 증상이었다. 과도하게 민감한 양심이란 하나의 타고난 결점으로서 우울증의 체질에서 생겨난다.

그러나 실제에서 사정은 그렇게 간단하지 않다. 많은 경우에 우울증적인 공포심과 절망감은 아무런 원인이 없는데도 발생한다. 어제까지 과도하다 싶을 정도로 열렬히 신을 믿던 종교적인 사람은 어느 날 갑자기 공연히 자기가 신의 버림을 받았다고 생각하고는 슬퍼하고 외로워하며 극도

---

53 그레고리우스 1세(Gregorius I, 540~604) : 로마 귀족의 가정에 태어나 교황이 됨. 교황으로서 수도원의 기풍을 개혁하였고, 신부들의 독신 생활을 강조함. 기독교를 전파하는 데 크게 공헌함. 성자 아우구스티누스를 영국에 선교사로 파견함. 교황제도 확립. 많은 종교적 작품을 남김. 성자로 추앙됨.

의 원망 속에 빠져 몸부림친다. 신의 심판과 지옥의 불에 대한 공포심에서 생겨난 우울증은 사람을 극도의 절망 속으로 몰아넣는 경우가 자주 있다. 반면에 공연한 공포심과 슬픔이 지나쳤을 때 그것은 대개가 우울증으로 끝난다. 참을 수 없는 고통과 고민, 오래 계속되는 병, 자유를 구속당한 오랜 감금 생활, 가난, 재산의 상실, 친구의 갑작스러운 죽음, 기타 여러 가지 사소한 손해와 슬픔 등은 우울증을 가져오며, 때로는 아주 끔찍한 결과를 초래하기도 한다. 이들이 어떤 방법으로라도 조속히 그 우울증에서 벗어나지 못하였을 때 그들은 "과연 신은 존재하는가?"라는 근본적인 회의에 빠지며, 신을 욕하고 저주하게 된다. 이들은 자기들처럼 선량한 사람이 이처럼 이유 없이 고통과 핍박을 받는 반면, 사악한 사람들은 오히려 번영하고 부귀를 누린다는 사실에 흥분하며, 자기들은 마땅히 받고 누려야만 하는 것을 박탈당하고 있다고 이를 간다.

겔리우스[54]가 기록한 바에 의하면, 나의 존경하는 스승 데모크리토스는 악인들이 번성하고 번영하는 꼴을 도저히 볼 수 없었기 때문에 자기 눈을 스스로 파버려 장님이 되었으며, 그는 그 순간 이미 이 세상을 스스로 하직할 준비가 되어 있었다고 한다. 의사 플라터[55]도 우울증이 악화된 또 하나의 경우를 다음과 같이 소개하고 있다. 바실 지방에 살았던 한 화가의 아내는 아들이 병으로 죽은 뒤 우울증의 증세를 보이기 시작하였다. 그런데 이 우울증이 악화되었다. 부인은 갑자기 자기가 저지른 죄를 신이 용서하지 않는다고 생각하기 시작하였으며, 그 후 넉 달 동안이나 밥도 먹지

---

54 겔리우스(Aulus Gellius, AD 2세기경) : 로마의 문인. 그가 남긴 『아티카 기록(*Noctes Atticae*)』에는 고대 언어, 문학, 관습, 풍속, 법률, 철학, 그리고 자연과학 등에 관한 잡다한 지식과 귀중한 정보가 들어 있음.
55 플라터(Felix Platter, 1536~1614) : 스위스의 의사. 정신병 분류로 잘 알려져 있으며 두 개내 종양을 최초로 기술한 사람.

않고, 잠도 자지 않으면서, 자기는 이미 신의 심판을 받아 지옥의 불 속에 떨어졌다고 울고불고하면서 죽을 때까지 마을을 쏘다녔다.

이처럼 우리 체내에 존재하는 우울증을 유발하는 체액이 어떤 이유로 한번 뒤흔들리면 별것 아닌 사소한 일도 이 우울증을 악화시키고 또 촉진시킨다. 플라터는 위의 화가 부인 이야기 외에 어느 상인의 이야기도 들려주고 있다. 이 상인은 얼마 되지 않는 분량의 밀을 값이 비쌀 때 팔려고 오랫동안 보관하다가, 그 밀이 모두 자루 속에서 썩어버렸다는 사실에 양심의 가책을 느끼게 되었다. 그는 상인이었을 뿐만 아니고 훌륭한 학자였으며, 동시에 신을 믿고 그의 뜻에 따라 생활하는 사람이었다. 그는 자기가 그 밀을 미리 팔아버리거나 가난한 사람에게 나누어주지 못한 것을 크게 가슴 아파했다. 그 정도가 심해서 그는 이 일로 자기는 이미 신에게 버림받았다고 생각했으며, 주변의 다른 사람들이 그렇게까지 생각할 필요는 없다고 충고하였으나 그는 막무가내로 자신의 소신을 굽히지 않았다. 결국 그는 자살하였다. 이 상인은 평소 다른 일에는 아주 신중하고 사려가 깊은 사람이었다.

사람이 홀로 있거나, 금식을 너무 오래하거나, 신에 대한 명상에 너무 오래 잠기거나, 신의 심판에 대해 너무 깊이 생각하거나, 하는 것 등이 바로 이 우울증의 원인이 된다고 나바루스는 주장하고 있다. 이런 이유로 마음이 흔들린 사람과 더불어 오랜 시간 이야기를 나누는 것 자체도 어떤 사람에게는 우울증에 전염될 충분한 이유가 될 수 있다. 포레스투스도 사람이 너무 홀로 있는 것을 좋아하고, 미신에 쉽게 현혹되며, 세상만사에 너무 정확하고, 너무 신앙심이 돈독한 사람이 오래 금식을 하고, 천상의 일에 대하여 너무 심각하게 명상하다 보면 자기도 모르게 이 우울증에 빠진다고 경고하고 있다.

상인이나 군인, 또는 여관집 주인, 포주, 잔칫집 주인, 또는 고리대금업자와 같은 사람들은 비록 어떤 일로 마음이 흔들리고 양심의 가책을 받는다 하더라도 그들의 양심이란 것이 고무줄처럼 탄력성이 있어 늘어났다 줄어들었다 하기 때문에 오래 괴로움이나 가책을 느끼지 않으며, 동시에 우울증에 빠질 가능성은 아주 적다. 이런 증상은 혈기 넘치고 활동적인 젊은이나 중년 이전의 사람에게보다는 소심하고 신앙심이 깊은 노인들에게 더 심하다.

신을 믿는 목사라고 해서 이 고약한 우울증에서 완전히 자유로운 것은 아니다. 포레스투스는 증상이 아주 악성인 어느 신앙심 깊은 목사의 경우를 우리에게 제시하고 있다. 이 목사는 40일간 계속되는 사순절 기간 동안 하루도 빼놓지 않고 금식과 과도한 기도와 명상을 한 결과 마침내 우울증에 걸렸으며 시간이 좀 경과되자 아주 증상이 심해졌다. 그는 자기 방에 악마가 앉아 있는 것을 보았다고 생각하였으며, 자기는 이제 신에게 버려지고 저주받고 있으며 자기에게서 구원은 사라졌다고 믿게 되었다. 그는 다른 냄새는 하나도 맡을 수 없고 오직 지옥의 유황불 냄새만 맡을 수 있다고 말하면서 다른 사람에게 그 냄새가 나지 않느냐고 물었다. 그는 이미 자기는 지옥에 와 있다고 굳게 믿고 있었다. 내가 그에게 당신은 우울증에 걸렸다고 말해주었더니 그는 오히려 나를 조롱하듯 경멸하듯 비웃으면서 자기는 분명 악마들을 보았으며, 악마들과 진지하게 토론도 벌였다고 대답하였다. 그는 나의 얼굴에 침을 뱉기도 하였으며, 나에게 계속 유황불 냄새가 나지 않느냐고 물었다. 그래도 이 목사의 우울증은 나중에 치료를 받아 없어졌고 목사는 온전한 건강을 회복하였다는 것이 불행 중 다행한 일이다. 플라터가 들려준 이야기의 주인공은 위에 언급된 목사의 경우만큼 해피엔딩이 아니다. 여기에 소개되는 불쌍한 친구는 큰 죄를 짓고는 14일간 고기를 입에 대지 않았다. 결국 그는 정신이 이상해졌으며 주위에 있는 많은 성직자들의 기도와 노력에도 불구하고 죽어버렸다.

이처럼 신의 심판에 대한 계속된 명상은 우울증의 원인이 된다. 많은 사람들이 사후 신의 마지막 심판에 대한 공포심 때문에 절망에 빠진다. 다윗도 자주 신의 심판에 대한 생각으로 고통받고 있음을 다음과 같이 토로하였다. "나의 육신은 당신이 두려워 떨고 있습니다. 나는 당신의 심판이 두렵습니다." 성자 히에로니무스도 비슷한 말을 하였다. "나는 마지막 심판을 생각할 때마다 두려움에 떱니다. 지옥의 불과 영원히 계속된다는 지옥의 형벌에 대한 명상은 이 죄 많고 어리석은 영혼을 고문합니다. 슬픔과 울음소리로 가득 차고, 영원히 계속되는 고통 속에서, 죽지도 못하는 죽음, 끝도 없는 끝의 지옥에서 천 년도 아니고 영원이라니! 손가락 하나 불에 데어도 견딜 수 없이 아프고 쑤시는데, 한 시간, 아니, 하룻밤을 견디기도 어려운데, 이루 말로 표현할 수 없는 정도의 열기를 가졌다는 불길 속에서 천 년도 아니고, 만 년도 아니고, 영원토록 살아야만 한다니!"

그렇다고 해서 너무 두려워하거나 걱정할 필요는 없다. 실제에서 두려워하고 경계해야만 할 것은 이런 두려움만을 우리에게 심어주는 성직자들의 언동이다. 교회의 설교단 위에서 지옥의 불길만을 목청껏 높이어 천둥 치듯 얼러대는 성직자들로부터 대부분의 해와 악이 시작되고 있으며, 이들이 바로 이 우울증을 퍼트리는 장본인들인 것이다. 에라스무스의 말처럼, "죄를 짓지 말라고 겁을 주는 이런 무책임하고 무식한 교회의 성직자들이 일반 사람들에게 끼치는 해악은 죄를 지어도 무방하다고 유혹하는 방탕한 사람들만큼이나 크다." 후자가 우리들로 하여금 육체적 안심 속에 빠져 잠들도록 유혹한다면, 전자는 우리를 절망으로 이끈다. 베르나르두스가 알맞게 충고하듯이, "신의 심판을 논할 때는 신의 자비로움도 함께 논해야만 한다." 대부분의 성직자들은 신의 심판에 관해 말할 때 신의 자비로움과 사랑, 죄인의 구원, 병들어 아파하는 영혼에 대한 위로에 대해서는 말하지 않고, 지옥에 떨어지는 심판, 그곳에서의 영원한 형벌,

지옥의 유황불 등, 도저히 견딜 수 없는 무거운 짐들에 관해서만 언급한다. 또 이들은 다른 사람에게는 금식하라, 자선을 베풀라, 회개하라, 십자가에 매달리는 고통을 감수하라, 빵과 물만 먹어라 등등을 가르치면서, 자기들 스스로는 이 세상에서 마련할 수 있는 온갖 진미의 음식이란 음식은 모두 먹으며, 두 팔에 고급 창녀들을 껴안고 부드러운 침대 위에서 잠을 잔다.

이 소위 종교적 우울증을 일으키는 가장 큰 원인은 한마디로 양심의 가책이다. 즉 과거에 저지른 잘못된 행동에 대한 죄의식과 그것에 따른 당연한 신의 분노와 처벌에 대한 두려움이 그 원인이다. 그렇기 때문에 피에리우스가 비교하여 말한 바와 같이, "깨끗한 마음, 즉 좋은 양심은 연일 계속되는 잔치와도 같은 것이다. 반면에 병든 양심은 하나의 커다란 빵 굽는 철판 위에 맨발로 서 있는 것과도 같은 고문이다. 생지옥이다." 우리의 양심이란 것은 자기가 저지르는 죄를 기록한 장부와 같은 것이다. 고대 이집트 사람들은 양심을 상형문자로 쉬지 않고 돌아가는 물레방아로 표현하였다. 이 장부를 들여다볼 때마다 그 사람의 영혼은 과거에 저지른 죄를 상기하고 괴로워하게 되며, 우리 자신을 돌아보게 만들고, 스스로를 원망하고 저주하게 된다.

그러나 뭐니 뭐니 해도 우리를 가장 괴롭히는 것은 양심이다. 특히 의사 포레스투스가 지적한 바와 같이, "지나치게 과민한 양심은 마치 위궤양처럼 우리의 몸을 고문한다. 이 양심은 자기의 방탕한 생활을 반성하게 만드는 데 그치지 않고 그 사람으로 하여금 자신의 쓸모 없음을 깊이 인식시켜 인간으로서의 존재 이유를 상실하게 만들기까지 한다." 양심이란 대단히 끈질긴 죄악의 추적자이며, 동시에 장소와 시간을 가리지 않고 언제 어느 때고 죄악이 행해지는 곳에 참여하는 목격자이기도 하다. 양심은 우리로 하여금 죄를 지으면서도 얼마 동안은 즐거운 시간을 갖도록 허용하며,

행복한 모험도 하도록 허용하며, 희희낙락하면서 지나도록 내버려두기도 하며, 한없이 오만방자하도록 만든다. 그러나 결국 어느 날 이 양심은 우리를 체포한다. 우리는 어찌어찌하여 일순간 이 체포를 회피할 수도 있고, 부패하고 부정한 판사에게 뇌물을 주어 매수할 수도 있고, 법의 심판을 피하면서 얼마간 흥청대며 양심의 가책 없이 편안한 마음으로 살 수 있다. 크리소스토무스의 말과 같이, "부정한 방법으로 돈을 번 사람이 돈 이야기를 하면서 양심의 가책을 받는 경우를 본 적이 없고, 간통을 저지르는 사람이 아내 외의 여자를 품에 안고 있으면서 양심의 가책을 느끼는 경우를 본 적도 없다. 그런 사람은 즐거움에 취하여 아무것도 다른 것은 느끼지 못한다."

　그러나 "돌아온 탕자" 이야기에 나오는 아들도 한때는 맛좋은 음식을 마음껏 먹었고, 달콤한 노래와 춤을 즐겼으며, 수많은 친구들과 어울렸으며, 매일같이 흥겨운 잔치를 벌였지만, 어느 날 잔치는 모두 끝나버리고 그동안 저지른 죄악의 계산서만이 쓰디쓴 익모초의 맛으로 남게 되었다. 그동안 그의 옆에 끈질기게 붙어서 그가 저지르는 죄악은 아주 가벼운 죄로서, 죄라고 말할 가치나 필요도 없다고 항상 용기를 북돋아주던 악마의 모습은 온데간데없고, 대신 그의 양심이 찾아와 그를 온통 고문하기 시작한다. 양심은 그에게 그가 저지른 죄는 작은 것이 아니고 카인과 유다가 저지른 죄처럼 무겁고 용서받을 수 없는 죄라고 말해줌으로써 그를 절망에 빠지게 만든다. 지금까지 아무런 생각 없이 저지른 하찮은 일들로서 스스로 무시하고 경멸했던 일들도 이제는 크게 확대되어 그의 앞에 나타나고, 그동안 보이지 않았던 목격자들도 수없이 나타나 그의 죄를 증언한다.

　일반 사람들뿐만 아니라 이 세상에 유례 없는 군주, 독재자, 폭군들도 이 양심의 가책을 받고 그 속에서 헤어나지 못하는 고통을 받으며, 나중에는 절망에 이른다는 사실에서는 예외가 아니다. 이들 대부분은 삶을 비극적인 죽음으로 마감한다. 하드리아누스, 갈바,[56] 네로, 오토,[57] 비텔리우스,[58] 카라칼라 등의 로마 황제들은 모두가 자기들이 저지른 살인, 강간, 약탈, 학살 등의 행위 때문에 양심의 가책을 받고 고통과 두려움 속에서 떨어야만 했으며, 나중에는 자신들의 삶에 지치고 괴로운 나머지 자신들을 죽여줄 사람을 구하였지만 구할 수가 없었다. 스코틀랜드의 왕 케네투스는 컴벌랜드의 왕자이며 자기의 조카인 맬컴 왕자를 자객을 시켜 살해한 후에는 자못 슬퍼하는 거짓 눈물을 흘리면서 얼마 동안 자신의 흉악한 행동을 위장하였다. 그러나 곧 양심이 그를 체포하여 고발하였기 때문에 그의 영혼은 밤이나 낮이나 한시도 편하게 쉴 수가 없었으며, 죽는 날까지 끔찍한 악몽과 죽은 조카의 유령에 의해 고통과 두려움 속에서 살아야만 하였다.

절망의 여러 가지 증상들

이 세상에 약이 없는 병은 없다. 상처가 나서 곪기 시작한 데는 고약이 있고, 가난에는 돈 많은 친구가 있다. 감옥에 투옥된 사람에게는 언젠가

---

56 갈바(Servius Sulpicius Galba, BC 5?~BC 69) : 로마의 황제(재위 BC 68~BC 69). 귀족 가문에 태어나 집정관, 치안관을 역임하였으며, 독일, 아프리카, 스페인 등지에서 총독을 역임함. 네로의 폭정에 대항하여 반란군에 가담함. 네로의 사망 후 근위대의 추대로 황제가 됨. 1년 후 오토에 의하여 황제의 자리에서 축출됨.
57 오토(Marcus Salvius Otho, 32~69) : 로마의 황제. 네로 황제 밑에서 루시타니아 지방 총독 역임. 처음에는 갈바 장군을 도와 그를 황제의 자리에 앉혔으나, 곧 음모에 의하여 갈바를 몰아내고 황제가 되어 3개월 동안 군림함. 비텔리우스의 군사들에게 전투에서 패배, 자살함.
58 비텔리우스(Aulus Vitellius, 15~69) : 로마의 황제. 안토니우스 프리무스에게 전투에서 패배, 살해당함.

풀려나 자유로운 몸이 된다는 희망이 약이다. 국외 추방의 형벌도 재판의 결과나 높은 지위에 있는 사람의 호의가 있을 때는 취소될 수 있다. 불명예와 견디기 어려운 치욕도 시간이 지나면 그 강도가 사라진다. 그러나 어떤 의사도, 의술도, 약도, 외과수술도, 돈도, 호의도, 높은 권위나 지위도 이 가책 받는 양심의 아픔을 치료할 수도 없고, 경감시킬 수도 없고, 추방할 수도 없고, 견디어내게 만들 수도 없다. 오직 조용하고 평온한 상태의 마음만이 이 병을 치료할 수 있겠는데, 바로 그런 상태에 도달할 수 없게 만드는 것이 양심의 가책이다. 그 누가 무슨 방법으로 양심의 목소리를 죽여 조용히 있도록 만들 수 있단 말인가? 이 두렵고, 무섭고, 징그럽고, 잔인하고, 야만적인 이 양심의 가책이야말로 우울증 가운데서도 가장 중증에 속하는 우울증이다. 이것은 영혼의 열병, 광증, 슬픔, 절망, 공포, 고통, 근심, 걱정, 불안, 초조, 정신혼동 등의 증상들이 동시에 발생하는 합병증으로서, 이것에 포로가 된 사람은 먹지도 못하고, 마시지도 못하고, 잠도 자지 못하고, 쉴 수도 없다.

무엇보다도 특히 잠을 이룰 수 없다는 것이 이 종교적 우울증이 가져오는 고통 가운데서 두드러진 것이다. 우선 편안하고 조용한 잠을 잘 수가 없다. 잠이 들기만 하면 무섭고 두려운 악몽에 시달리게 된다. 베드로는 쇠사슬에 묶인 채로도 잠을 잘 잤다. 그는 신이 자기를 보호해줄 것이라는 것을 믿고 있었기 때문이었다. 키케로는 아버지를 죽였다는 의심을 받고 있는 친구 아메리누스의 무죄를 그가 편안하게 잠을 잔다는 사실을 근거로 변호하였다. 초기 기독교의 수많은 순교자들은 말할 수 없는 핍박 속에서도 항상 명랑하였고 무엇보다 잠을 잘 잤다. 반면에 이 양심의 병을 얻은 사람들은 아무리 좋고 부드럽고 따뜻한 침대 위에서도 험한 파도 위에 흔들리는 고깃배 위에 있는 사람처럼 어떤 휴식을 취할 수 없고, 어떤 좋고 유쾌한 것을 생각할 수도 없다. 항상 어떤 공포와 조바심 속에서 살아야만 하며, 심한 경우 주위의 모든 사람이 자기를 죽이려고 한다는 망상에 사로잡히기도 한다.

절망이 가져오는 것

어떤 사람에게 신을 믿고, 신에 의지하고, 기도하고, 참고 인내하라는 충고는 통하지 않고, 오히려 이들은 신을 원망하고, 심지어 신을 모독하는 발언도 서슴없이 하게 된다. 마르세누스는 심리적으로 절망 상태에 처한 친구에게 신의 구원을 말하였을 때 그 친구가 한 불경스러운 질문을 다음과 같이 기록하였다. "내가 섬겨야만 한다는 그 신은 도대체 누구인가? 내가 그에게 기도를 하면 나를 도와줄 것인가? 어떻게? 신이 존재한다면 어째서 나를 도와주지 않는 것인가? 어째서 나를 이 감옥에서, 이 고통에서 구해주지 않고 있는가? 이미 나는 충분히 참회했고, 또 기도했는데? 내가 무슨 잘못을, 그렇게 큰 잘못을 저질렀단 말인가? 그런 신이라면 나에게서 멀리 있으면 멀리 있을수록 더 좋다." 마르세누스는 이 이야기 외에 사랑하는 아내를 병으로 잃고 슬픔에 빠진 나머지 울고불고 거의 미친 듯이 날뛰면서 신을 원망하고 저주하는 말을 하늘에 대고 마구 해대는 친구의 경우도 소개하였다.

이런 사람들은 대부분이 헛것을 보고 듣고, 헛소리를 하며, 악마들과 만난다고 생각하고 있으며, 자신들은 고문을 받고 있으며, 귀신이 몸속에 들어와 있으며, 신의 버림과 저주를 받아 이미 지옥에 와 있으며, 신의 자비심이나 은총 그리고 구원의 희망 같은 것에 대한 생각이나 감정은 상실한 지 이미 오래되었고, 신의 심판의 결정은 이미 내려져 돌이킬 수 없으며, 이제 자기는 악마의 밥이 되는 순서만이 기다리고 있다고 굳게 믿는다. 살아 있는 사람으로서 이런 종류의 고문이나 고통을 겪는 사람은 없으며, 이처럼 불안한 마음의 상태를 경험한 사람도 없으며, 이처럼 불쌍한 사람도, 이처럼 희망을 잃은 사람도 없다. 이들이 바라는 것은 어떤 구원이나 치료가 아니고 삶이 빨리 끝나주는 것뿐이다.

이런 사람들은 스스로 목숨을 끊거나, 미쳐버리거나, 신을 욕하고 저주하거나, 신을 거부하거나, 다른 사람에게 폭력을 행사하게 된다. 구약성서 「잠언」에 있듯이, "누가 상처받은 영혼의 아픔을 참고 견딜 수 있겠는가?" 카인, 유다, 사울, 아히도벨[59] 등 모두 하나같이 신을 모독하는 말을 하고는 죽었다. 예수를 처형한 빌라도[60]는 예수가 죽은 뒤 8년 후 정신이상이 되어 죽었다. 플라터는 이런 예들을 여럿 수집하여 기록하였다. 그의 기록에 의하면 어느 상인의 아내는 오랫동안 이 종교적 우울증에 시달려왔는데 어느 날 밤 침대에서 일어나 창문을 열고 뛰어내려 목이 부러져 죽었다. 어떤 사람은 같은 증상으로 라인강에 투신자살하였다. 어떤 사람은 칼로 자기 목을 찔렀고, 또 어떤 사람은 목을 매 죽었다. 이런 예들은 일일이 열거할 필요도 없이 흔하다.

이처럼 극도로 흥분하거나 격앙된 정신상태에서 스스로 목숨을 끊었을 경우 그 영혼이 과연 구원을 받을 수 있는가 또는 없는가에 대한 논쟁이 있을 수 있다. 사람이 순전히 자기만의 고집으로 신의 자비를 기원할 사이도 없이 갑자기 죽었을 경우는 구원을 기대하기는 불가능하다고 본다. 그 사람은 회개하지 않은 상태로 죽었기 때문이다. 비록 스스로 목숨을 끊었

---

59 아히도벨(Ahithophel) : 구약성서 「사무엘 하」에 나오는 인물. 다윗 왕의 보좌관. 다윗의 셋째 아들 압살롬을 사주하여 다윗 왕에 대하여 반란을 일으키도록 하였으나 실패, 자살함.

60 빌라도(Pontius Pilate, AD 1세기 중반) : 티베리우스 황제에 의하여 유대의 총독에 임명됨. 총독 재임시 예수를 재판하여 십자가에 처형함.

다 하더라도 그 사람이 자살을 감행하기 전에 좀 꾸물거려 마음속으로나마 신의 자비를 기원하는 시간을 가졌다면 신은 가능한 한 최대의 자비를 베풀 것이라는 것이 일반적인 의견이다. 목을 매거나 물에 투신하여 자살을 시도한 사람들 가운데는 비록 짧은 시간이나마 크게 참회하고, 자신이 저지른 과거의 악행을 크게 증오하고 반성하며, 그 순간 자신의 잘못을 크게 뉘우치고, 마음속으로 신의 자비를 바라는 마음으로 크게 외쳤기 때문에 구원을 받아 다시 살아난 사람들도 많이 있다. 어느 사람이 미치거나 심한 우울증에 걸린 나머지 스스로 목숨을 끊었다거나, 이 사람이 과거에 이미 자신의 갱생을 증언하였다거나, 그가 이런 극단의 행동을 하게 된 것은 자신의 의지에서 나온 것이 아니고 순전히 병으로 인한 것이라는 사실이 판명된 경우에는 이 세상의 바보들과 미친 사람들은 모두 천국으로 직행한다고 생각하는 터키 사람들처럼 우리도 이런 경우 가능하면 최대한의 관용을 베풀어야만 할 것이다.

절망의 치료법

이 세상의 많은 사람들이 우울증이란 고약한 병에 걸려 모질게 스스로 목숨을 끊기도 하지만, 또 한편으로는 이 가운데 적지 않은 사람들이 스스로 이 악마의 유혹을 견디어 이겨내기도 하고, 도움을 청하고, 위안을 발견하여 지옥의 아가리에서 벗어나기도 하고, 스스로 몸을 던진 악마의 손아귀에서 탈출하기도 한다. 여기에는 좋은 충고와 상담, 그리고 좋은 의사와 약도 큰 역할을 한다. "비록 신이 나를 죽이지만, 나는 그를 믿겠다"고 말한 욥이 바로 그런 사람들 가운데 대표적인 예다. 플라터는 순전히 약만 써서 많은 환자들을 치료하는 데 성공하였다. 그러나 분명한 사실은 이 지독한 마음의 병을 고침에서는 어떤 방법 한 가지만으로는 불가능하고 종합적이어야만 한다는 점이다. 약으로만은 안 된다. 좋은 충고만으로도 부족하다. 좋은 약과 좋은 충고, 이 두 가지가 손에 손을 잡고 동시에 나가야만 한다. 왜냐하면 약이란 것은 다른 종류의 우울증에서도 그런 것처럼 식사 방법, 적당한 운동, 그리고 전지요양 등과 같은 것도 수반해야만 효과가 있기 때문이다. 그리고 무엇보다도 이런 사람은 혼자 있으면 안 되고, 또 친구 하나 없이 혼자 있도록 내버려두어서는 안 된다. 한가하게 할 일 없이 있어서도 안 된다. 좋은 충고와 위로의 말은 그 사람의 마음 상태와 그 우울증의 원인이 무엇인가에 따라 알맞게 사용해야만 한다.

자살에 이르는 정도의 최악의 우울증은 환자로 하여금 자신이 저지른 죄가 너무 흉악하고, 그 죄의 무게가 너무 무겁고, 이에 대한 신의 분노와 진노함이 너무나 커서 자기는 이제 이미 신의 버림을 받아 지옥에 떨어진 몸이며, 신조차도 자기에게 은총과 자비심을 베풀 능력이 없어졌다는 절망에 빠지게 된다. 자기는 이제 죄의 노예로서 용서 같은 것은 이미 물 건너간 것이라고 절망한다. 그러나 신의 눈에는 용서를 받지 못할 정도로 흉악한 죄라는 것은 없으며, 그 죄가 제아무리 크다 하더라도 신의 자비심으로 용서받을 수 없는 정도로 큰 죄는 없다는 간단한 사실을 이 사람은 깨달아야만 한다. "죄가 있는 곳에 신의 은총은 더 많이 있다"고 「로마서」에 기록되어 있으며, 바울이 양심의 가책에 절망하였을 때 신이 말씀하신 바와 같이, "너에게 줄 나의 은총은 충분하고도 남는다. 나의 권능은 너의 약점으로 보완되어 완전해지니라." 이런 신의 은총은 누구에게나 적용된다.

이처럼 진정으로 자기의 죄를 회개하고, 자기가 저지른 끔찍한 잘못을 진정으로 슬퍼하며, 신의 은총을 바라고, 신과 화해를 바라는 간절한 소망을 가진 사람들에게 신은 그 누구를 가리지 않고 약속을 하셨다. "나는 올바른 사람들을 부르러 이 세상에 온 것이 아니고, 죄인들을 회개시키기 위하여 왔노라." "무거운 짐을 진 사람들아 모두 내게 오라. 내가 짐을 덜어주리라." "언제 어느 때고 죄인이 진정으로 가슴 깊이 자기가 저지른 죄를 뉘우치면, 나는 나의 기억에서 그가 저지른 악행을 모두 지워버리겠노라." "나도, 신인 나조차도, 나 스스로를 위하여 그대의 죄악을 묻어버렸노라. 이제 나는 그대의 죄악을 기억하지 못하노라." 돌아온 탕자가 집에 돌아와 눈물을 흘리면서 지난날의 잘못을 뉘우쳤을 때, 그의 아버지는 아들을 사랑으로 맞아들였고 살찐 양을 잡아 아들에게 먹였듯이, 신도 자기를 두려워하는 사람에게는 언제나 동정심을 갖는다.

신의 자비심은 병든 영혼을 치유하는 만병통치약이요, 동시에 향내 나는 고약이다. 모든 죄를 씻어버리는 최상의 약이며, 동시에 해독제이기도 하다. 악마를 몰아내는 부적이다. 신의 자비심은 이미 큰 죄를 짓고 크게 회개한 다윗이나 베드로와 같은 위대한 사람들에게 막강한 위력을 발휘한 것처럼, 당신이 누구이든지 당신 같은 평범한 사람도 눈물로 회개하고 신의 용서를 기원하기만 하면 용서를 받고 구원을 얻을 수 있다. 아우구스티누스의 말처럼, 신이 우리를 도와줄 의사가 없다면 구태여 그가 우리로 하여금 "우리를 악에서 구하여 주시옵소서"라고 기도하도록 명령할 이유가 어디에 있겠는가? 그렇기 때문에 신이 자신이 지은 죄를 사하여준다는 사실을 의심한다거나, 신의 자비심을 부정한다거나 하는 사람은 신에게 상처를 주는 사람이라고 아우구스티누스는 말한다.

신의 무한한 자비심이 바다라면 당신이 지은 죄는 물방울 하나에 불과한 것이다. 그러니 당신이 지은 죄가 그 양에서나 질에서 크고 악하다 하더라도 두려워하지 말아라. "내가 이런 말을 하는 것은 너희들에게 나쁜 짓을 해도 된다거나, 태만한 마음을 가져도 된다는 것을 가르치기 위함이 아니다. 희망을 잃지 않도록 가르치기 위함이다"라는 크리소스토무스의 말은 기억할 만하다. "신은 악마가 우리에게 해를 끼칠 수 있는 것보다 훨씬 더 많이 그리고 더 잘 우리를 도와줄 수 있다. 예수는 악마가 우리를 파멸로 이끌 수 있는 것보다 훨씬 더 잘 우리를 구원할 수 있다"고 베르나르두스는 말하였다. 그는 계속하여 말하기를, "신이 유능한 의사라면 그는 모든 병을 고칠 수 있을 것이다. 그리고 신이 자비롭다면 그는 모든 병을 고쳐주려 하실 것이다."

회개는 죄라는 이름의 모든 질병을 고쳐주는 약 중의 약이며, 우리를 하늘 높이 날 수 있게 만들어주는 정신의 날개이며, 우리의 불행을 없애주는 주문이며, 죄의 독을 제거하기 위한 해독제이며, 신의 은총과 자비를 우리에게 끌어오는 자석이다. 죄가 만든 상처는 회개함으로써 치유된다. 그 죄가 실수로 생겨났든, 게으름에서 왔든, 고집에서 발생하였든, 모르는 데서 연유하였든, 이 죄인의 고통을 덜어주고 궁극적으로 죄를 치유하는 유일한 수단은 죄인이 회개하는 방법뿐이다. 회개함으로써 죄인에게는 우선 자기가 안전하다는 희망이 생기고, 회개함으로써만 죄인은 구원을 받고, 죄인이 회개하였을 때 신은 은총을 내리게끔 마음이 움직이는 것이다. 회개는 단단하게 뭉쳐진 매듭을 풀 수 있도록 느슨하게 만들며, 어둠을 밝혀주며, 깨어진 것을 다시 이어주며, 정신 없이 죽음으로 달려가는 사람에게 새로운 생명을 준다.

회개는 어떤 종류의 죄나 죄인을 가리지 않는다. 간음한 자라 하여 거절하지도 않고, 술주정뱅이라 하여 내팽개치지도 않는다. 오만한 자라 하여 꺼리지도 않고, 우상을 숭배하는 사람이라 하여 고개를 돌리지도 않는다. 회개는 모든 종류의 죄와 죄인을 포용하며, 모든 종류의 죄인과 죄에 가능하며 통한다. 크리솔로구스[61]의 말처럼 이 세상에서 바울처럼 처음에 교회

---

61 크리솔로구스(Peter Chrysologus, 406~450) : 교회 학자. 라벤나의 대주교 역임. 당대 이름난 웅변가, 문인. 성자로 추앙됨.

를 학대한 사람이 어디에 있으며, 베드로만큼 교회에 나쁜 짓을 한 사람이 또 어디에 있겠는가? 그러나 이들은 모두 늦게나마 회개함으로써 용서를 받았을 뿐만 아니라 성자의 반열에 오르기까지 하였다. '돌아온 탕자'는 멀리까지 갔으나 결국 회개하고 다시 집에 돌아와 아버지의 환대를 받았다. 회개는, 아니 회개만이 늑대를 양으로, 술집 주인을 설교사로, 가시덩굴을 올리브나무로, 오입쟁이를 신을 경배하는 사람으로 만들며, 신을 모독하는 사람으로 하여금 신을 찬양하는 할렐루야를 부르게 만들며, 알렉산더 대왕으로 하여금 신앙심이 깊은 겸손한 대장장이로 변하게 만들며, 심지어 악마조차도 성자로 만든다.

회개는 마음의 병에 신기한 효력을 지닌 치료약이며, 사람을 변화시켜 전혀 다른 사람을 만들어내는 기적을 이루어내는 힘이 있다. 노아의 방주 속으로 들어온 매는 나갈 때도 매였다. 사자는 들어올 때도 사자였고 나갈 때도 사자였다. 곰은 곰, 늑대는 늑대였다. 그러나 만약에 이 회개라는 성전에 매가 들어온다면 이 매는 나갈 때는 비둘기가 되어 있을 것이며, 늑대는 양이 되어 나갈 것이며, 사자는 어린양이 되어 있을 것이다. 회개는 눈먼 사람에게는 시력을 주고, 다리가 없어 걷지 못하는 사람에게는 다리를 주며, 모든 질병을 고쳐주고, 신의 은총을 내리고, 악을 추방하며, 마음속에 용기를 심어주며, 병들어 아픈 마음을 위로하고, 허약한 영혼을 강화하고 지켜준다.

때때로 아주 작고 간단한 질병이, 고통의 채찍이, 조그만 불행이 그 길고도 긴 설교나 심오한 철학적인 이론보다도, 어떤 신학이나 법률, 또는 의술보다도, 일일이 열거할 수도 없이 많은 사례나 모범보다도, 더 쉽고 간단하게 사람을 겸손하게 만들고, 자신을 더 잘 알도록 만들며, 신의 존재를 믿도록 만든다. 이런 관점에서 살펴볼 때 사람이 도저히 견딜 수 없는 크고 깊은 심신의 고통에 처하게 되었다는 사실은 바로 신의 자비와 정의, 신의 선함과 사랑이 임박하였다는 증거이기도 하다. 이 사람이 이런 고통에 빠졌다는 사실은 오히려 본인을 위하여서는 다행한 일이기도 하다. 왜냐하면 그에게 이런 고통이 찾아오지 않았더라면 그는 회개나 참회 없이 계속 자기의 악행을 반복할 것이며, 죄악을 쌓아가 마침내는 영원한 파멸의 나락에 떨어질 것이기 때문이다. 많은 사람들이 창녀의 팔에 안겨 잠이 들며, 어리석은 용기를 발휘하며, 자기가 저지르는 죄에 무감각해지며, 자신을 합리화한다. "그렇다. 나는 죄를 지었다." 죄인은 말한다. "그래서 어쨌다는 것인가? 그렇다고 나에게 어떤 일이 일어나겠는가? 신이 있다지만 내가 저지른 죄를 신이 어찌 알 수 있단 말인가?" 이것이 바로 죄인이 지옥으로 가는 과정이다.

그러나 신은 바로 이 지옥의 문턱에서 죄인들에게 큰 고통을 안겨줌으로써 그들을 천국의 행복으로 이끈다. 신은 우선 죄인의 귀를 잡아당겨 그들에게 알아듣도록 말해준다. "슬퍼하는 자는 복이 있나니 그에게는 위로가 있을 것이다." 그러니까 마음이 흔들리고 아프다는 건 알고 보면 이미 축복을 받은 행복한 상태다. 「시편」에 쓰여 있듯이, "내가 이처럼 괴로움을 받는 것은 나를 위하여서는 참으로 좋은 일이다. 길을 잘못 들었을 때 나는 이처럼 아프지 않았다. 이제 나는 비로소 신의 말을 지키게 되었다." 「로마서」에 기록되어 있는 바와 같이, "고통과 고난은 인내를 낳고, 인내는 희망을 낳는다." 이처럼 우리는 재난과 고난에 의하여 잘못되고 헛된 안일에서 벗어날 수 있으며, 이 고난과 재난이야말로 신을 가장 잘 공부할 수 있는 대학인 것이다.

가장 견디기 어려운 처지에 있게 되거든 그 곤경이 바로 신의 뜻이며, 신의 묵인하에서 왔다는 사실을 기억하라. 신은 그대의 신음 소리를 듣고 있으며, 그대가 흘리는 눈물을 보고 있으며, 바로 그대와 함께 있다. 신은 그대의 머리카락 하나하나를 모두 셈하여 알고 있으며, 그 가운데 단 한 개의 머리카락도 신의 분명한 의사 표시 없이는 땅에 떨어지는 법이 없다. 신은 그대가 그대의 한도 이상으로 생각하거나 행동하고 싶어 하는 유혹에 말려드는 것을 용납하지 않는다. 신은 수량으로, 무게로, 분량으로 우리의 모든 것을 올바르게 통제하고 제한한다. 인자한 어머니가 병들고 허약한 자기 자식을 버리지 않고 온 정성과 애정으로 먹이고 기르는 것처럼, 신도 불행 속에 떨어져 울고 있는 우리를 버리지 않으며, 우리가 불완전하다고 해서 내버리지 않는다. 자비와 동정으로 우리를 붙잡아주고, 우리를 그의 품으로 받아들인다. 신은 사랑하는 사람을 끝까지 사랑한다.

그러니 당신에게 어떤 일이 있든, 어떤 곤경에 처하더라도 결코 정신을 잃지 말 것이며, 신의 버림을 받았다는 생각도 하지 말 것이며, 낙담하거나 절망하지도 말 것이다. "비록 내가 죽음의 어두움 속을 걷게 되더라도 나는 결코 두려워하지 않겠다"라고 말한 다윗을 본받아야 한다. 우리는 즐거움에서 즐거움으로 갈 것이 아니라, 십자가를 지는 고통에서 왕관을 쓰는 영광으로, 지옥에서 출발하여 천국으로 발걸음을 옮겨야만 한다. 우리는 이 세상을 살아감에서 슬픔과 고통을 견디어 이겨내야만 한다.

신을 섬김에서 가장 충직한 하인들과 신이 가장 사랑하는 자손들에게 항상 고통과 시련이 함께해왔다는 사실은 조금도 새로운 일이 아니다. 신의 아들인 예수조차도 "신이여, 신이여, 어찌하여 당신은 나를 버리시나이까?"라고 한때 울지 않았는가? 욥은 너무나 큰 시련 앞에서, "신의 화살이 나의 가슴에 박혀 있다"라고 신을 원망하였다. 그는 도저히 이해할 수 없는 시련이 계속되자 신을 증오하기에까지 이른다. 그는 말했다. "신은 나의 적이다. 나를 미워한다." 다윗도 한때 신을 원망하며 다음과 같은 말도 하였다. "신의 눈은 멀었다. 나의 몸 속의 물기는 여름날의 오랜 가뭄에 말라버린 우물처럼 말라버렸고, 나의 살은 모두 없어져 뼈만 남았고, 남아 있는 뼈는 쑤시고 아프다." 그러나 다행스럽게도 예수도, 다윗도, 욥도 완전히 절망하지는 않았다. 그들은 처음 한때 고통을 이기지 못한 나머지 신에 대한 원망과 분노를 터뜨렸지만, 그들은 그래도 신을 붙잡고 놓지 않았으며, 잘못을 고백하고 회개하였고, 마침내는 신의 은총을 얻게 되었다.

믿음과 희망, 그리고 회개는 마음의 병을 치유하고 치료하는 가장 좋고 중요한 약이며, 유일한 위안이다. 자기의 잘못을 고백하고, 스스로 자신을 낮추어 겸손해지며, 뉘우치면 충분하다. 꼭 화려하고 값비싼 비단으로만 옷을 지을 수 있는 것은 아니다. 비단이 없을 때는 거친 마포로도 된다. 당신이 신에게 고개를 돌리면 신은 당신에게 고개를 돌린다. 신은 항상 뉘우치고 회개하는 마음을 가진 사람 곁에 있으면서 마음이 아픈 사람들을 구원해준다. 신은 누가 넘어지거나 떨어지는 것을 보면 친절하게 손을 내밀어 붙잡아준다. 신은 언제 어디서나 당신을 도와줄 준비가 되어 있다. 신이 용서할 수 없을 만큼 큰 죄를 지을 수 있는 사람은 없다. 신의 은총은 충분이 많아 아무리 사용하여도 바닥이 나지 않는다.

그러니 절망하지 말라. 실신하거나 낙담하지도 말라. 신에게 의지하라. 고통 속에 빠지거든 신을 불러 도움을 청하라. 신은 너의 목소리를 들을 것이며, 도와줄 것이며, 너를 구해줄 것이다. 「야고보서」에 기록된 바와 같이, "신에게 가까이 가라. 그러면 신은 너에게 가까이 올 것이다." 나사로[62]는 가난했고, 문둥병 환자였고, 몸에는 온통 부스럼투성이였지만 그래도 그는 신에게 의지하여 구원을 받았다. 아브라함[63]은 희망이 없는 가운데서도 희망을 가져 마침내 신의 축복을 받았다.

---

62 나사로(Lazarus) : 신약성서 「누가복음」에 나오는 거지. 부잣집 대문 앞에서 버려지는 음식으로 끼니를 때우고 몸의 부스럼은 개가 와서 핥아주는 비참한 삶을 살았으나 죽어서는 천국에 들어감.

63 아브라함(Abraham) : 구약성서 「창세기」에 나오는 히브리 족장. 그로부터 모든 유대 민족이 유래함. 그의 신앙심을 시험하기 위하여 신은 그에게 늦게 본 외아들 이삭을 제물로 바칠 것을 요구함. 신은 그의 신앙심을 확인하고는 요구를 거두어들임.

사람은 몸에 병이 생기면 식욕을 잃고, 몸의 힘과 능력을 상실하며, 손과 발이 말을 잘 듣지 않게 되고, 눈은 침침해지고, 귀는 어두워지고, 맛있는 음식을 먹어도 맛이 없게 된다. 그러나 그렇다고 해서 우리 모두 죽는 것은 아니다. 타고난 신체적·정신적 기능과 능력은 해가 구름에 가려 그 본래의 모습이 사라지듯이 잠시 그 본래의 능력과 기능을 정지당했거나 방해받았을 뿐 시간이 좀 지나거나, 토하거나, 땀을 내거나, 기타 관장과 같은 방법으로 체내에 생겨난 불순한 물질들을 몸밖으로 배출하면 곧 원상태로 돌아간다. 정신적인 병도 마찬가지다.

사람이 정신에 병이 생기면 마음이 무거워지며, 불안하고 초조해지며, 만사가 귀찮고, 슬프거나 우울해진다. 그러나 대부분의 사람들은 이런 정신적인 병을 극복하고, 불안과 초조함, 두려움, 슬픔 등의 해로운 심적 요인들을 몰아내고 정상으로 돌아간다. 신은 항상 우리가 정도를 지나치고 싶어 하는 유혹에 빠지는 것을 용납하지 않는다. 신이 우리에게 바라는 것은 만사에 지나치지 말라는 것이다. 다시 말하지만 신은 사랑하는 사람을 끝까지 사랑한다. 그러니 항상 최상의 것을 희망하라.

다윗은 한때 말할 수 없는 곤경에 처하자 신이 자기에게 너무 심하게 한다고 원망하였으며, 크나큰 고통으로 크게 동요하는 자신의 마음을 다음과 같이 표현하였다. "오 나의 영혼이여, 너는 무슨 이유로 이처럼 나의 몸 속에서 조용히 있지 못하고 발광하는가?" 그러나 그는 나중에 신의 자비심을 기억하고 신에 대한 믿음을 다시 확인한 후 진정된 마음의 상태를 다음과 같이 말하였다. "나의 영혼은 잠시 해가 구름에 가려지듯이 어둠 속에 들어 있었다. 그러나 신의 자비심은 구름이 걷힌 뒤에 밝게 비춰주는 태양과도 같이 나타나 내 영혼을 어둠 속에서 구해주었다." 이처럼 믿음과 희망, 그리고 회개의 불씨는 한때 재 속에 파묻혀 있을 수는 있지만 언제고 다시 활활 타는 불길로 다시 살아나는 것이다.

이미 우울증의 각종 증상에 대한 설명에서 언급한 사실이지만 사람이 심한 우울증에 걸렸을 경우 그 사람은 보통 사람이 보지도 못하고 듣지도 못하는 것들을 보기도 하고 듣기도 한다. 대낮에 유령이나 악마를 본다든가, 방 안에서 지옥의 유황불 냄새를 맡는다든가, 악마의 웃음소리를 듣는다든가 한다. 이런 증상들은 모두가 신체의 내부로부터 생겨나는 것이다. 오목렌즈를 통하여 물체를 보면 물체를 뒤틀린 형상으로 나타나듯이, 잠을 못 자 잠이 부족하거나, 음식을 제대로 섭취하지 못하여 영양이 부족하거나, 양심에 가책이 되는 일로 마음이 크게 흔들리거나 하였을 경우에는, 깜깜한 어둠 속에 있는 어리석고 허약한 여자들이나 어린아이들이나, 병든 허약한 환자들이나, 오래 먹지 못하여 허기지거나 잠을 못 잔 사람들이 헛것을 보고 놀라듯이, 우리의 근거 없는 공포심과 환상, 상상력이 마음내키는 대로 환상적인 물체들을 만들어낸다.

결국 이 모든 병적 현상은 우리 체내에 생겨나는 멜랑콜리 때문인데, 이것은 우리 심신의 균형이 깨어진 데서 오는 일종의 정신병이다. 많은 신학자들이 이 질환을 악마의 소행으로 돌리고 있는 데도 일리는 있다고 하겠다. 악마는 우리를 괴롭히기 위하여 우리의 정신, 즉 영혼을 차지한다. 악마는 천사들과 같이 육신이 없는 존재로서 마음먹는 대로 자기의 모습을 변화시킬 수 있으며, 어느 일정한 기간 우리의 정신과 감각을 마비시키거나 혼동시킬 수 있다. 그러나 걱정할 것 없다. 악마의 힘은 한정되어 있다. 악마는 우리를 무섭게 하고 놀라게 할 수는 있어도 결코 우리에게 상처를 입힌다거나 해를 끼칠 수는 없다. 신은 그의 시종들인 천사들에게 우리 인간을 악마로부터 보호하는 의무를 부여하였다. 신은 우리를 보호하기 위하여 우리 주위에 성벽을 쌓고 천사들로 하여금 지키게 하였다. 신의 능력은 무한하다. 악마의 힘은 제아무리 커 보여도 모두가 신이 자신의 뜻을 이루기 위하여 허용한 하나의 수단이요 방편이다.

이 정신적인 질병, 다시 말해서 몸속에 악마나 마귀가 침범하여 생긴 병을 고치기 위하여 의사들은 물론, 많은 사람들이 여러 가지 방법과 수단을 제시하고 있다. 그런데 이 정신적인 병은 악마가 우리 체내에 있는 체액을 가지고 장난쳐서 발생하는 복잡한 병이기 때문에 그 치료 방법 또한 한 가지일 수 없다. 더 길게 말할 필요도 없이 가장 좋은 방법은 신을 믿고, 기도하고, 진심으로 회개하는 것이다. 바울은 악마들과 환자의 헛된 망상을 몰아내는 데 신통한 효험을 가진 부적과 약초, 그리고 보석을 제시하였다. 자고로 유령이나 귀신은 청옥, 귀감람석, 홍옥 등과 같은 보석들을 두려워하여 기피하는 것으로 전해진다. 귀신을 몰아내고 예방하는 데 특별한 효과가 있는 약초에는 박하, 루타, 안젤리카, 작약 등이 알려져 있다. 아우구스투스 황제의 전담 의사였던 안토니우스 무사는 귀신을 몰아내는 데 효과가 있다고 알려진 베토니[64]의 효험을 인정하였으며, 이런 이유로 사람들은 이것을 교회의 묘지에 심었다. 사람들은 이 베토니를 끔찍한 형상을 하고 나타나는 마귀들을 물리쳐주는 하나의 성스러운 약초로 여겼으며, 이 풀이 자라는 곳은 안전한 장소로 생각하였으며, 이 풀을 몸에 지닌 사람은 마귀의 위협으로부터 안전하다고 믿기도 하였다.

천주교도들은 이런 목적으로 십자가, 성수, 묵주, 부적, 음악, 그리고 종 등을 사용한다. 왜냐하면 평소 이들은 세례를 받거나, 미사를 올리거나, 도보로 먼 곳을 여행하거나, 성체봉헌을 하거나, 탄원할 때 이런 것들을 사용하기 때문이다. 또 사람이나 집에 악마가 침입하여 점령하고는 나가려 하지 않을 때 사용하도록 몇 가지 형식의 의식(엑소시즘)도 규정하고 있다. 그러나 이 모든 것은 단지 하나의 헛된 기대이며, 헛수고이며, 근거 없는 일이라는 의사 렘니우스의 말에 나는 동의한다. 이런 귀신을 쫓아낸

---

64 베토니(betony) : 허브의 한 종류. 베토니라는 이름은 켈트어로 두통약을 뜻함.

다는 의식에 필연적으로 수반되는 그 이상야릇한 분위기, 별자리를 따져서 정하는 시간과 장소, 무시무시하고 우스꽝스러운 의상, 야단스러운 목소리와 알아들을 수 없는 말, 주문, 십자가, 글자, 그림, 종소리, 음악 등을 믿고 실행에 옮겨보고 싶은 유혹을 느끼는 사람은 이런 거창하고 요란한 말이나 물건의 도움 없이 "예수의 이름으로 일어나 걸어라"는 말 한 마디로 절름발이를 걷게 만든 베드로와 요한에게서 큰 교훈을 얻기를 바란다.

오리게네스나 크리소스토무스가 가르치고 충고하는 것처럼, 예수의 이름만으로도 그따위 악마에 관련된 두려움이나 망상을 퇴치하기에 충분하다. "예수는 너의 지팡이요, 난공불락의 성채요, 너를 지켜주는 무기다"라고 아우구스티누스는 말하였다. 이 문제에 대하여 많은 사람들이 나의 의견을 묻는데, 나는 진실한 사랑과 믿음을 가지고 신에게 달려가라는 말 외에는 더 할 것이 없다. 아나스타시우스[65]는 악마에게 직면하였을 때 사용하기에 가장 적합한 주문으로 찬송가 68번의 첫 구절 "신이 일어나니 적들은 흩어지도다"를 추천하였다. 결론적으로 말해서 최선의 치료 방법은 한시라도 빨리 신에게 달려가 신의 도움을 청하고, 희망을 갖고, 기도하고, 믿고, 그에게 의지하고, 우리 자신을 포함하여 우리의 모든 것을 신의 뜻에 맡기는 것이다.

마지막으로 결론을 지으련다. 어떤 사람이 우울증에 걸려 고생한다면 그것은 그 사람이 우울증을 이겨내기 위한 극단적인 방법으로 이 방면의 책이나 논문을 너무 많이 읽거나, 또는 엄격한 내용의 설교를 너무 자주 듣거나, 너무 금식을 자주 하거나, 명상을 너무 많이 하거나, 너무 정확한 생활을 하거나, 하느님의 심판에 대하여 너무 깊이 생각하기 때문이다. 신

---

65 아나스타시우스(Anastasius Biciliothecarius, AD 9세기경) : 로마의 학자. 바티칸 도서관의 사서. 869년 콘스탄티노플 회의 「칙령」을 그리스어에서 라틴어로 번역함.

의 심판에 대하여 너무 깊이 생각하는 것도 악마의 장난이다. 만약 당신이 그 우울증이 귀중한 사람이나 물건의 상실, 끔찍한 사고, 재난, 재해에 의한 것이거나, 그런 일이나 그런 처지에 있는 다른 사람을 보았기 때문에 생긴 것이라고 판단될 때는 주저하지 말고 그 원인이 되는 것을 신속하게 제거하도록 하고, 어떤 수단을 동원해서라도 당신의 생각을 그런 끔찍하고 고통스러운 대상에서 멀리하고, 그런 것들과는 정반대되는 대상으로 생각을 돌려야만 한다.

열심히 무엇에 매달리든가, 부지런히 일하든가, 어떤 재주를 개발하고, 갈고 닦거나, 발휘하거나, 또는 어떤 정직한 휴양을 통하여 무거워진 당신의 영혼을 가볍게 만들어야만 한다. 고통받는 당신의 영혼을 다시 새롭게 하고 재창조해야만 한다. 빗나가는 당신의 생각을 당신 자신의 노력과 주위의 정직한 친구들의 도움으로 올바른 길로 들어서게 만들어야만 한다. 이 문제에 관한 쓸데없이 복잡하고, 현학적이며, 난삽한 글들을 읽기를 중지할 것이며, 사람 겁 주는 목소리의 설교도 듣지 말 것이며, 심각한 말만 골라 하는 친구들은 가급적 피하는 것이 좋을 것이다.

어떤 방법으로든지 너 스스로를 개방하라. 좋은 의사와 하늘의 뜻에 당신의 병을 맡기고 자유로워지라. 진정으로 좋은 의사의 충고와 하느님의 말씀은 불안을 없애주는 안정제요, 피곤하고 괴로운 사람에게는 오래 묵어 향기로운 한 잔의 포도주와 같은 것이다. 고집부리지도 말고, 투정부리지도 말고, 변덕부리지도 말며, 자만에 빠지지도 말라. 이 병의 증상이 바로 이런 것들이다. 좋은 충고에는 귀를 기울이고, 따르고, 설득당하도록 하라. 그리고 이런 좋은 충고는 감옥에 갇혀 있던 베드로에게 찾아와 쇠로 된 감옥 문을 열어주고, 그를 묶어놓은 쇠사슬을 풀어주고, 그를 감옥에서 나오게 하여 자유의 몸이 되게 한 천사와도 같이 당신의 영혼에 유익한 것으로 판명될 것이다. 이런 좋은 충고는 당신의 괴로운 심경을 어루만져주고, 상처 난 영혼을 치유해줄 것이며, 당신을 지옥의 문턱에서 건져낼 것이다.

이제 나는 할 말을 다 했다. 나는 이 우울증 때문에 괴로움을 당하고 있는 사람들에게 지금까지 한 말과 충고 외에 더 줄 것이 없다. 단지 당신의 몸과 마음의 건강을 위하여, 그리고 우울증에 시달리는 모든 다른 사람들을 위하여 결론을 내리겠다. 다음의 처방을 명심하라. 홀로 있지 말라. 게을러지지 말라.

불운에 우는 자들이여, 희망을 가지라.
행복에 웃는 자들이여, 두려워하라.

진정 모든 의심으로부터 자유로워지기를 바라는가? 진정으로 모든 불확실한 미래의 모든 것으로부터 해방되기를 갈망하는가? 그렇다면 심신이 온전한 지금 회개하라. 참회하라. 반성하라. 그러면 당신은 안전하다고 나는 확신할 수 있다. 왜냐하면 그렇게 함으로써 죄를 지어 마음의 괴로움을 가져올 수도 있는 시간에 당신은 분명 옳은 일, 좋은 일, 떳떳한 일을 하고 있을 테니까.

집단 우울증에 걸린 21세기를 위한
지혜의 문학

정정호 (문학비평가, 중앙대 명예교수)

로버트 버턴(1577~1640)은 영국 16세기 엘리자베스 시대에 위대한 극작가 윌리엄 셰익스피어보다 10여 년 늦게 태어나 활동하였던 기묘한 천재적인 작가이다. 버턴의 방대한 책『멜랑콜리의 해부(*The Anatomy of Melancholy*)』는 1621년 초판이 나온 이래 5회에 걸쳐 수정 보완판을 출간했다. 버턴은 일생 동안 모교인 옥스퍼드대학교에서 장학금 받는 연구생으로 지내며 결혼도 하지 않았다. 그는 일생 동안 거의 이 책 한 권에만 매달려 계속 수정 보완하였다. 버턴은 16세기 말 옥스퍼드대학을 졸업하고 평생 특별 장학생으로 대학에 남아 도서관에서 글 읽고 공부만 하며 여행도 거의 하지 않고 조용히 한 곳에만 머무르며 고독하게 지냈다. 그는 한때 옥스퍼드시에서 영국 성공회 목사로 섬기기도 한 독실한 기독교 신자였다.

버턴은 그리스 철학자 "데모크리토스의 아들"을 자처하며 당대 최고의 문체로 독자들의 호기심을 일으키는 수많은 정보와 깊은 지식을 가진 작가였다. 그는 17세기 전반기 영국 문단의 철학적이고 심리학적인 정보와 사상들을 수많은 인용문들 속에서 녹여내면서 독창적으로 논리를 흥미롭게 전개하였다. 그의 글은 난삽하지만 유머, 기지, 풍자, 지혜가 역동적으로 빛난다.

이 놀라운 책은 1651년에 마지막 교정본이 사후에 나왔다. 이 책의 구성은 모두 3부로 구성되어 있다.

제1부에서 버턴은 타고난 질병으로서의 우울증에 대한 정의를 내리고 그 원인을 논의하고 그 증거들을 정리하였다.

제2부는 우울증의 치료법이 당대 모든 심리학적, 의학적 지식을 총동원하여 다양하게 논의되고 있다.

제3부는 사랑의 우울증, 종교적 우울증을 주로 다루고 우울증 치료에 대한 버턴의 지혜와 명상이 최고점에 이른다.

다면체적 작가 버턴의 우울증이라는 풍부한 라틴 문학 내에서의 인유와 백과사전적 지식을 토대로 한 논의와 전개는 당대는 물론 후세 사람들을 놀라게 했다. 버턴의 인용은 미학에 주목해야 한다. 다독가인 버턴의 글은 고전에서의 수많은 인용들의 거미줄로 짜여 있다. 그의 인용은 단순히 박학과 다독을 과시하기 위한 것이 아니라 일종의 인용을 통해 다양한 텍스트들이 서로 만나 대화하는 교환의 장이다. 독자들이 버턴이 초대한 수많은 작가들을 알 수 있는 놀이터이다. 인용이 풍부한 버턴의 글은 글의 숲을 이루는 다면체 또는 복합체의 글이다. 그의 두꺼운 텍스트는 그만큼 읽기는 쉽지 않지만 재미있고 우리에게 풍요로운 도전을 제공한다. 버턴의 생기 있고 구어적인 문체는 매우 개성적이다. 그 문체는 상상력을 일으키고 웅변적이며 호기심을 자극한다. 따라서 버턴 글의 특징은 지독한 인용 애호증을 가졌던 저자의 서양 고전 지식의 보물창고 역할을 한다는 것이다. 우울증에 대한 버턴의 치료 방안은 20세기 정신의학에서도 다시 논의될 정도로 깊이가 있다.

버턴의『멜랑콜리의 해부』는 후대 작가들에게 다양하게 영향을 주었다. 우선 18세기의 계몽주의와 신고전주의 대문인 새뮤얼 존슨(1709~1784)은 이 책을 너무 좋아해 새날이 밝으면 읽기 위하여 자신이 평소에 일어나는 시간보다 항상 두 시간 앞당겨 일어나 읽게 만든 "유일한 책"이라고 밝히고 있다. 존슨은 나아가 버턴의 이 책이 "가치 있는 작품"이며 "이 책에는 버턴 자신의 마음에서 우러나와 쓴 위대한 정신과 위대한 힘이 있다"고 높이 평가하였다. 존슨은『멜랑콜리의 해부』를 침대 곁에 두고 일생 동안 꾸준히 읽었다. 존슨은 버턴의 결론인 "혼자 있지 말고, 게으르지 말라(Don't be solitary, Don't be idle!)"는 충고를 "만일 당신이 게으르다면 혼자 있지 말고, 만일 당신이 혼자 있다면 게으르지 말고"라고 풀어서 다시 설명했다.

19세기 낭만주의 시대에도 대시인 윌리엄 워즈워스, 수필가 찰스 램 등에게 크게 영향을 끼쳤다. 여기서는 요절한 낭만주의 시인 존 키츠에 대해서만 언급해보기로 한다. 1820년대 발표된 키츠의 서사시『라미아』도 버턴에게 큰 영향을 받고 쓴 것이다. 이 자리에서는 비교적 짧은 서정시「우울증 찬가(Ode on Melancholy)」를 읽어보자. 이 시는 기쁨과 슬픔 사이에 신비스러운 관계가 있음을 시사하고 있다. 즉 기쁨의 신전에는 숨겨진 우울이 있다는 것이다. 이 시의 3연을 읽어보자.

> 우울은 미와 함께 산다. ―죽어야만 하는 아름다움과 함께
> 그리고 작별을 고하느라 항상 손에 입술을 대고 있는
> 기쁨과 함께; 그리고 꿀벌의 입이 빨고 있는 동안에
> 독으로 변해버리는 쑤시는 듯한 즐거움이 가까이에서
> 그렇다. 바로 기쁨의 신전에

바로 베일을 쓴 우울이 성단을 갖고 있어

　정력적인 해로 기쁨의 포로로 그의 예민한 입천장에

　터뜨릴 수 있는 자를 제외하곤 그것을 볼 수가 없다.

　그의 영혼은 우울의 힘의 슬픔을 맛 볼 것이고

　우울의 구름이 끈 트로피들 사이에 매달려 있게 되리라.

(이재호 번역을 필자가 일부 수정했음)

이 3연은 다른 말로 하면 당신이 그 여인의 아름다움에서 즐거움을 취할 때라도 당신의 기쁨은 우울로 변할 것이다. 그 이유는 아름다움과 기쁨은 지나갈 것이기 때문이다. 키츠가 제시한 용어 중 "마음을 비우는 능력"을 뜻하는 "소극적 수용력(Negative capability)"이 있다. 이 용어는 결국 공감적 힘을 가진 상상력을 의미하기도 한다. 이 시에서 우울은 우리 삶에서 부정적이고 소극적이 아니라 삶의 본질적 모순이며 역설인 슬픔과 기쁨의 순간을 동시에 받아들이는 능력이리라. 다시 말해 그것은 일종의 "비극적 환희"일 것이다.

20세기 문학비평에서 로버트 버턴을 논의한 사람은 캐나다의 문학이론가 노스럽 프라이이다. 그의 저서 『비평의 해부』(1957)는 『멜랑콜리의 해부』의 수사와 형식을 모방한 것이다. 프라이는 해부(anatomy)의 개념을 설명하면서 『멜랑콜리의 해부』의 핵심을 찌르는 진술을 내놓고 있어 좀 길지만 인용해본다.

　버어튼의 『우울의 해부』에서 … "극도로 해박한 지식을 창조적으로 다루는 것이 구성원리"로 되고 있다. 여기서는 "우울(melancholy)"이라는 개념이 제공하는 지적 패턴에 의해서 인간사회가 고찰되고, 대화 대신에 책의 심포지움이 전개된다. 이 결과 초오서(그는 버어튼이 애독한 작가의 한 사람임) 이래, "영문학에 있어서 버어튼의 책만큼 단 한 권의 책에서 포괄적인 인간생활의 고찰을 담은 작품은 없는 것이다." 그에 대한 이야기가 나와서 하는 말이지만, 그의 서론과 〈여담(餘談, digression)의 장〉은 유토피아를 취급하고 있는데, 그 〈여담의 장〉은 잘 조사해 보면 메닙포스적[주로 정신적 태도를 공격하는]인 풍자의 여러 형식을 학자풍으로 산뜻하게 요약한 것임을 알 수 있다. 공기에 대한 여담은 불가사의한 여행의 주제를, 영혼에 대한 여담은 박식의 아이러니적인 이용을, 학자의 비참함에 대한 여담은 허풍선이 학자에 대한 풍자를 각각 요약한 것이다.[1]

20세기에 로버트 버턴을 매우 좋아한 사람중에 영문학자, 소설가, 기독변증가 C.S. 루이스(1898~1963)가 있다. 루이스도 버턴처럼 박학다식하고 글을 쓸 때 인용을 무척 즐겨하였다. 루이스는 버턴의 책을 아무 때나 여기저기 펴서 읽기에 좋은 책으로『멜랑콜리의 해부』를 추천하고 있다.

먹는 즐거움과 책 읽는 즐거움은 훌륭하게 잘 섞인다. 물론 모든 책이 다 먹으면서 읽기에 적합하지는 않다. … 이럴 때는 아무데나 펴서 읽어도 되는 두서 없고 수다스러운 책이 좋다. 그런 용도의 책으로는 … 제임스 보스웰 저작『새뮤얼 존슨 전기』와 로렌스 스턴의 소설『트리스트럼 샌디』, 찰스 램의『엘리아 수필집』, 로버트 버턴의『우울증의 해부』도 같은 취지로 읽기에 좋다.[2]

우울한 시대인 21세기에 살고 있는 우리는 모두 어떤 의미에서 우울증

---

1 노스럽 프라이,『비평의 해부』, 임철규 역, 한길사, 2000, 441~442쪽.
2 C.S. 루이스,『책 읽는 삶』, 윤종석 역, 두란노서원, 2022, 68쪽.

환자들이다. 『멜랑콜리의 해부』는 겉보기에는 의학서이지만 실제로는 인간의 학문과 노력의 비효율성에 대한 열정적인 비판이며 풍자이다. 어떤 면에서 본다면 인간의 모든 종류의 정신질환을 다루고 있는 이 책은 일종의 인간 문명에 대한 비판적 사유이다. 이 점이 바로 17세기 초에 쓰여진 이 책이 21세기 초에도 우리에게 의미를 가지는 이유이다. 21세기 인간 문명은 인간의 자만과 탐욕과 전지구적으로 끊이지 않은 민족 간 전쟁들, 종족 간 갈등, 종교전쟁, 빈부 갈등은 물론 기후 변화, 생태계 파괴 등으로 거의 종말론적 상황에 이르렀다. 시작된 지 오래된 인류의 우울증은 언제 끝날 것인가?

서구 문학 특히 영문학에서는 걸작으로 꼽히는 버턴의 놀라운 책 『멜랑콜리의 해부』는 한국 영문학자로는 수필가이며 번역문학가인 이창국 교수가 국내에 처음으로 번역 소개하였다. 전부가 아니라 일부만 소개하였지만 핵심적인 부분을 모두 다루고 있다. 다양한 인용으로 점철된 만연체의 글을 번역하기도 퍽이나 까다롭다. 이 교수의 한국어 번역은 영어 원문의 만연체로 쓰여진 난삽함에 비해 매우 유려하다. 버턴의 책이 쉽고 자연스러운 한국어 문체로 재탄생되었다. 이 방대한 책의 내용의 핵심은 찌르는 옮긴이의 해설이 탁월하며 역자가 책 뒤에 달아놓은 친절하고 편리한 주석도 큰 도움이 된다. 역자인 이 교수의 바람대로 "언젠가 힘세고 끈질긴 사람"이 나타나 재미있는 이 책 전부를 한국어로 번역해 출간되는 날이 오기를 기대한다.

찾아보기

멜랑콜리의
해부

로버트 버턴 지음 이창국 옮김